KB080126

# 드라마 만드는 여자들

# 드라마 만드는 여자들

드라마 피디 인터뷰집 | 컷: 그 뒤의 이야기를 묻다

INTERVIEWEE  이정림, 이나정, 박보람, 정지인, 이윤정

INTERVIEWER  백시원

느린
서재

# 1. 목포, 모텔 / 낮

젊은 여자(31)와 남자(30)가 모텔에 들어간다. 둘은 체크인을 한 뒤, 밀담을 나누더니 재빨리 흩어진다. 각자 가방에서 뭔가 조심스럽게 꺼내는 두 사람. 손에 든 건 조그만 카메라다. 남자는 냅다 1층부터 5층을 부지런히 오르기 시작하고, 여자는 5층부터 10층을 훑으며 무언가를 찾는다. 그 순간, 계단을 오르던 여자가 멈춰 선다. 이마 위로 뭔가가 주르르 흘러 만져보니, 식은땀이다. 순간 시야가 뿌옇게 흐려지는 여자. 카메라를 든 채 휘청거린다. 겨우겨우 중심을 잡아 비틀거리며 아무 방이나 열어젖히고 들어가다, 그대로 바닥으로 곤두박질치는 여자. 급하게 암전.

이 신의 주인공은 '서른한 살의 나'다. 당시 나는 세상의 '궁금한 이야기'를 살펴보는 취재 프로그램의 연출 피디였다. 목포의 한 모텔에 '알비노증(멜라닌 색소가 부족해 전신이 하얗게 되는 증상)'이 있는 아기가 있다는 제보에 후배와 잠입 취재 중이었다. 하지만 문제의 알비노증 아기를 찾기도 전에 그만, 기절해

버렸다. 다행히 후배한테 발견되어, 급히 구급차에 실려 병원으로 갔다. 당시 뱃속에는 9주된 아기가 있었다. 실려간 병원에서 의사가 난감한 표정을 지으며 말했다. 아기가 생존할 가망성이 별로 없다고.

천만다행으로 아이는 살았다(이 글을 쓰고 있는 지금, 학교에 다녀왔다면서 가방을 아무렇게나 벗어 던지는 바로 그 아이다). 누구나 인생에 드라마틱한 기억 하나쯤 있다는데, 나에게 저 신은 잊혀지지 않는 기억이다. 임신 9주 차에 몰래카메라를 들고 지방 촬영을 갔다가 쓰러졌다고 하면 대개 이렇게 물었다. "임신한 줄 몰랐어?" 아니다. 임신한 건 분명 알았다. 그것도 6주 차에. "무슨 정신으로 몰래카메라 취재를 간 거야?" 이 말에 늘 우물쭈물 답할 수밖에 없었다. 사실 당시의 난, 임신에 대해 그야말로 무지몽매했다. 임신 초기엔 일곱 시간 동안 덜커덩거리는 봉고차를 타면 안 된다는 걸, 몸싸움이 일어날 수도 있는 위험한 취재 현장에 가면 안 된다는 걸, 3일 연속 밤을 새워서 편집하면 안 된다는 걸 몰랐다. (이상하게도, 당시 나의 팀장과 메인작가도 흔쾌히 출장을 가라고 지시했다. 지금 생각해 보니 그들도 무지했다.) 이 집단적 무지는 어디에서 왔을까. 어디서든 '원인'을 찾아내는 직업병을 가진 나는, 이 총체적 무지함이 창사 30년이 넘도록 시사교양국에 결혼-임신-출산을 겪어본 여성 피디가 단 한 명도 없었기 때문이라고 결론을 내렸다. 그래서 누구도 날 말리지 않았고, 나 자신도 날 말리지 않았다고. 아무튼 그렇게 나는 창사 이래 처음으로 아이를 낳은 '시사교양국의 엄마 피디'가 되었다.

〈우당탕 엄마 되기〉의 신 넘버 1은 기억 속으로 사라지고, 아마도 신 넘버 768번쯤 된 지금은 '엄마 피디'로 산다는 게 아주 가끔 특별하게, 대부분의 날은 별것 아닌 것처럼 느껴진다. 요즘에야 '엄마 소방관' '엄마 경찰관' '엄마 경호원'도 많으니, 일이 조금 험하고, 노동시간이 길다고 해서 유난을 떨고 싶진 않다. 다만, 이건 인정해야 될 것 같다. '엄마'로서의 경험은 어딘가에 늘 흔적을 남긴다고. 내 경우엔 프로그램에 남았다. 10여 년간 127조 원이라는 천문학적인 저출산 예산이 대체 어떻게 쓰였는지 까발리는 취재를 하기도 하고, 돌봄의 가장 큰 적인 살인적인 노동시간을 조장하는 회사 문화를 비판하는 프로그램도 만들었다. 최근까지는 아이들도 쉽게 이해할 수 있는 현대사 프로그램을 연출했다. 그러니까 굳이 애쓰지 않아도 여성·엄마로서의 자아는 프로그램 여기저기에 영역 표시를 하고 있었다.

어렵게 태어난 아이가 쑥쑥 자라는 사이, 방송 환경도 급격하게 바뀌었다. 뭔가 새로운 돌파구가 필요하다고 느끼던 찰나, 한국예술종합학교에서 영화 연출 공부를 하기로 했다. 영화를 만들기 위해 들어간 대학원에서 교수님은 충격적인 한마디를 내뱉었다. "영화의 시대는 저물었다." 막 입학한 신입생한테 영화가 죽어가고 있다니. "그럼, 이제 저희는 뭘 해야 하나요?"라는 질문에 교수는 무겁게 답했다.

"이제는 OTT 드라마를 만들어야 한다."

영화를 알기 위해 찾아간 곳에서, 역설적으로 드라마를 이야기하고 있었다. 그러나 그 말이 틀리진 않았다. 한국 드라마의 위상은 2020년대를 지나며 그야말로 세계적 수준으로 도약했다. 〈폭주하는 OTT 시장〉, 〈새로운 스토리텔링과 세련된 연출〉. 기사에서 이런 헤드라인들이 보이기 시작했다.

그 소용돌이의 중심을 관찰하니 '드라마 피디'라는 창작자들이 있었다. 예전에는 '영화감독'들만이 '예술가'라고 추대받았다. 하지만 드라마 피디들이 가진 고유의 연출력이 빛을 발하면서 '드라마 연출의 미학'에 대중도 환호하기 시작했다. 특히 내 시야에 나와 같은 성별을 공유하는 몇몇 놀라운 창작자들이 눈에 들어왔다. 물론 그들 중 누구도 굳이 '성별'을 전면에 내세우지 않았다. 하지만 그들 역시, 나처럼 작품 곳곳에 '흔적'을 남겼다. '성폭행'을 다룬 불편한 장면도 '저렇게 다룰 수 있구나' 싶은 세심함을 가진 작품(〈악의 마음을 읽는 자들〉), 현대사회를 살아가는 여자라면 갖고 있을 법한 시골살이와 탈주의 로망을 직접 써낸 작품(〈아무것도 하고 싶지 않아〉), 전형적인 성 역할을 뛰어넘는 시대정신을 캐릭터에 담은 작품(〈옷소매 붉은 끝동〉), '젊은 여자 귀신'을 무서운 존재로만 소비하지 않고 한 많은 시

대의 희생자로서 다시 들여다 보게 만들거나(《악귀》), 인기 웹
툰을 과감하면서도 설득력 있는 해석으로 영상화한 작품(《이번
생도 잘 부탁해》)도 있었다. 결국, 이런 작품을 찍는 '여자' 드라
마 피디들의 이야기가 궁금했다. 우리 모두 코로나19 시기를 보
내며 느끼지 않았는가. 이 기나긴 동면의 시간을 위로해 준 건
OTT 채널에서 몰아보기를 했던 '인생 드라마'였다고. 드라마가
없었다면 그 힘든 시간을 과연 이겨낼 수 있었을까. 그래서 이
좋은 걸 찍어낸 이들에게 묻고 싶었다. 그 뒤에 숨어 있는 고민
과 분투가 무엇이었는지. 우리가 모르고 있던 보석 같은 이야기
들이 무엇인지.

이 책은 한국피디연합회의 기획으로 한국의 대표 여자 드라
마 피디들을 인터뷰한 기록이다. 인터뷰는 짧게는 네 시간, 길게
는 여덟 시간 가까이 이뤄졌고, 필요한 경우 전화 인터뷰로 보충
했다. 가장 최근 드라마를 중심으로 이야기한 경우도 있지만, 시
청자들이 가장 많이 사랑했던 작품에 대해서도 빼놓지 않고 치
밀하게 물었다.
　어쩌면 '여자' 드라마 피디라는 호칭이 오히려 구분 짓기를
강화한다는 지적이 있을 수도 있겠다.
　하지만 한번쯤 이들에게 마음 편하게 묻고 싶었다. 당신의
작품에 여성·엄마라는 자아가 어떻게 녹아들었는지 말이다. 창
작자에게, 삶은 절대 작품과 분리될 수 없다. 이들 중엔 드라마국

최초로 아이를 낳고 두 살배기 아이를 집에 둔 채 드라마를 찍는 피디도 있었고, 드라마 현장에서 성폭력 예방 교육을 선제적으로 실행한 이도 있었다. 누구보다 빠르게 주 52시간 노동시간을 도입한 이도 있었다. 거창하게 얘기하자면 여성·엄마인 이들은 드라마 안팎으로 질적인 변화를 만들어내고 있었다.

이 책이 드라마를 사랑하는 수많은 시청자, 창작자를 꿈꾸는 이들, 그리고 이 땅에서 일터의 변화를 도모하는 많은 이들에게 영감이 되었으면 좋겠다. 무엇보다 너무 어렵지 않게 카페에서 차 한 잔하며 수다 떠는 심정으로 쉽게 읽혔으면 좋겠다.

한국피디연합회의 김종일 전 회장님, 이선민 사무국장님, 이한빛 님, 늘 응원해 주는 남편에게 감사를 전한다. 또 무지한 엄마 밑에서 기적적으로 태어나 잘 커주고 있는 아들에게, 고맙다. 그리고 무엇보다 두 아이의 엄마이자 1인 출판사 운영자로서 또 다른 길을 만들고 계시는 '용감한 워킹맘' 최아영 대표님께 감사를 드린다.

— 2024년 목동에서 백시원

# CONTENTS

# 드라마를 만드는 아기 엄마

SBS 〈VIP〉
SBS 〈악귀〉

# 드라마를 만드는 아기 엄마

드라마 〈악귀〉는 2023년 최고의 히트작 중 하나였다. 흥행 보증 수표인 김은희 작가와 김태리 배우의 만남도 화제였지만, 세련된 연출로 호평을 받았던 〈VIP〉의 이정림 피디가 합류한다는 소식에 세 제작진의 만남을 기대하는 목소리가 컸다. 드라마 론칭 뒤, 반응은 곧바로 왔다. "인간의 탐욕이 악귀보다 무섭고, 결국 자신을 구원하는 건 자기 자신이다"라는 다소 심오한 메시지에 시청자들은 10퍼센트가 넘는 높은 시청률로 화답했다.

이 드라마의 뒷이야기가 정말 궁금했다. 사실, 개인적인 이유도 있었다. 드라마 론칭 전에 운 좋게 〈악귀〉의 대본을 미리 볼 수 있었다. 당연한 얘기지만, 드라마의 대본은 그 자체로 무색

무취하다. 오로지 텍스트로만 이뤄져 있으니 어떤 음악이 들어 갈지, 배우의 표정이 어떨지, 색감이 어떨지 상상으로 채워야만 한다. 김태리 배우가 맡은 산영, 오정세 배우가 맡은 염해상 교수 역할은 납득이 되는데, 도무지 머릿속에서 그려지지 않는 존재 가 있었다. 바로 '악귀'였다. 대본에서 악귀는 얼굴도 없고, 몸통 도 없고, 말도 없다. 오로지 그림자로만 존재한다. 그림자가 무서 우면 얼마나 무서울 수 있을까. 이렇게 빈약한 상상력으로 시나 리오를 읽은 뒤 실제 드라마를 본 순간, 한방 맞은 느낌이었다. 이정림 피디는 머리가 하늘을 향해 사방으로 뻗어 뱀처럼 구불 거리는 '악귀'를 이미지로 구현했다. 텍스트 속에서 가늠이 안 되 던 귀신이 실체가 된 순간. 어디로 뻗어나갈지 모르는 그 길고 징그러운 머리카락을 보며 나 스스로도 머리가 쭈뼛 서는 느낌 을 받았다. '아, 이게 연출이구나.'

이정림 피디의 작품들은 매끄럽고 세련됐다. 이런 매끄러움 과 세련됨을 구현하려면 디테일에 대한 집착이 필수다. 이피디 의 입봉작은 백화점 VIP 담당 직원이 바람난 자기 남편의 정부를 찾아내는 스토리, 〈VIP〉이다. 멜로드라마의 미스터리 라인과 오 피스물의 정서가 거미줄처럼 씨줄날줄 섞이는 설정이었다. 당시 입봉 피디였던 이 피디와 마찬가지로 이 드라마의 작가도 입봉 작가였다. 그러나 스토리와 연출의 디테일은 입봉작이라고 보기 어려울 만큼 꼼꼼했다.

〈악귀〉에서는 훨씬 더 물오른 연출력을 보여준다. '사랑'과 '분노'의 감정을 만들어내야 하는 전작과 달리 '공포', 더 나아가 '공포를 이겨내는 인간다움'의 감정을 만들어야 하는 어려운 과제를 그녀는 부여받았다. 더구나 단순히 무서운 이야기를 하는 게 아니라, 한국 사회의 뿌리 깊은 모순을 장르 안에 은유적으로 녹여내는 김은희 작가의 메시지가 충분히 납득되게 만들어야 했다. 무엇보다 '악귀'의 존재를 무서우면서도 처연하게 느낄 수 있게 만들어야만 했다. 이번 인터뷰에서는 그 누구보다 산적한 과제들에 대해 고민이 많았을, 이정림 피디의 '연출적 고민'을 들어보았다.

또 하나. 이정림 피디에게는 다른 누구보다 특별한 이력이 있다. 그녀는 '엄마'다. 그게 그렇게 특별한 이력인가, 라고 반문할 수도 있겠다. 그렇다면 이건 어떨까. 그녀는 창사 30주년이 넘은 SBS에서 유일무이하게 아이를 낳은 '여성 드라마 피디'이다. 또한 근 몇 년간 한국에서 드라마를 연출한 여성 피디 중 유일한 '엄마 드라마 피디'다. 그만큼 출산 경험을 가진 드라마 피디는 방송국에서 찾기가 어려운 케이스다.

그녀가 드라마 〈악귀〉를 연출하고 있을 당시, 딸은 두 살이었다. 대개 미니시리즈 촬영이 시작되면 서너 달을 거의 촬영 현장에서 살아야 한다. 이정림 피디는 촬영 중 딸이 너무 보고 싶어지면 딸을 현장으로 데려와 달라고 남편에게 부탁했다고 한다. '악귀'가 주인공인 어두운 오컬트 장르의 촬영 현장에서 어린 아기는 엄마 옆에 앉아 같이 모니터를 보았다고 한다. 기이한 듯하면서도 사랑스러운 풍경이다.

인터뷰하는 날에도 막 어린이집에 아이를 데려다주고 왔다는 이정림 피디는 밝아 보였다. 사람을 기분 좋게 만드는 솔직한 에너지로 막힘없이 인터뷰는 진행되었다. 덕분에 마음의 빗장을 활짝 열어젖히고 긴 시간 대화했다. 때론 크게 웃고, 때론 눈물도 흘릴 만큼.

이 인터뷰에서는 '엄마'로서의 자아와 '피디'로서의 자아가 묘하게 섞이고 있는 워킹맘의 고민을 들어볼 수 있다. 무엇보다 엄마라는 자아가 커질수록 다르게 보이는 세상, 그리고 그 세계가 구현될 앞으로의 작품에 대한 포부도 엿볼 수 있을 것이다.

── 반가워요, 피디님. 본격적인 작품 이야기를 하기에 앞서, 드라
마 피디를 준비하던 그때 이야기를 들어보고 싶어요. 어떻게 준
비하게 되셨는지, 언제부터 지망하셨던 건지 그때 이야기를 자
세히 들어보고 싶어요.

드라마를 정말 좋아했어요. 동시간대 하는 드라마가 많잖아
요. 학교 다닐 때 난 이걸 보는데, 친구가 다른 방송사 드라마를
보고 있으면 '나랑 결이 안 맞는데?'라고 생각할 정도로 드라마
에 과몰입하는 스타일이었어요. 그 친구가 보는 드라마로 사람
을 판단하고 그랬죠. 그래서, 이런 일을 하려면 당연히 신방과에
가야 하는 줄 알고, 그 비슷한 언론정보학과를 갔어요. 제가 외대
를 갔는데 수능 끝나고 원서 쓸 때 모든 학교에 다 비슷한 학과
를 썼어요.

학교에 들어갔는데 정작 피디가 된 사람은 거의 없더라고
요. 워낙 (언론사 시험을) 뚫기가 힘드니까요. 저도 원서 몇 번
써보고 광탈했어요. 빨리 경제적 독립을 하고 싶어서 다른 자격
증도 따면서 홍보대행사에 우선 취업을 하게 되었어요. 그리고
한 1년 정도 다녀보니까 '이건 아니다'라는 생각이 들더라고요.

── 잘 안 맞았나 봐요.

생각했던 업무랑 실제로 하는 업무가 달랐어요. 제가 말단이니까 일단 아침에 가면 제가 맡고 있는 회사에 관한 모든 기사와 관련 자료, 카페 자료를 다 검색해야 돼요.

솔직히 월급을 받고 '드디어 인간 구실을 하는 구나' 싶어서 금방 관두기 어려웠어요. 좋아하는 아이돌 덕질도 할 때여서 공연도 보고, 술 좋아하니까 술값으로 월급을 탕진해서 관둘 수 없었고요. 거기서 기자들한테 전화 돌리는 일을 매일 했는데 며칠을, 몇 달을 해도 그 업무에 적응이 안 되는 거예요. 번호 누를 때부터 너무 떨려서 가슴이 답답해졌어요. 그래서 되든 안 되든 피디 시험을 제대로 준비해 보자, 안 되면 다시 취업 준비를 하더라도 무조건 원서를 써보긴 해야겠다고 생각했죠. 그렇게 홍보 대행사를 관뒀어요. 회사에 솔직히 얘기했거든요. "사실 피디를 하고 싶다." 그랬더니 사장님이 쿨하게 "알았다" 하시더라고요.


── 흔쾌히 보내주셨네요.

부모님한테는 1년만 준비해 보고, 1년 안에 면접까지 가면 1년 연장, 1년 안에 면접도 못 가면 그냥 포기하겠다고 얘기했어요. 엄마도 쿨하게 "그래라" 하시더라고요.

소소하게 스타벅스에서 알바하면서 시험 준비했어요. 언론정보학과 다녔으니까 이런 쪽 준비하는 친구들이 많잖아요. 과 동기들하고 스터디를 했어요. 이미 휴학도 2년 정도 했었고, 회사도 1년 다녀서 스터디 그룹 내에서는 나이가 많은 편이었죠. 그런데 서류 통과가 된 적도 없으니까 끼워주질 않더라고요. 빵빵한 스터디는 서류에 붙은 경험도 있어야 되고 내가 쓴 글도 보여줘야 되니까 까다롭더라고요. 그룹에 들어가려고 이렇게까지 해야 되나 싶어서 온라인으로 준비를 했어요. '아랑'[1]에 글을 올리고 비대면으로 같이 스터디 할 사람 구해서, 우리끼리 글을 돌려 봤어요. 그러다 결국 MBC는 광탈하고, 그다음에 SBS를 어찌어찌 해서 1년 안에 붙기는 했네요.

—— 그렇게 피디 생활이 시작된 거군요. 정림 피디는 어떤 드라마를 좋아했어요? 인생 드라마 같은 게 있었나요?

최종 면접 때 그 질문을 받았는데, 〈아일랜드〉랑 〈네 멋대로 해라〉를 얘기해서 욕을 먹었죠.

—— 왜요?

타사… 드라마니까요. (웃음)

—— 둘 다 MBC 드라마죠?

면접 끝나고 엘리베이터를 탔는데 같이 시험 본 애들이 저한테 미쳤냐고 했어요. '시청률도 안 나오는 그런 드라마가 무슨

1) 다음 '아랑카페'의 준말로 언론사 시험을 준비하는 이들이 모인 유명한 인터넷 카페

인생 드라마냐'고 해서 '×됐다. 떨어졌네' 생각했죠. (웃음)

— 시청률이 안 나오긴 했죠. 약간 마니아틱하고요.

제가 볼 때 〈아일랜드〉는 〈미안하다 사랑하다〉랑 살짝 겹쳤고, 〈네 멋대로 해라〉도 마이너한 편이었던 것 같아요. 인정옥 작가님을 좋아해서 팬심으로 솔직하게 얘기했어요.

— 입사 과정이 생각나시나요?

이력서 질문은 기억이 안 나고, 작문 주제는 '엑스트라'였어요. 상세한 내용은 지금 기억이 안 나지만 잉여인간에 대한 글을 썼던 거 같아요. 그때 백수였기 때문에 위축되어 있기도 했고, 자주 쓸모없는 인간이라는 생각을 할 때였어요. 그런 생각을 하며 사는 사람들… 비슷한 처지에 있는 사람 네 명이 나오는 이야기를 썼어요. 1차 면접은 드라마에 대한 이야기는 거의 안 했고, 그냥 제가 어떤 사람인지 계속 궁금해하는 느낌이었죠. 네가 살아온 인생에 대해 어디 한번 재밌게 말해 봐, 이런 느낌으로 진행됐어요. 그때나 지금이나 술을 너무 좋아하던 때라 술 먹고 생겼던 에피소드들 말하고, 인도, 네팔에서 봉사활동 하면서 겪었던 얘기를 했죠. 그냥 많이 웃고 이야기했던 기억이에요. 합숙면접에서 다른 지원자들 이야기를 들어보니 전반적으로 1차 면접은 그런 식으로 편하게, 좋은 분위기에서 진행됐던 것 같아요.

합숙면접은 솔직히 면접장에 도착하자마자 여자들끼리의

경쟁이라고 생각했어요. '우리 넷 중에 한 명만 뽑히겠구나.' 그때는 남자 합격자가 많을 때였고요. 저도 조연출 생활 끝나고 최종 면접 심사에 세 번 들어가 봤는데, 요즘은 성비를 할당하지 않아요. 여자들이 잘해요. 요즘은 여자를 정말 많이 뽑고 있어요.

— 성별로 비중을 두진 않고요?

네. 여자만 들어온 기수도 있어요.

두 명 뽑았는데, 두 명 다 여자인 기수가 있었어요. 가장 최근에 뽑은 기수도 남자 둘에 여자 셋인가, 그랬던 거 같아요.

— 그 얘기는 이따가 자세하게 여쭤볼게요. 그동안의 작품을 살펴보니까 아침 드라마도 하시고, 사극도 하시고, 소위 막장 드라마도 하셨어요. 선배들한테 조금씩 영향을 받았겠지만 특별히 기억나는 분이 있을까요?

싫은 사람이 왜 더 많이 생각나죠? 반면교사들로요. (웃음)

— 인터뷰를 하다 보니 다른 피디님들도 그 얘기를 많이 하세요. '저렇게 하지 말아야지.' 그렇게 끊임없이 생각하셨다고요.

맞아요. 그런 기억이 많아요. 물론 사람 대하는 법, 연출자가 얼마나 치열하게 고민하고 또 고민해야 하는지 좋은 선배님들한테 많이 배우기도 했어요. 근데 제가 지금 똑바로 살고 있다고 쉽게 말을 못 하겠어요. 제가 연출이 되었으니까요. 가해자는 기억을 못 하잖아요.

(당시엔) 적어도 저렇게 망가지지 말자, 스태프들을 저렇게 대하지 말자, 게으르지 말아야지, 그런 생각을 진짜 많이 했어요. 조연출 하면서 선배들에게 혼날 때 후회를 많이 했거든요. '촬영 전에 이걸 한 번만 더 봤으면 펑크 안 냈을 것 같은데…' 그런 순간들이요. 졸려서, 좀 하기 싫어서 꼼꼼하게 못 본 게 결국 현장에서 티가 나더라고요.

— **어떤 거에서 펑크가 났을까요?**

촬영 지연이 된다거나, 연출한테 큰 도움이 안 된다거나 하는 경우가 많이 생겼어요. 그리고 조연출 할 때 선배들한테 늘 들은 얘기가 '소품팀이 실수해도 조연출 잘못'이고, '오디오팀이 잘못해도 조연출 잘못'이고, 아무튼 누가 뭘 잘못해도 다 조연출 잘못이다. 그런 교육을 받아요. 그때 많이 울었죠. '쟤(다른 스태프)가 펑크 낸 걸 왜 나한테 뭐라고 하는 거야? 난 분명 얘기했는데?' 이런 생각을 자주 했어요.

— **모든 책임을 조연출이 지는 건, 너무 가혹한 거 아니에요?**

모두가 그랬어요. 그래도 남 탓 안 하는 태도가 생긴 건 도움이 되는 것 같아요. '나는 잘하는데 쟤 때문에 (망했어)'라는 생각은 도움이 안 되니까요. 연출이 되어서도 '쟤 때문에 망했어, 쟤 때문에 오늘 어떤 부분이 안 좋았어'라는 생각은 안 하는 것 같아요. '쟤 잘못도 있지만 내 잘못도 있고. 오늘 운이 안 좋았네.' 그렇게 생각하는 데 진짜 큰 도움이 됐어요.

── 현장에 있을 때는 어쨌든 연출이 실수한다기보다 보통 스태프들이 실수하지 않나요?

연출도 실수를 엄청 많이 하죠.

── 연출이 실수를 한다면 보통 어떤 실수를 하는 걸까요?

실수라기보다 판단 미스가 있을 수 있죠. 이렇게 찍었는데 뒤돌아보니 이게 아닌 것 같다는 생각이 들 때도 있어요. 배우와 대사를 해석하는 방향이 다를 수도 있고. 그 순간순간의 판단이 항상 옳은 건 아니니까요. 제가 정말 소심한 타입이어서 촬영 끝나면 항상 그날을 곱씹어봐요. 잘못한 건 생각이 많이 나죠. '그걸 왜 그렇게 찍었지? 뭐 한 거지? 왜 그런 말 했지?'

── 못 주무실 것 같은데요. 그런 거 다 생각하면….

잘 자는 드라마 연출은 아무도 없을걸요. 일을 하고 있으면 일하느라 잠을 안 자거나, 못 자는 거고요. 뭔가를 하고 있지 않더라도 다른 걸 생각하느라 잠을 못 자는 것 같아요. 제가 내일의 걱정, 미래의 걱정을 당겨서 하는 타입이에요.

── 그동안 조연출 하면서 어떤 작품들 주로 하셨어요?

OJT(신입사원 교육)를 들어가서 바로 한 작품이 〈다섯 손가락〉이라고 최영훈 선배님, 김순옥 작가님 거였어요. 그 드라마로 OJT 끝내고, 바로 위에 오충환 선배가 메인 조연출 겸 B팀으로 계셔서 거기에 가서 배우고요. 그다음에 조연출 시작한 건 〈당신의 여자〉라는 아침 드라마였어요. 그러고는 〈세 번 결혼하는 여자〉라고 김수현 작가님, 손정현 선배님 거 서포트를 했어요. 김형식 선배 거 〈비밀의 문〉, 그 드라마도 했네요.

박용순 선배 〈이혼 변호사는 연애 중〉, 〈용팔이〉도 했어요. 사극 〈대박〉 남건 선배님, 〈우리 갑순이〉 문영남 작가님, 부성철 선배. 그다음에 〈사랑의 온도〉, 그때 다시 남건 선배를 만나서 말년 차 조연출이라 B팀을 찍으면서 조연출도 같이 했어요.[2]

—— **다양하게 하셨네요. 사극도 해보고요. SBS에 사극 경험이 없는 피디들도 있다고 들었는데요.**

기억이 잘 안 나는데 제가 면접 볼 때 사극을 하고 싶다고 했대요. 미쳤나 봐요. (웃음)

—— **얼마나 힘든지 모르니까 이야기를 했겠죠?**

사극은 재밌긴 했어요. 현대극이랑 완전히 다른 세상이에요. 스태프들끼리 끈끈한 것도 다른 팀이랑 달라요. 하루종일 붙어

---

[2] 피디들이 입봉하기 직전에 연출 역할을 해보는 팀을 B팀이라고 부른다.

있으니까요. 출장 가서 촬영 끝나면 모텔에서 맨날 술…. (웃음)

— 얘기 들어보니까 사극이 훨씬 힘들더라고요. 조연출 생활도 거
   의 두 배로 힘들다고 하던걸요.

전부 새로 공부해야 하니까요. 어쨌든 고증이 중요한데 이게
맞다, 아니다라는 확신을 아무도 못 갖는 거죠. 연출도 그렇고,
의상을 준비해 주시는 분도 그렇고 소품팀도 그렇고요.

— 작품이 없을 때, 쉴 때는 어떻게 지내세요? 〈VIP〉 끝나고 공백
   기가 좀 있었죠?

그때는 임신하려고 했어요. 결혼을 빨리 결정한 편이에요.
식을 올린 건 사귄 지 1년 반 뒤긴 한데요. 신혼 때 아이를 가질
까 말까로 얘기를 많이 했어요.

저는 안 갖고 싶다는 쪽이고, 남편은 무조건 낳고 싶다는 쪽
이었어요. 저는 '절대 낳기 싫어'는 아니었지만요. 그때부터 낳는
시기를 두고 얘기를 많이 했죠. 도대체 언제 낳을 것인가?

— 입사 몇 년 차에 결혼하신 거죠?

2012년도에 입사, 2015년이 되자마자 결혼했어요.

— 조연출 때 결혼을 해서 임신 때문에 고민을 많이 하셨겠어요.

어쨌든 조연출 할 때 임신했다는 얘기는 듣도 보도 못했다,

그런 건 없다, 그런 이야기를 들었어요. 저 스스로도 조연출 때 임신하면 이상할 것 같다고 생각했어요. 회사에서 암묵적으로 정해놓은 룰이 있잖아요. 조연출 몇 년을 의무적으로 채워야만 하는데,[3] '조연출 생활 하다가 중간에 어떻게 애를 낳고 오냐?'는 게 지배적인 생각이었어요. 솔직히 무서웠어요. 임신한 채로 일을 할 수 없다고 생각했거든요. 매일 밤새고, 현장도 좋지 않으니까요. 아이를 갖는다는 게 준비부터 낳기까지 2년을 잡아야 되는 일이라 일단 조연출을 끝내고 생각하자고 결정했죠. 그런데 조연출 끝나고 B팀 촬영을 해보니까 일을 멈추기 싫더라고요.

── 일이 재미있었군요.

일도 재미있지만, 커리어 끊기는 게 무서웠어요. 후배들이 열심히 치고 올라오는데 출산 때문에 몇 년 쉬고 오면 제 자리가 없겠다는 생각이 들더라고요, 그때는요.

── 아직 내 이름으로 입봉도 안 했는데 말이죠.

그렇죠, 입봉을 안 했으니까요. 그래서 자꾸 미뤘죠. 외면하고 있었는데 갑자기 〈VIP〉 연출하라는 얘기가 회사에서 나왔어요. 그 대본이 처음부터 저한테 온 건 아니고 선배들한테 몇 번 갔었는데 자기들이랑 안 맞다고 했어요. 기획회의에서 그 대본

---

3) 제작사마다 다르지만 보통 5~8년 정도의 조연출 생활을 겪은 후 정식으로 입봉한다.

을 봤는데, 제 기준에서는 단점이 없는 대본이라고 생각했어요. 너무 재밌는 거예요. 저도 사내 연애로 결혼했으니까, 이입되는 부분도 많았어요. 그리고 여자가 주인공인 얘기를 연출하고 싶었거든요. 근데 그 회의에서 제가 대본을 좋게 평가한 걸 기획팀장님이 기억하고 있다가 돌고 돌아서 "그럼, 정림이 시키자. 입봉할 때도 됐는데"라고 하면서 전화가 왔어요. 너무 좋았죠.

그런데 임신 문제가 걸려 있어서 솔직히 말했어요. "연출하는 거, 남편이랑 상의해야 한다. 집에 먼저 해결할 문제가 있다." 그런데 사실 전화 받았을 때 알았어요. '이거(〈VIP〉) 하겠구나.' 남편한테 얘기했더니 "(작품이) 오면 그냥 해야지, 어떻게 안 해?"라고 해서 작품하고, 끝나고 애를 낳았죠. 그때는 바로 준비해서 빨리빨리 임신하고 빨리빨리 낳고 다음 스텝으로 가려고 계획을 세웠거든요.

그 후 병원에 갔는데 자궁에 근종이 많아서 당장 임신을 할 수 없고, 개복 수술을 해야 한다고 하더라고요.

── 그런 과정이 있었군요. 임신이 정말 쉬운 일이 아니에요.

수술 날짜 잡기까지 시간이 좀 걸렸어요. 수술하고 회복하는 데도 좀 걸리고요. 그때부터 다시 임신 준비를 하다 보니까 출산까지 한 2년 정도 걸렸던 것 같아요.

── 입사하고서 8년 차 때 아기가 생긴 거죠?

2021년에 낳았으니까 9년 차쯤 임신한 거죠.

── SBS 드라마국에서는 처음으로 임신한 케이스잖아요.

맞아요.

── 저도 시사교양국에서 첫 엄마 피디예요.

그동안 없었어요? (놀람)

── 개국 이래 첫 엄마 피디들이네요.

드라마국에는 모든 회사를 통틀어도 출산 경험이 있는 피디가 거의 없는 것 같아요.

── 아기를 가져야겠다고 마음 먹은 계기가 있을까요?

가정의 평화를 위해서요. 극단적으로 생각을 해봤어요. 저는 상상하는 거 좋아해요. 정말 선택을 해야 한다면 출산 아니면 이혼인 것 같더라고요.

── 남편이 그 정도로 강하게 아기를 원하셨나요?

계속 끊임없이 저를 설득했어요. '이혼하는 것보다… 그래도 남편을 좀 사랑하는 것 같은데?' (생각했죠) '낳아볼까?' 대신 "네가 키워." 이러면서 결정했죠. (웃음)

── 김은희 작가님이 어느 인터뷰에서 그 얘기를 하셨어요. 장항준 감독님이 아기를 낳자고 하셨대요. 김은희 작가님이 결혼하실 때 애 낳을 생각이 없으셨나 봐요. 그래서 아이를 낳을 때 '나 진짜 안 키운다'라고 하면서 장 감독님 보고 키우라고 하셨대요. 근데 진짜 그렇게 안 키울 줄 몰랐다는 인터뷰를 장 감독님이 하셨더라고요. 갑자기 그 인터뷰가 생각나네요. 육아하면서 어쨌든 드라마 준비를 해야 되는데, 평소엔 어떻게 지내세요?

딱히 없어요. 휴가 때 여행을 길게 가는 편이에요. 드라마 보고 영화 보고 책 보고 술 먹고. 그 루틴이에요. 다른 거 해본 적 없는 것 같아요.


## 뻔한 소재를 뻔하지 않게
## 만드는 연출

── 〈VIP〉 얘기를 본격적으로 해볼게요. 아까도 얘기하셨지만 피디님이 사내 부부여서 더 공감하시지 않았을까 싶어요. 여성 서사이기도 하고요. 드라마 설정과 개인적인 상황에서 비슷한 점이 많아요. 극 중 주인공도 커리어를 막 쌓아나가는 여성이라서 정림 피디가 놓인 상황이랑 맞물려 있기도 하네요. 찾아보니 당시에 작가님도 신인이셨더라고요.

작가님이 직장 생활을 오래 하셨어요. 7~8년 다니고 관두셨던 걸로 기억해요. VIP 전담팀은 아니었지만, 실제 업무도 마케팅 쪽이었던 걸로 기억해요.

— **현대카드에서 일하셨다고 다른 인터뷰에서 밝히셨더라고요.**

맞아요. 직장생활이 어떤 것인지 너무 잘 알고 계셨어요. 오히려 제가 일반 회사에 대해 글로 배웠고요. 작가님은 회사를 오래 다니셨으니까요. 그런 부분을 작가님한테 많이 배웠죠.

— **그러니까요. 대본의 디테일이 좋다는 느낌을 받았어요.**

어떤 대본은 진짜 드라마 대본 같거든요. 그냥 '아, 대본 같다.' 〈VIP〉 대본은 지문이 상세하지는 않지만, 대본 같지 않고 소설이나 문학 작품 같다는 느낌을 받았어요. 묘한 결이 있는 대본이라서 더 좋더라고요. 무엇보다 주인공이 사내 부부잖아요. 당시엔 제가 주인공한테 완전히 이입해서 찍을 수 있다는 건방진 확신이 있었던 것 같아요.

장나라 배우가 연기했던 '나정선'이라는 역할을 무한정 상상해낼 수 있겠다는 생각이 들더라고요.

— **왜 그랬을까요?**

'내 남편이 바람을 핀다면⋯'으로 상상을 해봤는데 드라마 설정하고 너무 비슷한 거예요. 그러니까 진짜 바람 안 필 것 같은 사람이 바람을 핀다면 저렇게 (극 중 이상윤 배우처럼) 되지 않을까 생각했죠. 그래서 '남들보다 조금 잘할 수 있겠는데?'라고 생각한 거 같아요.

왜냐하면 조연출이나 B팀 하면서 스트레스 받았어요. 특히 B팀 하면서 '이 주인공 너무 이상한데. 이게 맞나? 그냥 찍어도 되나?'라는 생각을 많이 했어요. 그게 힘들었거든요.

—— 감정이입이 안 돼서 그런 건가요?

네. 그렇다고 제가 비주얼적으로 화려하게 찍는 연출은 아니니까요. 그런데 감정조차 표현 못 하면 너무 못 찍는 사람이 되는 것 같잖아요. 그게 스트레스였어요. 〈VIP〉 대본을 봤을 때는 1회 중반부부터 '내가 이 사람이다' 하고 읽었던 것 같아요. 그래서 좋았어요.

—— 시청자 입장에서는 믿었던 남편이 바람을 피웠다는 서사가 시작되면서 궁금해지는 부분이 많아져요. 표예진 씨의 정체가 밝혀지기 전까지 너무 궁금해서 저도 정신없이 봤거든요.

그 부분(불륜 상대가 표예진이라는 게 밝혀지는 순간)을 작가님과 전략적으로 극대화했죠. '불륜녀 찾기'라는 구조는 어쨌든 추리하는 맛이 있잖아요. 그런 게 있어야 끝까지 볼 것 같더라고요. 나머지는 사실 잔잔한 드라마예요. 불륜이라는 강한 소재가 있어서 그렇지, 대단한 빌런이 나오지도 않아요.

기획 회의에서도 처음 4부까지는 잔잔하다는 평이 많았어요. 그래도 진짜 하고 싶은 얘기는 후반부에 있으니까 '8부까지 어떻게든 보게 하자. MSG를 쳐서 시청자들이 쫓아오게 해서, 보게 하자.' 그런 마음이 있었죠.

── 정확하게 기억이 안 나지만 불륜 상대를 표예진 배우가 아닌 다른 사람으로 착각하게끔 편집을 하셨더라고요. 다른 사람으로 오해하게 하는 스토리였어요. 예를 들어 장나라 배우가 열심히 불륜 상대를 찾아서 헤매는데 곽선영 배우인 것처럼 보이게 곽선영 배우와 이청아 배우의 동선을 노출하는 거죠.

지금은 안 통할 것 같은데 5년 전에는 그런 방식이 통했어요. 그때는 다행히도⋯.

〈VIP〉는 홍승혁 촬영감독님이랑 했어요. 〈악귀〉도 같이 찍었죠. 영화 쪽에 오래 계셨던 분이고, 드라마로 오신 지 얼마 안됐을 때 만나게 됐어요. 〈라이프〉라는 드라마를 보고 나서 좋다고 생각했어요. 그때 마침 SBS 〈질투의 화신〉 B팀을 하셨더라고요. 〈질투의 화신〉 조연출을 했던 후배 한 명이 저한테 '그분이랑 잘 맞을 것 같다'는 거예요. 만나보면 좋을 것 같다고요. 그래서 만났는데 정말 좋았어요. 사실 〈VIP〉 대본이 엄청 화려하게 찍을 수 있는 드라마는 아니잖아요. 그런데 감독님이 대본을 보고서 너무 좋아하셨어요.

제 말에도 동의해 주셨죠. 〈VIP〉가 영상미를 뽐낼 수 있는 작품은 아니지만 같이 하면 좋겠다고요. 그래서 감독님이랑 얘기를 많이 했어요. '어쨌든 시청자들을 속이고, 의심하게 하고, 쫓아오게 하려면 이런 걸 해야 되지 않냐?' 하면서요. 훔쳐보는 것 같은 숏도 많이 썼어요. '시점 숏' 같은 거요.

—— 인터뷰 준비하면서 〈VIP〉 1화를 다시 봤어요. 첫 장면이 인상적이더라고요. 여자들의 모습이 다양하게 나오고, 그 사람들이 하는 얘기들이 희미하게 CG로 번지듯 나와요. 그 다음에 타이틀이 뜨죠. 복도에서 누군가를 막 쫓아가는 스테디 캠 장면도 많았어요.

촬영감독님이 핸드 헬드의 신이에요. 정말 빨라요. 촬영감독님한테 동선 같은 카메라 블로킹⁴⁾을 잘 짜서, 최대한 배우들이 동선에 구애받지 않게 찍고 싶다고 했어요. 제가 마음대로 동선을 미리 짜놓으면, 실제로 촬영을 그렇게 해주세요. 배우들도 처음에 "이게 돼?"라고 하다가 카메라가 어디 있는지 신경 안 쓰고 자연스럽게 왔다 갔다 하면서 찍었어요. 동선이 자유로우니까 약속한 위치에 서지 않아도, 배우가 충분히 감정이 올라와 있을 때 상황을 끊지 않고 갈 수 있더라고요.

—— 핸드 헬드니까 가능했던 건가요?

핸드 헬드랑 미니집이라는 장비를 쓰시는데 감독님이 미니

---

4) 대본에 미리 카메라 움직임이나 포착 순서 등을 자세하게 기록함으로써 카메라 위치를 계획하는 일.

집을 잘 운용하세요. 그래서 배우한테 '여기 서주세요. 여기부터 여기까지 이동해 주세요' 이런 말을 안 하고 찍었어요. 대신 리허설을 많이 했죠. 그렇게 해서 합이 맞으면 첫 테이크여도 '오케이'가 많았어요.

—— 리허설은 얼마나 하세요?

러프하게 대본 보면서 얘기해요. 그다음에 진짜로 한 번 해요. 그다음에 촬영감독님이 동선에 맞춰 한 번 쫓아가보죠. 모니터 보고 한 번 더 해보고 나서 슛 들어가요. 이렇게 하면 NG 안 내는 배우들이어서 한 번에 되더라고요. 그래도 기본, 다섯 번은 하는 것 같아요.

—— 인터뷰 준비하다 보니 시청자들이 이 드라마를 '막장인 듯 막장 아닌 드라마'라고 부르더라고요. 어떤 상황에서는 뺨 때리고 머리채 잡고 이래야 될 것 같은데, 이 드라마 속 사람들은 조곤조곤 얘기하잖아요.

마지막 회 끝나고 욕을 많이 먹었어요. 점잖게 끝나서요.[5] 불륜 상대 온유리(표예진 배우)가 여전히 잘 살고 있는 것처럼 보이나 봐요. 시청자들은 나정선(장나라 배우)이 그녀에게 속 시원한 복수를 하길 바랐는데, 그러지 않았잖아요. 그리고 이상

---

5) 드라마의 결말은 다음과 같다. 불륜을 저지른 남편에게 나정선은 어떤 복수도 없이, 진심으로 잘 살기를 바란다고 말하며, 담담히 이혼을 한다.

윤 역시 뭔가 죗값을 치르지 않은 것 같은 찜찜함이 남았다고 하더라고요.

저랑 작가님은 나정선(장나라 배우)이 좋은 사람이라고 생각했고, 그래서 이 사람이 하는 복수가 흔히 생각하는 복수가 아니길 바랐어요. 복수하려면 충분히 할 수 있죠. 사내 메일로 다 뿌릴 수도 있고, 동네방네 쪽팔리게 할 수 있어요. 여러 가지 방식이 있죠. 진짜로 이 사람의 삶을 망가뜨릴 수도 있어요. 그런데 주인공은 나중엔 그냥 이 모든 게 무의미하다고 생각하는 사람인 것 같았어요. 그러니까 '내가 앞으로 잘 사는 거' 그게 더 소중한 거 아닌가? '끝까지 복수를 해서 이 사람을 망가뜨리면 그 뒤, 나는 행복한가?' 왠지 주인공은 안 그럴 것 같은 사람인 거예요. 고민이 많았어요. 그래서 결말에서, 나정선이라는 사람이 추해 보이게 만들지 말자고 생각했죠.

—— 엔딩 부분에 고민이 많으셨군요.

마지막에 스스로 극복하고 잘 살았으면 좋겠다고, 진짜 좋은 사람처럼 보였으면 좋겠다고 생각했어요. 실제로 그런 캐릭터라고 믿었어요. 그런데 욕을 많이 먹었어요. (웃음)

그때는 시청자들의 댓글을 다 볼 때였는데, 그런 댓글도 있었어요. "감독도 똑같이 당해봐야 저렇게 결말 안 내는데." 이 댓글을 보고서 '내가 뭘 잘못했나?'라고 생각했어요.

저는 온유리(표예진 배우)가 계속해서 잘 살 거라고 생각 안 해요. 경제적으로 풍족할지 몰라도 계속 결핍이 있을 것 같아요. 언젠가는 과거에 나쁜 행동을 했다는 걸 깨닫고 평생 부끄러워하면서 살 거라고 생각했어요.

—— 시청자들의 불만을 봤을 때 감독님은 어떠셨어요?

후회도 했죠. 댓글에 비난이 많으니까 엔딩을 너무 판타지처럼 낸 건가 하는 생각이 들더라고요. '시청자들의 니즈를 파악하지 못한 건가?' 이런 생각을 했죠. 근데 지금 생각해 보면 (시청자들이) 얼마나 과몰입을 했으면 그랬을까 싶어요. 드라마는 내 일이 아니잖아요. 화면 속의 장나라 배우와 주변 사람들 얘기잖아요. 오죽했으면 그런 댓글을 달았겠어요. 이건 사랑이다, 드라마에 대한 사랑이라고 생각했어요.

—— 맞아요. 결론이 자기 마음대로 안 된다는 거는 주인공이 나라고 생각하기 때문에 그런 거잖아요. 내가 내리고 싶은 판단과 주인공이 내릴 판단을 구분 못 하기 때문에 그런 거죠.

'나중에 비슷한 작품을 하게 되면 어떻게 결말을 내야 하지?'라는 고민을 했던 것 같아요. 정말 나와 작가님이 맞다고 생각하는 그 방향으로 계속 가야 하는지, 아니면 보는 사람들을 생각해서 바꿔야 하는지, 고민을 많이 했어요. 아직도 결론은 못 내렸어요. 사실 시청자들이 너무 과몰입해서 리뷰를 다니까 그때는 상처를 받았는데 지금은 또 괜찮아요. 무플보단 낫잖아요.

— 맞아요. 무플보다 악플이 훨씬 낫죠.

— 프로덕션 과정을 여쭤보고 싶어요. 〈VIP〉는 '방'들이 기억에 남아요. VIP가 머물던 고급스러운 백화점 대기실, 직원들이 일 하던 매끈하고 차가운 느낌의 사무실도 기억나네요. VIP들을 접대하는 방식도 디테일하게 구현이 되잖아요. 어떤 식으로 조 사를 하고 구현하셨는지 궁금해요.

실제로 백화점에 다니는 분을 누군가에게 소개 받았어요. VIP 담당하는 분도 만나보고, 백화점 투어도 했어요. 근데 드라 마에서 더 과장한 건 있어요. 실제로 백화점에서 일하시는 분들 의 사무실은 진짜 조그맣거든요. 백화점 내에 STAFF라고 적혀 있는 쪽문을 열고 나가면 작은 사무실에서 다닥다닥 붙어서 일 하고 있어요. 현실 고증을 해서 솔직하게 찍어버리면, 동선이 안 나올 것 같더라고요. 그래서 현실적인 걸 포기하고 세트는 넓게 지었어요.

— VIP들 대기하는 넓은 공간도 나오잖아요. 실제로는 어떤가요?

백화점 갔을 때 VIP들이 와서 거울 보고 쉬는 공간이 있는 데, 잘 꾸며져 있긴 해요. 백화점 최고 등급이신 분만 들어가는 라운지도 급이 달라요. 최고급 자재로 되어 있는 곳은 따로 있어 요. 정확히 기억이 안 나는데 1년에 천만 원 이상, 3천만 원 이상, 1억 이상 해서 백화점마다 자스민 등급, 무슨 등급 그런 게 있어 요. 다이아몬드 등급까지 4등급 정도로 나눴던 것 같아요. 등급

마다 공간도 다 달라져요.

── 등급이 있는 건 알았는데 사용하는 공간이 다를 거라는 생각을
못 했어요.

일단 제일 높은 등급은 어디든 들어갈 수 있어요. 진짜 VVIP
들은 그냥 앉아서 기다리죠. 매장의 옷을 그곳으로 가져가는 공
간이 있어요. 그 사람은 매장을 돌지 않고 퍼스널 쇼퍼가 물건을
가지고 와서 '이런 물건이 있습니다'라고 하면서 보여주는 거죠.

── 드라마에도 나오는데 다 실제로 있는 거군요. VVIP들만 이용

하는 옷 방도 실제고요.

실제로 있죠. 비루한 몸뚱아리인 저랑 작가님이랑 실제로 VIP들이 발레파킹 주차장에서 내려서 바로 올라가는 엘리베이터를 타봤어요. 실제로 VIP를 응대하는 퍼스널 쇼퍼분이 저희를 안내해 주셨거든요. 그때 엘리베이터를 탔는데 진짜 VIP가 타신 거예요.

저희가 처음 만나자마자 "너 오늘 옷 어떻다" 이런 얘기 안 하잖아요. 근데 퍼스널 쇼퍼분은 VIP를 딱 보자마자 새로 하고 온 스카프를 캐치해서 그걸로 대화를 이어가시더라고요. '진짜 VIP는 이런 건가' 하고 생각했어요. (웃음)

실제로 그 쇼퍼가 저랑 작가님한테 결혼했냐고 물어보시더라고요. 그래서 "저는 했고 작가님은 안 했습니다"라고 했더니 (쇼퍼 분이) 저는 끝났고, "당신(작가님)은 가능성이 있다. 좋은 사람을 만나면 VIP 룸에 들어올 수 있다"고 얘기를 해주셨어요. (웃음) 좀 이상한 말이긴 하죠.

── 재밌네요. 〈VIP〉가 처음으로 52시간제 근무제를 도입해서 찍은 드라마로 알고 있어요.

〈VIP〉가 최초였는지 기억이 안 나는데, 그 즈음 찍었던 드라마들은 다 52시간 안에서 찍었어요. 그때 유예기간처럼 최대 68시간까지 할 수 있었지만, 전 52시간에 맞춰서 찍긴 했어요.

── 왜 그렇게 하셨어요?

사실 52시간이 좋습니다. (웃음) 52시간 도입 전에는 선배님들 사이에서 빨리 찍고 빨리 퇴근하는 사람은 대충 찍는다는 인식이 있었어요. 근데 저는 조연출 때 매일 밤을 새면서 '이게 맞나'라는 생각을 많이 했어요.

일주일에 촬영을 5일 정도 한다고 쳐요. 그러면 월요일부터 밤을 새요. 5일 밤을 내리 새는 거죠. 잠도 거의 사우나에서 재워요. '버잠'이라는 말이 있어요. 버스에서 자는 잠. 그렇게 자요. 어떤 스태프들은 피곤해서 씻지도 않아요. 그런 상황을 몇 년 겪으면서 사실 힘들었어요. 체력적으로도 딸리고요. 모두가 예민해져 있죠. 그런데 52시간이라는 강제성이 생기니까 오래 찍는 선배들도 시간에 맞춰서 다 찍더라고요. 힘들어 하긴 하지만요.

사실 52시간제 도입한다고 해서 연출들이 52시간만 일하는 건 아니잖아요. 편집실도 가야 되고, 믹싱도 하러 가죠. 그런 업무를 조금 맑은 정신에서 할 수 있는 환경이 된 것 같아요. 배우들도 체력적으로 부담이 줄어들고요.

── 결과적으로 좋았다고 하시는데, 처음에 52시간제를 현장에 어떻게 적용할지 고민이 많으셨을 것 같아요.

맞아요. 그런데 요새 드라마 환경이나 처우에 대한 걸로 기사가 많이 나잖아요. 같이 일했던 이옥규 프로듀서와도 얘기했어요. 바깥으로 기사나 논란이 나오지 않게, 안에서 무조건 52시간을 지켜야 한다고요. 그 후에 촬영감독님과도 얘기를 많이 했어요. 첫 리딩 할 때 배우들한테도 이야기했어요. 52시간제로 찍을 거다, 최대한 대본 단계에서 많은 얘기를 하고 현장에서는 시간 낭비 없이 찍고 싶다고 의견을 전했죠. 배우들도 동의를 해줘서 쉬는 날, 통화를 많이 했어요. 현장에서는 스태프들이 무한정 기다리는 상황 없이 운 좋게 잘 지나온 것 같아요.

— **운이 좋다고 표현하시지만 사실은 실행하는 사람의 능력과 준비가 이걸 가능하게 만들었다고 생각하거든요.**

당연한 거긴 하지만, 소품이나 미술에 대한 컨펌도 미리 해서 현장에서 펑크 안 나게 했어요. 스케줄 운영도 배우들에게 양해를 구하고 52시간에 맞출 수 있게 했죠. 누구 한 명이 기다리더라도 전체가 빨리 찍을 수 있는 스케줄로 짰어요.

— **이전에는 드라마를 어떻게 찍었던 건가요?**

예를 들어 배우가 아침 9시에 와서 첫 장면만 다시 여섯 시간 쉬고, 저녁 7시에 다시 찍는 상황이 되면 미안하잖아요. 특히나 여배우한테는요. 그래서 배우를 위해 세트 안에서도 장소를 왔다 갔다 하면서 배우한테 맞춰 찍어요. 그런데 세팅을 한 번 옮길 때마다 조명도 옮기고 장비도 옮겨야 해요. 낮 조명, 밤 조명 다 다른데. (다 바꿔야 하거든요.) 그런 시간이 조금씩 쌓이면, 촬영 시간이 점점 길어지는 거죠.

그런데 52시간제로 바뀌면서 현장의 편의에 최대한 맞추었어요. 다행히 배우들이 불만 없이 기다려줬어요. 대신 진짜 중요한 감정 신이 있으면 그건 배우 감정의 연속성이 중요하니까 스태프들이 배우들한테 양보하는 날이 되는 거죠.

—— **배우의 감정선에 맞춰주는 날이 있군요.**

맞아요. 낮, 밤 조명을 수시로 막 바꿔도 아무도 불만 없이 해주는 거죠. 그렇게 운영했어요. 처음에 합을 잘 맞춰놓으니까 나중엔 스태프들이, 미안할 정도로 빨리 움직이더라고요. 배우들도 그렇고요.

예를 들면 스태프들은 보통 콜타임보다 30분 일찍 집합을 해요. 세팅할 시간이 필요하니까요. 예컨대, 저희(스태프)는 7시 반에 모였고 배우가 8시 콜이에요. 그러면 배우들이 처음에는 8시에 모였어요. 그런데 분명 정시에 왔는데 나(배우) 빼고 다 와 있는 것 같은 느낌이죠. 더군다나 〈VIP〉는 '떼숏'[6]이 많았거든요. 기본적으로 사무실 신은 5, 6명이 모여서 찍는 신이니까, 정시에 온 사람이 오히려 지각한 것 같은 분위기가 되는 거죠. 진짜 아무도 지각 안 했어요.

스태프들도 밥 먹고 더 쉬어도 되는데, 빨리 모여서 세팅하고 있더라고요.

6) 단체로 나오는 장면

—— 빨리 집에 가려고요?

빨리 집에 가려는 거 맞아요. 저도 빨리 집에 가고. (웃음) 저녁도 안 먹고, 좀 더 찍고 빨리 헤어지는 거죠. 너무 좋았어요.

—— 여러 가지 상황이 있겠지만 보통, 어떤 상황들 때문에 딜레이 가 되는 거예요?

세팅이 오래 걸리는 팀도 있고요. 아니면 배우랑 얘기를 많이 해야 하는 경우. 거의 두 가지인 것 같아요. 액션 신 같은 경우에는 어쩔 수 없이 와이어 같은 것도 달아야 하니, 그건 기다릴 수밖에 없죠. 배우들도 현장에서 의견 충돌이 있을 수 있어요. 뭔가 스스로 이해가 안 가는 상황일 수도 있으니까요. 서로 입장 차이가 있을 때는 그냥 찍을 수 없어요. 배우와 얘기를 충분히 하다 보면 시간이 흐르죠.

—— 그렇군요. 신인 작가, 입봉 피디였는데 섭외가 잘됐어요. 장나 라 씨 이상윤 씨, 두 분 다 쉽지 않은 섭외였을 텐데요.

장나라 배우 캐스팅은 〈황후의 품격〉 덕을 크게 봤어요. 제가 그때 B팀 연출이라서 찍으면서 얘기를 많이 했어요. 〈황후의 품격〉 찍고 있는 중간에 제가 〈VIP〉 대본을 줬어요. 어떻게 보면 누군가에게는 예의 없는 행동일 것 같아요. 〈황후의 품격〉으로 도 너무 정신없는데 제가 또 하나를 던져준 거니까요. 근데 대본을 재밌게 봤더라고요.

이상윤 씨는 딱 떠올랐어요. 시나리오에 맞는 이미지니까요.

— 착한 남자?

착실한 남자 이미지가 있었어요. 이런 사람이 배신하면 시청자들이 진심으로 분노하겠다라는 이미지가 있었죠. 다정하고, 스마트하고, 착하고, 착실하게 살아온 사람이 배신할 때의 느낌? 이상윤 배우도 바로 오케이해서 촬영에 들어갈 수 있었어요.

— 나머지 배우님들도 열연하셨어요. 저는 특히 곽선영 배우가 인상적이었어요. 얼굴이 알려진 배우가 아니었는데 굉장히 잘하셔서요.

그때 곽선영 배우가 박카스 광고를 찍었어요. 아기 돌보는 콘셉트의 박카스 광고가 하나 있었거든요. 남편과 같이 그 광고를 보고 동시에 "와, 진짜 잘한다" 했죠. 30초짜리 광고인데도 진짜 눈물이 나요. 너무 연기를 잘해서요. 엄마의 힘듦이 딱 느껴져요. 그런데 그 즈음 부성철 선배가 만든 드라마[7]에서 성폭행을 당한, 아픔이 있는 역할로 짧게 나왔어요. 거기서도 너무 잘하는 거예요. 그래서 바로 섭외했어요.

— 당시만 해도 조단역이었는데 확실한 조연으로 처음 캐스팅한

---

7) 드라마 〈친애하는 나의 판사님〉

거네요.

실제로 만나보고 대본에 대해서도 얘기해 봤는데, 너무 잘해요. 곽선영 배우도 그때 아기가 어릴 때였거든요.

—— 아, 아기가 있으시군요.

있어요. 출산 후 한창 바쁘게 키워야 할 때였어요. 그래서 본인이 스스로 이입한 게 있었죠. 출산 경험이 있는, 일과 육아 사이에서 이렇게 왔다 갔다 하는 삶을 가진 배우여서 좋았어요.

—— 이상윤 배우와 바람을 핀 주인공, 표예진(온유리 역) 배우의 연기도 인상적이었어요. 굉장히 매력적이면서도 악녀 같은 느낌이 혼재되어 있어요. 너무 화려한데, 미워하기 어려운 느낌이 있어서 더 매력적이에요. 어떻게 섭외하게 되셨어요?

〈쌈, 마이웨이〉를 보고 너무 잘해서 만나봤어요. 생각보다 엄청 차분한 거예요. 똑 부러지는 면도 있고요. 그게 드라마의 온유리 같았어요.

—— 저도 깜짝 놀랐어요. 〈꼬리에 꼬리를 무는 이야기〉 단골 게스트거든요. 저희 프로그램에 자주 오는데, 너무 똑똑해요.

이미지만 봤을 땐 통통 튈 줄 알았는데, 굉장히 차분해요. 작가님이랑 저랑 둘 다 온유리 역할의 이미지를 찾기가 너무 어려웠어요. 딱 그려지는 구체적인 인물이 없었는데 예진 씨가 대본

읽는 걸 보고 '맞아. 이런 것 같아'라고 했어요. 리딩 하는 영상을 작가님한테 보냈죠. 바로 좋다고 하셔서 같이 하게 됐어요.

—— 주로 어떤 식으로 캐스팅을 하시나요?

작품을 많이 보죠. 다른 분들은 연극이나 뮤지컬을 많이 보러 다닌다고 해서 공연도 보러 가봤는데, 잘 모르겠더라고요. (드라마와는) 전혀 결이 다른 연극을 보고 이 배우가 이 역할과 어울리겠다, 그 연결이 잘 안 되더라고요. 이 방식은 나랑 안 맞는구나 싶어서 대신 오디션을 많이 봐요.

이상하게 주·조연은 대본을 보면 떠오르는 이미지가 분명 있어요. 그런데 에피소드 주인공이나 더 작은 역할은 그렇지 않아요. 그래서 (이번에 같이 못 하더라도) 다음 작품에서 같이 할 수 있으니까 시간이 있을 때 오디션을 최대한 많이 봐두죠.

— 평소에 관심 가는 배우가 있으면 스스럼없이 미팅을 하시는 편이세요?

작품 준비할 때 부탁을 드리죠. 미팅이라는 이름으로 '한 번 볼 수 있냐?'고 물어보고요. 보통 만나서 얘기를 해요. 예를 들어 〈VIP〉에서 퍼스널 쇼퍼로 나오는 이진희 배우요. 그분도 오디션 보고 첫눈에 반해서 캐스팅했어요.

— 얼굴이 알려진 배우는 아닌데 반하셨군요.

당시만 해도 얼굴이 알려지지 않았어요. 그런데 저는 제가 디렉션을 잘 줘서 배우의 연기를 엄청나게 좋아지게 만들 수 있다고 생각하지 않아요. 제가 연륜이 쌓이면 그럴 수도 있겠죠. 그런데 〈VIP〉 할 때나 지금이나 저는 아직 신인이니까 봤을 때 처음부터 마음에 드는 사람, 잘하는 사람이랑 하는 게 좋은 것 같아요. 그래서 오디션 많이 보고, '이런 연기 톤은 내가 좋아하는데' 하면 같이 하자고 해요.

―― 선호하는 연기의 종류가 있으세요?

피디라면 느끼는 게 다들 비슷할 것 같아요. 뭔가 설정하지 않았는데, 진짜 그 인물처럼 보이는 연기를 하면 너무 좋죠.


## 인상적인 연출,
## 인상적인 공간


―― 이제 〈악귀〉로 넘어가 볼까요? 작품의 배경을 얘기해 보고 싶어요. 어떻게 이 프로젝트에 합류하게 되셨어요?

일단 김은희 작가님이 SBS와 작품을 하기로 한 게 있었어요. 작가님은 그전에는 고연차의 연출들과 작업을 했기 때문에 저 같은 신인보다 연륜 있는 사람을 원했을 것 같아요. 근데 그때 회사에 남은 사람이 별로 없었어요.[8]


―― 그렇죠. 요즘 다 나갔죠.

작가님이 고민하시다가 '이정림'이 궁금하다고 하셨어요. 그래서 만났죠. 만나기 전에는 '작가님이 미쳤냐, 왜 나랑…'이라는 생각을 했어요. 당시엔 정말로 회사에서 작가님이랑 나를 연결

---

8) 최근 지상파 방송사에서는 10년 차 이상의 드라마 피디들이 대거 프리랜서 혹은 다른 제작사로 독립을 하는 경우가 많아졌다. 드라마 시장이 확장됨에 따라 몇 년 전부터 드라마 피디들은 월급 대신 편당 계약을 하는 새로운 임금 구조가 생겼다.

시키는 얘기를 하면 "뜬구름 잡는 얘기 좀 하지 마라"고 제가 그랬거든요.

—— 너무 겸손하신 거 아니에요?

진짜로 작가님은 너무 여기(손으로 한참 위를 가리키며)에 있는 사람이었기 때문에….

—— 작품을 읽기 전에 두 분이 만나신 거예요?

짧은 시놉시스랑 러프한 1부밖에 없을 때였어요. 아기 낳은 지 200일 됐을 때? 그래서 준비하는 기간이 길었어요. 2021년 10월쯤 작가님을 만났고, 2023년 6월에 방송했으니까.

—— 어떻게 보면 아이템, 대략적인 줄거리만 있는 상태에서 만났던 거네요. 처음에 대본을 받았을 때 느낌은 어땠어요? 그동안 했던 것과 완전히 다른 장르잖아요.

'할 수 있나? 이거 잘못 온 것 같은데. 어떡하지?' (웃음)

—— 진짜로. 그러셨을 것 같아요. '오컬트' 장르는 이제까지 해온 드라마와 너무 다르잖아요.

그때는 오컬트라는 단어를 쓰지도 않았어요. 드라마 홍보를 위해서 만들어진 단어였거든요.

작가님을 만나서 무슨 얘기를 전하고 싶으신지 물어봤어요.

딸도 키우고 있고 점점 나이가 들면서 어른이 되어보니 요즘 젊은이들이 너무 불쌍하대요. "치열하게 살았지만 요즘 젊은이들 정말 안쓰럽다"라고 하셨어요. 거창한 위로를 해주진 못하겠지만 '이렇게 사는 사람도 있다. 그냥 살아보자' 정도의 메시지만 주더라도 좋을 것 같다, 그 정도의 마음이 전달되면 좋을 것 같다고 하셨어요. '청춘'이 키워드긴 했거든요. 그런데 작가님 본인이 옛날부터 귀신에 대해서 좀 써보고 싶다고, 잘하는 장르라고 하셨어요. 그래서 이거(청춘)랑 이거(귀신)를 합쳐보면 재밌겠다는 생각이 들었죠.

그런데 '귀신'이랑 저는 안 맞았어요. 그래도 청춘 키워드를 넣는다면 작가님보다는 제가 더 젊으니까. (저는 청춘이) 지나갔거나 좀 걸쳐져 있는 정도라고 생각했어요. 그런 면에서는 작가님한테 도움이 될 수도 있겠다고 생각했죠.

—— 귀신 전문가(김은희 작가)와 청춘에 그나마 가까운 사람(이정림 피디). (웃음)

청춘에 대한 얘기를 많이 하긴 했어요. '우리가 지금 청춘에 대한 얘기를 정말 넣고 있나? 이 방향이 맞나?'라는 고민을 작가님 스스로 많이 하셨죠. 작가님이 회의를 좋아하시고, 의견을 듣는 거에 대해 거리낌이 없는 분이세요. 처음에는 작가님이 너무 높은 곳에 계신 분이니까 대본을 읽고 하루 종일 고민해서 어떻게 말할지 꾸며서 대본 리뷰를 내곤 했어요. 그런데 온건한 톤으로 리뷰한 걸 알아보시고 "이런 건 전혀 도움이 되지 않는다. 솔직하게 말해줬으면 좋겠다"고 하시더라고요.

— "이런 건 별로다" 하고 정확하게 알려주길 원하신 건가요?

"재미있다, 재미없다가 제일 중요하다. 재미없는 거를 재미있다고 하지 말아달라"고 하셔서요. 저, 이옥규 CP, 조연출, 모두 어느 순간부터 다 얘기했어요. 이해 안 가는 부분이 있으면 다 얘기하고 작가님이 설명해 주고, 고치기도 하고요. 또 배우들 의견도 듣고요.

— 김은희 작가님이 괜히 성공한 작가가 아니네요. 1, 2부는 제가 초기 대본을 봤었는데, 드라마를 보니 많이 바뀌었더라고요.

꽤 많이 바뀌었어요. 1, 2부는 진짜 많이 고치셨죠. 만족할 때까지.

— 바뀐 부분들은 어떤 부분들이죠?

김태리 씨 배역이 지금보다 더 밝았어요. 그런 부분을 좀 걷어냈어요.

— 방송 전에 〈악귀〉 대본을 보고 '어떻게 찍지?' 싶었어요. 특히 악귀가 나오는 부분들은 그림자로만 표현되어 있어서 어떻게 찍을까 궁금했거든요.

―― 현실에 발을 붙이고 있는 이야기라 너무 초현실적인 느낌도 안 될 것 같다는 생각이 들었고요. 전체적인 룩을 어떻게 만들어낼지 고민이 많으셨을 것 같아요.

판타지처럼 보이거나 과한 CG로 보이지 않게 하려고 했어요. 낯설고 이상한 그림이 나오면 하고자 하는 얘기를 해칠 수 있겠다는 생각을 했던 것 같아요. 우리가 하려고 하는 얘기가 분명히 있는데, 그런 것들이 CG나 특수 효과들 때문에 의도했던 것과 다르게 화제가 되거나 욕을 먹으면 안 되니까요. '작가님을 처음 만났을 때 얘기했던 본질적인 메시지가 전달이 잘 안 될 수도 있지 않나? 과한 것보다 설정 자체가 이미 잘 되어 있으니깐, 덜어내자.' 판타지 드라마처럼 보이지 않게 찍으려고 했죠.

―― 의도대로 잘 표현된 것 같아요.

초반에 회의할 때는 그림자에 대해서 별별 얘기가 다 나왔어요. 그림자가 2D(평면적)잖아요. 2D는 재미가 없고, 무서움을 줄 수 없기 때문에 3D로 나와야 된다는 이야기도 있었죠. CG에 관해서 회의를 많이 했는데, 결국 처음으로 다시 돌아왔어요. 현실적인 청춘의 어려움을 담고 있는 드라마인데, 해리포터 같은 CG가 들어오면 이상하잖아요. 이야기에 집중하자고 목표를 세웠어요.

―― 그림자 CG가 인상적이었어요. 여성 악귀가 나타날 때 머리가

**사방으로 휘날리는 느낌이 나잖아요. 어떻게 만드신 거예요?**

CG팀이 고생 많이 했어요. 처음에는 (진짜 인물을 데리고) 찍어봤어요. 근데 느낌이 안 나요. 무섭지가 않은 거죠. 머리가 상상처럼 흩날리지 않고, 바람에 슝 날리는 느낌만 나더라고요.

그 후에 긴 머리 여성 사진을 엄청나게 많이 찾아서 봤어요. 그러다가 옛날 〈전설의 고향〉 포스터를 봤는데, 하얀 소복 입은 여자가 눈이 빨갛고 머리가 이렇게(머리를 사방으로 들어올리는 시늉) 돼 있었거든요, 이렇게. (이정림 피디가 직접 단발머리로 악귀 머리카락을 흉내 내는 중)

── **이런 걸(이정림 피디 모습) 찍어야 되는데. (웃음)**

(그 모습을 보고 나니까) 이 여자의 사연이 뭔지 알겠더라고요. 억울하게 죽은 처녀 귀신의 느낌이 딱 나요. 그 사진을 CG팀에게 보여주고 "여기에서 얼굴만 없어지면 사람들이 알 것 같다.

악귀의 한을"이라고 했어요. CG팀이 보고서 뭔지 바로 알겠다고 해서 그걸로 디벨롭을 했죠.

드라마 지문에는 그림자 모습이 커지는 것도 있어요. 이것도 어떻게 할까 하다가…. 진짜로 그림자가 커지면 웃길 것 같아서 머리카락이 길어지는 걸로 표현했죠.

—— 프로덕션 했던 장소도 많이 궁금해요. 산영의 아버지 댁인 '화원재'는 굉장히 커다란 한옥집인데, 병풍처럼 옆으로 길게 늘어져 있죠. 1부에서 신비로운 분위기를 잡아주는 데 큰 역할을 한 것 같아요. 그건 세트인가요?

세트예요. 내부를 통으로 지었죠.

—— 외부는요?

외부는 안동에 있는 실제 공간이에요. 예전에는 양반이 살았고, 지금은 숙박업소로 쓰는 종가예요. 외경은 CG로 다듬었어요.

원래 건물 그다음에 중문을 지나면 곧바로 별채예요. 그런 공간은 재미없어 보여서 바꿨어요. 드라마의 전반적인 콘셉트 중 하나가 깊고 긴 '복도'예요. 고시원 복도, 오정세 씨(극 중 염혜상 교수)가 어린 시절에 엄마 죽는 모습을 봤던 복도. 그러면 이 화원재에도 그런 설정을 넣자고 생각했죠. 건물과 건물 사이에 복도가 있는 설정을 넣었죠. 그런 고택이 있더라고요.

복도를 만들어서 CG로 넣고 외경을 부감으로 찍을 때도 복도를 CG로 심었죠. 건물들 위치도 다 조정했어요. 사실 외딴 지역에 동떨어져 있는 고택 설정인데, 실제로 가보니 뭐가 주변에 많았어요. 그걸 다 지웠죠. 대신 세트랑 외경이 너무 튀어 보일 수도 있으니까, 야외에서 찍을 때는 전체를 다 보여주지 않았어요. 대신 구조를 보여주고 싶을 때는 세트 안에서 동선을 만들어서(배우들을 이동시켜서) 보여주려고 했죠.

— 미술팀이 고생을 많이 했겠어요.

오정세 배우(염혜상 교수 역)의 집도 처음에 그렸던 도면하고 완전히 달라요. 원래 설정은 펜트하우스였어요. 성수동 트리마제의 꼭대기 층같이 야경이 잘 보이는 그런 설정이었어요. 근데 외경도 재미가 없고, 도면을 그릴 때도 한계가 있더라고요. 작가님한테 얘기를 했더니 바꿔도 상관없다고 하셔서 그냥 주택으로 바꿨어요. 오정세 배우의 집은 평창동에 있는 미술관이에요.

— 평소에 미술관으로 이용되나요?

약간 뚱뚱한 건물인데, 뚱뚱한 쪽 벽면은 아예 안 보여줬어요. 뒷면은 저희가 하고 싶은 대로 도면을 그려서 정말 외경으로만 쓴 거예요.

— 염 교수의 본가도 굉장히 화려하잖아요.

내부는 세트예요. 회사에 사정을 좀 했어요. 세트가 어쨌든 비용이 많이 드니까. (극 중 염 교수네 본가가) 부잣집이라서 안에 자재나 가구를 허투루 넣을 수 없었어요. 최대한 야외에서 해결해 보자고 해서 헌팅을 엄청 많이 했죠. 마음에 드는 곳이 결국 없더라고요. '이건 지을 수밖에 없는 운명이다' 이렇게 결정하고 지었죠.

최대한 크게, 평수 로스 없이 필요한 것만 지었죠. 그것도 역시 복도를 길게 만들고 층고를 높이 해서 커 보이게 만들었어요. 방은 두 개밖에 없어요.

── 드라마 미술, 특히 소품도 준비할 게 많더라고요. 민속학이 중요한 소재라 소품들 중에도 한자가 쓰인 것이 많았죠. 민속학 연구자의 방이라 대부분이 오래된 물건이고요. 고증도 많이 필요했겠다고 생각했어요.

작가님이 시나리오에 구체적으로 써주신 것이 많았어요. 그런데 등장인물의 집 같은 걸 지을 때는 알아서 하라고 맡겨주셔서 좋았어요. 예를 들면 작가님이 쓰신 지문을 보면 산영의 집이 처음으로 등장할 때 '어렸을 때 사진이 걸려 있다'는 정도면, 최대한 상상을 해서 저희가 살을 덧붙여서 만들었죠. 해상의 집은 '가구도 별로 없고 야경이 내려다 보인다'는 정도로 쓰셨어요. 화원제는 '압도되는 고풍스러운 고택 한옥' 정도로. 결국 지문에 나오지 않은 내부의 모습은 자유롭게 저희가 많이 고민한 다음에 이렇게 하자고 공유했는데, 작가님이 좋아하셨어요. 나중에 부수는 게 진짜 아깝더라고요. 정말 아까웠어요.

— 〈악귀〉에서 '무서운 장면'의 연출이 일품이에요. 한 회에서도
시청자를 놀래키는 장면들이 굉장히 많잖아요. 갑자기 거울에
귀신이 비치거나, 자살자들이 등장하거나, 집중하고 있을 때 어
떤 상황이 터지는 장면을 조금씩 다른 방식으로 연출한 것이 눈
에 띄어요. 장면 설계를 하실 때 어떤 고민을 하셨어요?

사실 너무 고통스러웠어요. 그런 장르를 평소에 안 봐요. 보
긴 보는데, 잘 못 보는 타입이에요.

— 공포물을 안 좋아하는 감독님이 찍은 공포물이네요.

이 드라마를 찍을 때 확신이 없었어요. '정말 무섭나?' 싶은
생각이 들어서요. '찍는 사람은 하나도 안 무서운데 괜찮나' 하는
걱정을 저희끼리 많이 했죠.

어떨 때는 진짜로 "어우 씨, 놀래라" 하는 것도 있긴 했는데,
기본적으로는 저희끼리 약속을 하고 찍으니까 (현장에서는) 아
무도 안 놀라는 거죠. 계속 '맞나? 괜찮나? 아닌가?' 고민했죠.
그리고 저는 사실 무섭다는 생각이 안 들었어요. 오컬트 장르를
사랑하는 사람이 보면 시시했을 것 같긴 해요. 그 지점도 고민을
많이 했는데, 어쨌든 TV로 나가는 드라마잖아요. 너무 (무서움
이) 과하면 이탈자가 생길 것 같더라고요.

── 맞아요. 너무 무서우면 그걸 못 보는 또 사람들이 꽤 있죠. 15
세 연령가라서 수위를 고민하실 수밖에 없잖아요.

처음 나갔을 때 의견이 반반이었어요. '생각보다 안 무섭다'
와 '무서워서 못 보겠다'가 갈려서요. 그 중간을 찾기 어려운 장
르라는 걸 깨달았죠.

── 개인적으로 그 장면이 진짜 무서웠어요. 김태리 배우가 천장에
서 무언가를 찾다가 갑자기 표정이 악귀에 씌인 듯… 확 변하는
표정이 나온 장면. 깜짝 놀라서 혼자서 보다가 흠칫했어요.

그 장면, 오래 찍었어요. 찍는 사람은 안 무섭거든요. 모니터
를 보는 저도, 연기를 하는 배우도, 그걸 뷰파인더로 보고 있는
촬영감독님도 '아닌 것 같은데'라는 생각을 계속해서, 여러 번 테
이크를 갔어요. 결국 마지막에 호흡을 '엇박'으로 가보자라고 했
어요. 기대했던 순간에 '짠' 나타나는 게 아니라 배우와 배우가
서로 약속하지 않은 지점에서 놀라게 해주자. (배우들끼리)

약속을 안 했더니 오정세 배우가 진짜 놀라더라고요.

── 배우에 대한 얘기로 넘어가 볼까요? 일단 스타급 배우들이 대
거 나와요. 김태리 배우랑 오정세 배우, 홍경 배우는 어떻게 만
나게 되셨어요?

김태리 배우는 제가 (이 프로젝트에) 붙기 전부터 작가님이
염두에 두고 쓰셨어요. 그래서 시놉시스 단계부터 배우에게 제

안했던 작품이에요. 대본이 잘 나왔고 태리 배우가 좋아해 줘서 스무스하게 굴러갔죠.

── 김태리 배우는 이 대본의 어떤 점이 마음에 드셨대요?

김은희 작가님 대본이라는 점? (웃음) 작가님에 대한 믿음이 당연히 있었죠. 저는 산영이란 캐릭터가 배우에게 좋은 캐릭터라고 생각했어요. 〈악귀〉의 모습도 있고, 청춘의 모습도 있고. 감정의 폭이 넓고 깊잖아요.

── 제가 배우라면 욕심이 나면서도 막막했을 것 같긴 해요. 감정
이 획획 바뀌니까요.

생각과 질문이 많은 배우여서 고민을 많이 했죠. 김태리 배우는 많이 물어보고, 고민하는 스타일이에요. 좋은 의미로 "왜요?"도 정말 많아요. 인물의 감정이 확확 변할 때 어느 정도로 바뀌어야 되는지 그 정도에 대한 고민도 많아요.

찍고 나서도 "어떠세요?"라는 질문이 많고. 대본에 다 표현되진 않았지만 캐릭터를 보여주기 위해서 할 수 있는 게 뭐가 있는지 얘기를 많이 했죠. '방에 무엇이 있을까?'에 대한 얘기도 많이 했어요. 누가 태리 씨 별명을 지었는데, '물음표 살인마'(웃음)라고 지었어요.

── 그런 캐릭터이군요.

태리 씨가 먼저 그래요. 자기가 물음표 살인마니까 이해해 달라고요. 근데 오정세 배우도 그렇고, 김태리 배우도 그렇고, 홍경 배우도 그래요. "이 부분이 이해가 안 간다" "이런 행동을 할 때, 내 생각에는 동력이 부족한 것 같다" "(인물의 행동에) 동기가 부족한 것 같다"는 의견을 줄 때가 있어요. 본인이 이해를 못한 채로, 대본대로 찍는 타입은 절대 아니더라고요. 완전히 인물을 이해하고 가야 해요. 그래서 그런 얘기들을 많이 했어요.

—— 연출 입장에서, 이런 스타일의 배우와 작업하실 때 어떠세요?

찍을 때 긴장을 많이 했어요. '내가 이해하고 있나?' '이 답이 작가님이 생각한 것과 배우들이 생각한 것과 다르면 어떡하지?' 조심스럽고 겁도 좀 나요. 얘기를 많이 하는 게 정말 많은 도움이 되는 것 같아요. 생각이 꼬리에 꼬리를 물고 '세팅할 때 이런 걸 더 넣어야겠다' '미술적으로 이런 걸 보충해야겠다' 같은 게 계속 생각나요.

제가 생각하지 못한 부분에서 질문이 오니까 반성도 많이 하고요. 많은 배우들이 대본에서 자기 역할만 보거든요. 근데 이 분들은 그렇지가 않아요. 상대방 고민도 서로 잘 들어주고 얘기하는 타입이었어요. 물론 자기 분량도 엄청 집요하게 연구하는 분들이었죠. 그게 다 모이니까 정말 좋아졌어요.

—— 김태리 배우는 워낙 연기를 잘 하니까요. 이번 드라마에서는

악귀에 들렸을 때와 안 들렸을 때의 상태 변화가 굉장히 인상적
이었어요. 소름 돋을 정도로. 연기에 관해서는, 장면 찍기 전에
어떤 얘기들을 나누셨어요?

악귀가 된 시점이 악귀가 성장하지 않았을 때, 열여섯 살 정
도의 소녀예요. 악귀에 들렸을 때 '아이처럼 보여야 하나? 소녀
처럼 보여야 하나? 아니면 수십 년이 지났으니까 어른이 되었을
까? 할머니가 되었을까?' 이런 고민을 했죠.

시청자들이 당장은 몰라도 나중에 알 수 있는 〈악귀〉와 '향
이'[9]의 연결고리도 많이 만들어 넣었어요. 뒷짐을 지고 걷거나,
허밍을 하는 행동이나 습관 같은 것을 앞부분에 넣기도 했어요.

'향이' 캐스팅이 한참 뒤에 됐어요. 오리지널 '악귀' 캐스팅
은 드라마 중반에 했거든요. 그래서 드라마 찍을 때, 앞에서부터
김태리 배우와 악귀의 행동이나 습관들을 미리 설정해서 찍었어
요. 나중에 심달기 배우(향이 역)가 캐스팅 됐을 때, 그런 부분들
을 미리 찍어놨다고 하니 좋아하더라고요. 너(김태리)와 나(심
달기)의 연결고리? (웃음) 그리고 아시겠지만 김태리 배우가 워
낙 잘해요.

—— 진짜 잘하시더라고요. 〈스물다섯 스물하나〉에서의 연기도 좋
았는데, 여기서 정말 잘했다는 느낌이었어요. 반대로 오정세 배

9) 악귀가 되기 전, 인간으로 살던 때의 이름.

우는 기존에 연기하셨던 캐릭터들보다 정제된 느낌이라 색달랐어요.

한 번도 안 해본 역할이죠. 본인 스스로도.

—— 시청자들한테 오정세 배우는 〈동백꽃 필무렵〉의 노규태나 〈극한직업〉의 테드 창처럼 개성 있거나 코믹한 캐릭터로 인지가 되어 있잖아요. 초반에 캐릭터 잡을 때, 어떤 얘기를 하셨어요?

인터뷰를 정말 많이 했어요. 직업이 민속학 교수잖아요. 배우가 느끼기에는 대사가 문어체 같다는 생각을 많이 한 것 같아요. 일반적이지 않다고 해야 되나? 그래서 이것도 해보고 저것도 해봤는데, 또 연기를 하다 보니까 작가님이 쓰신 그 느낌이 맞다고 깨달은 것 같아요. 그래서 많이 안 바꿨죠.

—— 〈악귀〉에서는 '해요-체'를 안 쓰고, '습니다-체'를 많이 쓰는 것 같아요.

오정세 배우도 '실제로 이렇게 말하는 사람이 있나?'라는 생각을 했던 것 같아요. 그리고 디테일이 좋아요. 1화를 보면 차 안에서 김태리 씨랑 민속음악 들으면서 가는 장면이 있거든요. 들릴 듯 말 듯 약간 따라하거나 리듬을 타고 있어요.

—— 극 중에서 형사였던 홍경 배우랑 김원해 배우도 케미가 좋더라고요. 신인인 홍경 배우는 1~2화 때는 연기가 뜨는 것 같았는

데, 점점 좋아지는 느낌이 확 들어서 좋았어요.

김원해 선배랑 합을 맞춰보면서 점점 진짜가 되었던 것 같아요. 제가 느끼기에는 홍경 배우가 막 눈물을 흘리면서 울 것 같지 않았는데 (극 중 김원해 배우가 죽은) 장례식장에서 어린 아이처럼 우는 거예요. 그 장면 찍으면서 둘 사이가 진짜가 됐구나, 라는 생각을 했죠.

— 그 장면 보면서 저도 울었어요. 김원해 배우가 죽었다는 사실을 알게 되고, 오열하면서 달려갈 때요.

감정을 쿡쿡(정림 피디는 실제로 가슴을 찔렀다), 이런 게 있어요. 울 때, 멋있게 울려고 안 하더라고요. 에너지 다 쏟아가면서요.

— 홍경 배우는 〈D.P〉에서는 조단역이었는데 〈약한 영웅〉에서 돋보이고, 〈악귀〉에서 꽃피더라고요.

사람이 멋있어요. (홍경 배우가) 단막극으로 짧게 한 게 있었어요. 〈딱밤 한 대가 이별에 미치는 영향〉이라고 신예은 배우랑 한 작품인데, 그거 보고 미팅하자고 했어요. 홍경 배우는 태도가 너무 멋있어서 같이 하고 싶다는 생각이 들었어요. 연기하는 마인드나 작품을 고르는 기준도 뭔가 다른 결이 있어요.

하고 싶은 작품을 고를 때, 배역의 비중을 엄청 많이 보지 않아요. 아직 자기가 그럴 짬이 아니라고 생각해요. 흥행이 잘되는 멜로에 엄청 꽂히지도 않아요. 작품이 좋으면 작은 역할이라도 해보고 싶고, 좋은 사람이랑 해보고 싶어 하더라고요. 그런 걸로 작품을 고른다고 해요. 실제로 그렇게 커리어를 쌓아가는 것 같아요. 필모그래피를 보면 다양하게 했어요. 지금 찍고 있는 영화도 장강명 작가 원작 『댓글 부대』인데, 느리게 가도 소신대로 가는 것 같아요.

── 대성할 것 같은 느낌이 오네요.

생각이 진짜 많고, 고민을 진짜 많이 해오더라고요. 〈악귀〉를 할 때는 세 배우가 다 그랬어요. 생각도, 고민도 진짜 많이 하고, 질문이 진짜 많아요.

── 그렇군요. 이 드라마에서는 멜로 라인이 분명하지 않아요. 홍새랑 산영이, 또 염 교수도 산영이랑 멜로 라인은 없지만, 어쨌든 서로 정과 연민을 주고받죠. 이 부분을 저는 좋게 봤어요.

시청자들이 확장해서 본 관계성은 있지만 멜로는 절대 없었어요. 확실히 말할 수 있는 부분은 멜로로 보이지 않으려고 노력을 많이 했다는 거예요. 인간 대 인간의 애정 같은 느낌으로 찍긴 했죠. 서로의 상황을 터놓고 얘기할 수 있고, 이해할 수 있고, 도와주고 싶고 그런 관계로 보이기를 원했죠. 그래서 산영이(극중 김태리) 죽으려고 할 때 해상이(극 중 오정세) "죽으려고 했어요?"라고 하는 말들, 찍을 때는 진심이긴 했어요. '당신은 잘 살았으면 좋겠고, 우리 같이 헤쳐 나가보자'라는 마음이었죠.

── 홍새(홍경)와 산영(김태리)이 잘됐으면 좋겠다, 그런 마음으
로 보는 시청자들도 있지 않았을까요?

그 부분은 작가님도 의도하셨고, 그렇게 보였으면 하는 마음
으로 찍기는 했어요. 다만 드라마가 멜로로 보이면 안 되니까 절
제했어요. 초반에는 서로에 대한 인간적인 호기심 정도로 시작
해서 마지막에는 '잘되길 바라' 이런 뉘앙스로 찍었어요. 마지막
에 카페에서 얘기하는 장면에서는요.

── 눈 내리는 곳에서 초반의 기억을 뒤져보는 마지막 엔딩, 저는
좋더라고요.
── 아까도 얘기하셨지만 청년들의 얘기를 하고 싶다고 하셨잖아
요. 그게 산영이(김태리) 취업 준비로 힘들어하던 청년 시절과
수미상관으로 잘 붙는 느낌이에요. 초반에 어렵게 살던 산영이
어떤 사건에 휘말려서 욕망의 끄트머리까지 갔다가 모든 걸 다
버린다, 그래도 주어진 조건 안에서 빈손으로 다시 시작하는 그
느낌. '포기하지 말고 열심히 살아' 이런 메시지를 주려는 게 느
껴지긴 했어요.

그거예요. 진짜로 제가 전하고 싶었던 건, 마지막 대사 '살아
보자'였던 것 같아요. 마지막 대사 '살아보자'가 호흡에 따라서
절망이 될 수도 있고, 희망이 될 수도 있는 포인트가 있었거든요.

그 부분을 (김태리) 배우랑 다양한 방식으로 대사를 해봤어요.

마지막에 이런(한숨) 숨소리 같은 것도 앞에 넣어 보고, 뒤에도 넣어보면서 타이밍을 맞춰봤어요. 당연히 모두 희망적인 느낌의 엔딩을 원했죠. 이 드라마는 희망으로 가는 드라마니까요. 그렇게 마지막 편집을 했어요. 이 드라마를 보는 시청자들은 다 헤쳐 나갈 수 있어, '그럼에도 잘살자'처럼 보였으면 하는 마음으로 마무리했어요.

— 엔딩을 보고서 〈VIP〉가 생각났어요. 〈VIP〉에서도 엄청난 일들을 겪고 제자리로 돌아오잖아요. 빈털터리가 됐는데 본인 마음만 변한 여자의 이야기, 이번 작품도 어떤 면에서는 비슷하다고 느꼈어요. 산영이 약간의 유산을 받긴 했지만, 너무 많은 일을 겪고 제자리로 다시 돌아와 세상을 보는 태도가 바뀐 성장기라는 점에서요. '이정림 피디의 세계관은 이런 식으로 구체화되는 건가? 두 작품에 연결고리가 있다면 이건가?' 이런 생각이 들었어요.

그런 류의 이야기를 좋아하는 거 같아요. 약간의 불행, 약간의 사건, 약간의 고통이 일단 있어야 해요. 그 끝에 거창한 게 없어도 돼요. 조금 더 나은 사람이 되는 얘기를 좋아하는 것 같아요. 처음부터 행복한 사람의 이야기에는 매력을 못 느끼는 것 같아요. 결핍이 있고, 고통이 있어야 돼요.

— 그 사람이 좋아하는 서사를 보면 그 사람 자체가 보이기도 하잖아요. 정림 피디님은 왜 그런 서사를 좋아하는 걸까요?

뭐라고 해야 할까요. 제가 못나서 그런 생각을 하는 것 같아요. '(내가) 잘 살고 있나?' 이런 생각을 많이 해요. 그래서 상황이 어둡거나 서툰 사람이 잘 헤쳐 나가서 요만큼이라도 나은 사람이 되는 걸 보는 걸 보면, 그 부분에 감정이입을 많이 하는 것 같아요.

— 많은 걸 포기하더라도 '마음의 깨달음이 더 큰 거다'라고 생각하기 때문에 그런 게 아닐까요.

아무 걱정 없이 살려면 로또 1등이 되면 좋겠죠. 근데 그것보다 선행되어야 되는 게 '마음'이라고 해야 되나? 그걸 보여주는 게 좋은 것 같아요. 물론 저도 로또를 사죠. 제가 얼마 전에 새똥을 맞았거든요.

— 로또 사셨어요?

샀어요.

— 그랬더니…?

5천 원…. (웃음)

— 아, 5천 원짜리 새똥이었네요.

남편이 그런 얘기를 많이 해요. 저는 뭐랄까, 되게 돈, 돈 하는 타입이에요. 절약하는 부모님 밑에서 자라서 오히려 펑펑 쓰고 싶은 마음이 있어요. 그러다가 남편의 꾸준한 가르침 덕에 많이 내려놓게 된 것 같아요. "돈보다 소중한 게 많단다"라는 얘기를 남편에게 많이 들었어요. "지금도 부족하지 않은데 왜 자꾸 탐을 내냐?" "난 부족하다" "지금 잘 먹고 잘 살지 않냐?" 그런 대화를 많이 해요.

—— 드라마 속 주인공들이랑 비슷하시네요.

욕망 덩어리예요. (웃음)

—— 드라마 피디 중에 욕망이 없는 분이 있나요?

피디들, 아무도 안 망하려고 하잖아요.

—— 모두들 작품이 잘 되었으면 하는 마음이 있죠. 욕심이 없는 사람이 어떻게 드라마 피디를 해요. 현재 준비하는 작품은 어떤 건지요?

가정폭력을 당하는 여자가 있는데, 친구가 그걸 알게 돼서 같이 남편을 죽이고 그 후 이런저런 일이 일어나는 이야기예요. 일본 원작인데 제목은 〈나오미와 가나코〉예요.

—— 작가님은요?

신인 작가님이세요. 그럴 수밖에 없어요. 저는 내세울 게 없는데 드라마 작가님은 너무 많으니까요. 일단 김은희 작가님 거라고 하면 작은 역할이라도 하겠다는 사람이 많죠. 그땐 캐스팅할 때 편했어요. 대신 신인 작가였던 차해원 작가님이랑 할 때는 장나라 배우 아니었으면 진짜 성사가 안 되었을 거 같더라고요.

— 메인 배우가 단단히 있어서 섭외가 쉬웠던 부분도 있었겠네요.

보통 배역을 제안하면 "작가는 누구?" "연출 누구?"(부터 물어보니까) 어려움이 있어요. 서로 확신이 부족할 때도 있죠. 서로 잘 모르니까요. 김은희 작가님이랑 하면 일단 '허투루 가고 있지는 않겠지'라는 안심이 생기잖아요.


## 여자 피디에게 기대하는
## 어떤 정체성에 대해

— 제가 알기로 2008년에 드라마국 최초의 여자 입사자 두 명이 SBS에 들어왔어요. 정림 피디는 그 다다음 해에 공채로 들어왔고요.

진짜 옛날에 한 분 계셨는데 다른 팀으로 가셨다가 퇴사했다고 들었어요. 그리고 광영 선배(이광영 피디), 유진 선배(김유진 피디), 또 한 기수 아래 수진 선배(박수진 피디).

— 요즘은 여자 피디를 많이 뽑는 편이라 여자만 뽑는 기수도 있잖
  아요. 어느 정도로 늘어났나요? 기수마다 여자 피디가 있나요?

그러네요. 한 번도 안 빠지고. 여자만 뽑은 적도 있고, 여자
비율이 더 많아지기도 했어요.

— 실제로 뽑는 과정(신입사원 면접)에도 세 번이나 참여하셨잖
  아요. 면접장에 가보니까 변했던가요?

여성 피디들이 악착같이 하는 경향이 있는 거 같아요.

— 위험한 얘기일 수도 있지만, 경향성이 있긴 있는 것 같아요. 근
  데 어떤 의미에서는 남자와 여자를 동일한 기준으로 놓고 평가
  하기가 애매하죠. 여자 피디들이 많아지면서 현장은 어떻게 변
  하나요? 차츰차츰 문화나 상황이 바뀌는 게 느껴지잖아요.

모든 분야에서, 여자가 리더인 경우가 많아지는 것 같아요.
곳곳에 여성 스태프들이 진짜 많아졌거든요. 옛날에 조명 쪽은
여자가 없었고, 촬영팀도 장비가 무겁고 힘이 필요한 일이니까
여자 스태프가 진짜 없었어요. 이제는 팀당 한두 명씩 꼭 있는
것 같아요. 그래서 조심하는 게 생겼죠. 젠더 감수성이 없던 시
절, '야만의 시대'에는 서로 배려 없이 행동했다면, 지금은 그게
문제가 되기도 하니까요.

— 예전 현장은 어떤 수준이었을까요?

성희롱이 많았죠. 저도 겪은 일인데, 그때 당사자들에게 바로 면전에서 욕했어야 했는데 못 하고 넘어간 것도 있어요. 어떤 드라마 할 때 나이 많은 남자배우, 선배 연출들, 조명감독님 이렇게 '오야지'(아저씨들)들이 촬영 중간에 식사 겸 소주 반주하는 자리였거든요. 제가 그때 신혼이었는데, 자기 때는 여자 옷을 벗기고 눕혀서 몸에 회를 올려서 먹었다는 농담을 했어요. 꽈리 고추 같은 게 반찬으로 나왔는데 "신혼이니까 고추 좋아하잖아. 많이 먹어" 이런 농담을 하는데, 그때 멘붕이 오더라고요.

—— 너무 유치하네요.

"이게 뭐지?" 싶었죠. 자연스럽게 분위기가 흘러가니까. 저 혼자 여자였는데, 그런 얘기가 아무렇지도 않은 자리가 된 거예요. 저는 너무 불편했어요.

선배 연출이면 그런 저를 보호해 줘야 할 책임이 있다고 생각하는데, 다 같이 '라떼는…'이 시작된 거예요. 그래서 너무 싫었어요.

좋아진 것 중 하나는 지금은 다 퇴근하고 집에 가서 자지만, 여자들이 생리할 때, 그때는 어떻게 하겠어요? 그때 사우나에 어떻게 가요? 여자 스태프가 많지도 않고, 리더 중엔 여자가 거의 없으니까 그런 상황이어도 말할 데가 없어요. 남자 제작 피디한테 "나 그날이니까 사우나 못 가. 모텔 잡아줘"라고 말을 못 하니까 안 씻는 거예요. 못 씻고, 사우나 못 가고요.

저 조연출 할 때는 저한테 법인카드가 있으니까요. 스태프들이 (생리) 날짜가 겹치면 데리고 갔어요. 모텔 가서 씻고, 자고 그랬죠. 그런 상황을, 생각 자체를 못 하는 사람들이 많았죠.

── 당시엔 드라마 스태프들이 사우나에서 다 같이 자는 건가요?

사우나에서 씻고, 숙면실에서 자는 사람도 있고, 대부분 여자들은 그냥 버스에서 자요. 촬영이 끝나면 버스가 스태프들을 태우고 사우나 앞으로 가서 주차해요. 너무 힘드니까 다 기절해 있어요. 도착하면 우르르 내려서 씻어요. 어떤 사람은 너무 못 일어나니까 아침까지 자다가 집합 시간 30분 전에 일어나서 씻고 나오기도 했죠.

── 정말 야만의 시대네요.

너무 이상했던 시절이에요. 다시 생각해 봐도….

── 그때 체력 유지를 어떻게 하셨어요?

전부 그렇게 하니까 생각할 겨를도 없이 하는 것 같아요. 나만 힘든 거 아니잖아요. 모두가 기본적으로 밤을 새니까요. 다들 죽상으로 하는 거죠.

── SBS에서는 여자 스태프들이 많아진 이후, 제작 가이드 라인 같은 게 생겼나요?

옛날에는 안 했는데 지금은 의무적으로 교육을 해요. 촬영하기 전에 리딩하는 날이나 전체 스태프 회의하는 날 성희롱 예방 교육도 하고 수칙에 대해서 얘기해요. 전문 강사가 와서 사소한 것까지 다 얘기해 줘요. 우리가 생각하는 성희롱 외에도 외모 평가나 사생활에 대해서 묻는 것 등등 구체적인 예시를 들어서 하지 말아야 한다는 이야기를 해줘서 좋아요. 듣다 보면 뜨끔한 게 되게 많아요. 이것도 누군가가 싫어할 수 있는 얘기구나, 같은 거요. "여자 친구 있어?" "남자 친구 있어?" "오늘 옷 예쁘네" 이런 말, 하면 안 된다. 교육하고 나면 (스태프들이) "그럼 무슨 얘기를 하나요?" 이렇게 묻죠. (웃음)

어쨌든 그런 이야기에 불편해하는 사람이 있으니까 항상 얘기할 때 조심해야 한다고 교육을 받아요.

— 제작 가이드 라인이 있을 때와 없을 때, 확실히 차이가 있나요?

모두가 다 같이 교육을 받았으니 압박을 느끼죠. 우리는 암묵적으로 이걸 지키겠다고 합의를 한 사람들인데, 그럼에도 그런 이야기를 한다면 괴롭힘으로 인정되는 거죠.

— 현장에서 그런 사고가 발생했을 때 대응하는 방식도 변했나요?

솔직히 야만의 시대에는 쉬쉬하면서 그 문제를 공론화하지 못했던 것 같아요. 우리끼리 술 마실 때 "사실 쟤가 나한테 이런 말 했어" "아, XX 뭐야?" 이런 정도였다면 지금은 사소한 거라도

공식적으로 얘기가 되면 바로 회사에서 잘려요. 최소한 권고라
도 하죠.

—— 권고를 한다는 건 어떤 의미일까요?

예를 들어 매니저가 부적절한 이야기나 행동을 할 수 있어
요. 바로 그 매니저 회사에 요청을 하는 거죠. 그 사람 못 나오게
해달라고요. 어떤 스태프가 문제를 일으키면, 대표한테 얘기해
서 사실 관계 확인하고 나오지 말라고 바로 이야기해요.

—— 피해자와 당장 분리시키네요. 근데 이정림 피디님이라서 가능
    한 거 아니었을까요? 어쨌든 메인 연출이 여자인 현장이니까요.

연출이 여자라서 그런 것도 있죠. 하지만 그것보다는 직접적
으로 스태프들과 더 많이 부딪히는 사람이 조연출인데, 조연출
도 여자가 많아지니까 막내 스태프들이 편하게 그런 얘기를 할
수 있게 되는 거 같아요.

저희끼리(여성 연출자)도 그런 얘기를 많이 해요. "우리가
여성 스태프의 얘기를 들어줘야 할 의무가 있다." 이렇게요. 저
뿐만 아니라 키 스태프들 모르게 덮고 넘어가는 일은 절대 없어
야 한다는 게 팀의 분위기예요. 그건 이옥규 CP도 마찬가지고 나
머지 중요 스태프들도 다 동의하는 부분이에요.

실제로 그런 사건이 예전보다 많이 없어졌어요. 서로 조심하
니까요. 그런 스태프들은 소문이 다 나서 어디서든 같이 일하기

싫어하지 않을까요?

— 저희도 비슷한 분위기인 것 같아요. 초반엔 그런 사건이 일어 났을 때 문제 제기를 하면 반발하는 분위기가 심했죠. 시행착오가 좀 있었어요. 드라마국에서는 어땠나요?

저희도 있었어요. 실제로 (성폭력을 가한 사람이) 해고가 되었고요. SBS 안에서도 그런 걸 뿌리 뽑아야 된다는 분위기가 있어요. 그때도 나이 많은 선배들은 "이렇게까지 해야 돼?"라든가 "너네처럼 젊은 피디들이 회사에 얘기를 해주면 그 사람이 안 짤릴 수 있을 것 같은데"라고 말했어요.

그런데 한편으로는 힘없는 프리랜서 스태프들이 저한테 와서 "그 피디님 원래 술 마시면 그래요. 말도 막 해요"라고 얘기했어요. 사실을 전달했더니 나이 많은 선배가 "그렇구나, 잘못했어"라고 하시더라고요. 처음에는 저희한테 (징계를 철회해달라는) 탄원서를 써달라고 부탁하셨거든요. 당신도 결혼했고, 와이프가 있고 자식이 있는데 어떻게 이렇게 할 수 있냐고 옆에 있는 후배들도 같이 얘기를 했어요. 결국 나가게 되었죠.

— 혼자서 얘기하는 게 아니라 여러 명이 같이 얘기하니 확실히 도움이 됐겠네요.

맞아요. 그런 문제들에 대해서 조연출들끼리도 회의를 많이 해요. 부당한 것은 얘기를 해서 해결하려는 문화가 생겼어요. 옛날에는 '시키면 해야 돼' '하지 말라면 하지 말고 대충 덮고 넘어가' 그런 것들이 있었는데. 지금은 바뀌었어요.

근데 그런 과정에서 피해자가 드러나니까 피해자를 보호하기 위해서 당사자와 둘이서 이야기를 한다든가, 당사자에게 직접 사과를 요구한다든가 하는 게 있죠. 사실 특정 수위가 넘어가면 당연히 공론화할 텐데, 아직 그런 정도는 아니에요. 옛날 분들은 여전히 그 시절에 머물러 있어요. 이게 문제라는 생각을 못하는 사람이 아직도 많아요.


## 일하는 엄마, 촬영장에 온 아이,
## 누군가의 육아

— 현재 활동하고 있는 유일무이한 '엄마 드라마 피디'인 것 같아요. 어떤 면에선 역사를 쓰고 계신 과정이라 많은 분들이 궁금해 할 것 같아요.

— 피디 지망생이나 비슷한 일을 하시는 분들이 정림 피디를 볼 때, 어떻게 두 가지를 병행하는지 자세히 여쭤보고 싶을 것 같아요. 애기가 몇 살이죠?

세 살, 21년생이요. 28개월 정도요.[10]

---

10) 인터뷰 당시는 2023년 9월이었다.

—— 28개월이면 진짜 어리네요. 이제 말 하고 이럴 단계죠?

말 진짜 많이 해요. 요즘 '왜요?' '몰라'병에 걸렸어요. "이거 뭔지 알아?" "몰라" 알면서도 "몰라".

—— 〈악귀〉 촬영하시면서 아이를 어떻게 키우셨나요?

애는 제 월급과 남편과…. (웃음) 돌 지나고 한 16개월 정도 때 촬영을 시작한 것 같아요. 촬영이 10월인가 11월에 들어갔으니까요.

—— 그때 얘기를 들어보고 싶어요.

음, 여기 맥주 있나요? (웃음) 일단 이 회사가 얼마나 여자의 출산에 무지한지를 나노 단위로 느꼈어요. 회사 선배와 장나라 씨의 오빠 결혼식에 같이 갔는데, 식이 끝나니까 술을 먹재요. 그때 '임밍아웃'을 하지 않았을 때였어요. 초기여서 말을 안 했는데 "술 별로 안 당긴다. 안 먹고 싶다"라고 했어요. 제가 술을 좋아하는 이미지이긴 했어요. 진짜 술 좋아하거든요. 그분이 보기에 '정림이가 오늘 빼네' 이렇게 생각했겠죠. 그래서 "사실 임신했다, 술 못 먹는다" 했는데 "한 잔은 되지 않나"이러시는 거예요.

—— 정말요? 상상이 안 가네요.

이해가 안 가는 거예요. 제가 그랬어요. "이 얘기 정확히 사모님한테 전하라"고 그랬죠. 그대로 전하면 욕 진짜 많이 먹을 거라고 그랬더니, 정말 미안하다고 사과하셨어요. 저희 회사에 아기 낳은 여자가 다른 직군에 한 명 있어요. (회사 사람들이) 출산휴가 이런 것도 진짜 몰라요.

— 맞아요. 사람들이 진짜 몰라요.

네. 작은 조직이지만 그 안에도 인사를 담당하는 사람이 있고 복지를 담당하는 사람이 있잖아요. 아무도 그 매뉴얼을 모르더라고요. 그동안 출산휴가를 누구도 써본 적이 없대요. 그래서 뭔가 요청하면 한참 뒤에 피드백을 주더라고요.

"뭐지? 이런 그지 같은 회사가 있나. 너무 무지하다" 그렇게 생각했었어요.

— 너무나 공감합니다.

이 회사의 남자 직원들은 다 아이가 있거든요. 자기도 아이가 있지만 자기 일이 아니라고 생각하는 거죠. 내가 안 낳았으니까요. 그래서 답답했죠.

— 저도 원한처럼 남아 있는 몇 가지 기억이 있거든요. 엄청 강렬한 기억으로 남아 있어요.

여자 피디들의 임신 가능성에 대해 회사는 생각을 아예 안 해요. 여자 피디의 경우, 임신할 수도 있다는 생각, 그렇게 했을 때, 뭘 어떻게 해야 된다는 플랜이 전혀 없어요. 저는 어쨌든 배려를 받아서 그 시간을 기획하면서 보냈지만요. 예전에 〈VIP〉 하면서, 이 드라마 끝나고 임신할 계획이라고 다 알리고 다녔어요. 선배가 그 얘기를 듣더니 "그럼 정림이를 다른 팀에 보내야 되나?" 이러는 거예요.

그 장소에서, 저희 남편이 그 말을 듣고 있었어요. 그 얘기를 듣고 "너네 팀, 진짜 무식하다"라고 하더라고요.

—— 남편 앞에서 그런 얘기를 했다고요?

당사자가 앞에 있는데 '선배가 먼저 가보고 길을 잘 닦아야지'가 아니라 '다른 팀 보내야 되나?'라고 생각하는 거죠.

—— 임산부를 팀에서 감당하는 게 부담스러운 걸까요?

당사자가 회사에 (다른 팀으로 보내달라고) 요청한 것도 아니고. 그분 역시 아이가 있는 남자 선배였어요. 너무 모른다는 생각이 들더라고요. 어느 날, 남자 후배한테 전화가 왔어요. '임신하고 나서 회사 다니기는 어땠냐?'부터 시작해서 세세하게 물어보더라고요. 남자 후배가 왜 그런 걸 물어볼까 싶어서 물었더니 '새로 들어온 신입 피디 중에 결혼도 하고 싶고, 아이도 낳고 싶은 후배가 있는데 뭔가 막막하다, 이 회사에서 그게 가능한 시스템이냐?'라고 물어봤대요. 저는 어쨌든 입봉하고 낳았으니까 조금 편안한 상태였잖아요.

모두 각자의 인생 계획이 다르잖아요. 서른 전에 아이 낳고 싶은 사람도 있는 거고요.

젊은 후배였는데 이즈음에 뭘 하고 싶다(인생의 어느 시기에는 결혼, 임신, 출산을 하고 싶다)라는 계획이 있는 친구였어요. 그런데 조연출이라서 회사에 이런 얘기를 못 하겠다고 해요. 그래서 선배들이 도와줄 수 있고, 어떻게든 될 테니까 일단 결혼을 하라고 조언했죠.

— KBS, MBC는 결혼해서 육아도 병행하는 여자 피디들이 상대적으로 많잖아요. 물론 드라마국은 그쪽 회사에도 없는 건 마찬가지지만요. 저쪽 회사는 아이를 낳으면 이렇게 한다는 루트 같은 게 있어서 편한데, 저 역시 회사에 먼저 결혼을 하거나 아이를 낳은 선배들이 없는 상태에선 힘들긴 하더라고요. 그 후배 피디는 정림 피디님이 겪은 일련의 과정이 궁금했을 것 같아요.
— 어떻게 조언을 해주셨어요? 조연출로 어쨌든 7~8년을 보내야 입봉하는 시스템이잖아요.

"내 인생이 제일 우선이니까 낳고 싶을 때 낳는 게 맞다. 그러나 모든 일들이 뜻한 대로 흘러가진 않을 것이다"라고 말했죠. 그 공백 기간(임신, 출산으로 인한 휴직 기간)을 조연출 기간으로 인정 못 받을 수도 있어요. 2년을 쉬든, 3년을 쉬든 후배들과 일을 같이 해야 할 수도 있어요. 근데 회사가 전보다 좋아지긴 했거든요. 여자 스태프들이 많이 들어와서 변하긴 했어요.

"네가 걱정하는 최악의 상황은 안 오니까 그냥 하고 싶은 대로 해라"고 했죠.

—— 현실적인 조언 같아요.

　　냉정하게 봤을 때, 남들은 조연출을 꽉 채워서 7년을 했는데. 임신 때문에 조연출 5년만 하고 출산 후 돌아와서 "입봉 시켜주세요" 하면, 그게 100퍼센트 받아들여진다는 보장은 없다고 생각해요. 반대로 2년을 온전히 조연출 기간으로 채워야 하는 건 아니지만, 어느 정도 감수해야 할 부분은 있다고 얘기했죠.

—— 휴직 중에 어떤 생각을 하셨어요? 현장에 빨리 복귀하고 싶었어요?

　　네. 저는 육아가 힘든 것보다 집에 있으니까, 뭔가 달리다가 멈춘 느낌이 들더라고요. 어쨌든 현장에 있는 게 피디 일의 대부분인데 그 일을 하기는 어려우니까요. 지금 생각해 보면 사실 복직하자마자 현장 일을 할 수 있을 것 같기도 해요. 52시간이니까. 근데 사실 무리겠죠. 아무래도 스트레스가 커요. 잠도 거의 못 자니까요. 솔직하게 후배들이 치고 올라오는 것도 무섭죠. 그런 스트레스가 컸죠. 쉬고 있다는 것 자체가 저한테는 스트레스였어요.

—— 저도 그랬던 것 같아요. 그때를 돌이켜보면. 당시에 동기들과 함께 〈그것이 알고 싶다〉에 배정받았어요. 교양국에서는 군대

처럼 반드시 가야 하는 프로그램이거든요. 비슷한 시기에 같이 갔어야 되는 건데, 저는 바로 직전에 임신을 해서 못 갔어요. 한참 아이 키우고 있을 때, 동기들은 범인 잡으면서 신나게 촬영하고 있었죠. 그걸 보는 기분이 엄청 꿀꿀했어요. 복직하고 나서도 그 감정이 좀 이어지긴 했는데, 몇 년 지나니까 '루트가 다르구나. 나는 나만의 루트를 가야겠다'라고 마음을 먹었던 것 같아요.

저도 '나만 다음 프로그램이 없네' 이런 생각을 종종 했어요. 전 스태프를 통틀어서 저만 쉬고 있었으니까요. 다들 다음 작품이 정해져 있고, 일을 계속할 것이고, 후배들도 뭔가 하고 있는데 저만 갑자기 멈춘 느낌이 들어서 너무 힘들었어요. 그래서 빨리 복직하고 싶었고 너무 서두르기도 했죠. 엎어진 프로젝트라도 누가 준다면 해야지, 라고 생각했어요.

— 뭐라도 해야겠다는 마음이었나요?

뭐라도 해야지, 해서 시작했는데 잘 안 됐어요. 저의 성급한 판단 때문에 시작된 일이어서 나중에 후회를 했죠. 잠깐 멈춰도 되는데 그걸 못했어요, 그때는.

— 그때부터 나와서 일했기 때문에 〈악귀〉도 만날 수 있었던 거 아니에요? 육아휴직 중인데 회사에서 정림 피디에게 "〈악귀〉 할래?" 이럴 수 없으니까요.

그렇죠. 뭔가 하고 있는 척을 했죠. 기획회의에도 빠지지 않고 참석하고. 그렇게 어필을 했던 것 같아요. '나 아직 여기 있어'라고요.

— 피디님의 경우, 육아의 비중을 남편이 많이 담당하시잖아요. 역할을 조율하기까지 얘기를 많이 하셨을 것 같은데 어떠세요?
　　많이…. (울먹)

— 남편 분은 시간을 계획적으로 쓰실 수 있는 직군이긴 하죠?
　　제가 일하는 걸 너무 좋아하는 사람이어서 "신경 쓰지 말고 일해"라고 자주 말해줘요. 그런데 제 스스로 마음의 부담이 제일 심한 것 같아요.

— 약간의 부채감 같은 건가요?
　　너무 커서…. (정림 피디는 잠시 말을 잇지 못했다.)

— 부채감에서 벗어날 수 없는 나이대의 아기를 키우고 있어서 그런 거 같기도 해요. 저는 18개월에 처음 어린이집에 아이 맡기고 한 달 동안 매일 울었던 것 같아요.
　　술도 안 마셨는데 왜 이럴까요. 육아를 열심히 하는 편은 아닌데 솔직히 말하면 아이를 내버려 두는 편인데요. 그래도…. 이게 약간 일에도 지장이 있다고 생각하는 거 같아요.

── 일에도요? 어떤 면에서 그렇다고 느끼세요?

둘 다 제대로 못 하는 거 같아요. (정림 피디는 눈물을 흘렸다.)

── 좋게 생각하면 이 감정을 나중에 작품에 잘 녹일 수도 있지 않을까요?

감사합니다. 집에 가서 이불킥 할 장면인데요? 미쳤나 봐요. (웃으며 눈물을 닦았다.)

── 카메라로 인터뷰 안 하길 잘했네요.

스스로… 너무 어이없네요.

── 공감이 돼요. 24개월 아이를 두고 일하는 심정이….

예뻐요. 즐거워 할 때죠.

── 여태까지 인터뷰를 하면서 결혼은 했지만 아기가 있는 분은 없으셨어요. 그래서 어떻게 일과 육아의 밸런스를 맞춰가나 궁금했거든요.[11]

못 맞추는 걸로. 그냥 사는 걸로.(웃음)

이 직업이기 때문에 더 힘든 부분도 있긴 해요. 출장을 열흘

---

11) 다섯 명의 피디 인터뷰 중. 이정림 피디의 인터뷰가 제일 마지막 인터뷰였다.

씩 가기도 하고, 기본적으로 업무량이 너무 많아요. 촬영 끝나고 그냥 집에 가는 게 아니라 회의도 있고, 편집도 하고. 매일 업무가 있으니까요. 제일 먼저 일어나야 되고, 제일 늦게 들어가죠. 그리고 다음 날 다시 제일 먼저 나와야 되니까요. 집에서 저만 잠을 따로 자요. 그러다 보니까 어느 날, 아이랑 자고 싶다는 생각이 들어서 옆에 가면, 애가 중간에 꼭 깨더라고요. 저보고 나가래요. "엄마 나가" 이런 말 들으면 약간 현타가 와요.

── 익숙하지 않아서 그런 거 같아요.

아빠랑 늘 자다가 엄마가 옆에 있는 게 뭔가 낯선 거죠. 그래서 "엄마 나가" 이러면 진짜. (다시 한 번 울컥했다.) '내가 널 낳았는데, 내가 열 달을 품었는데 나한테 이럴 수 있니?' 이렇게 묻고 싶어요.

── 너무 이해가 되는데요. 파일럿 프로그램 때문에 두 달 정도 해외 출장을 다녀왔거든요. 아기가 밤에 엄마 보고 싶다고 핸드폰을 끌어안고 많이 울었대요. 그런데 제가 돌아왔을 때는 데면데면하더라고요. 그때 속상해서 많이 울었어요.

내가 뭘 얻겠다고 이렇게까지 일을….

── 그런데 금방 또 아이랑 친해지잖아요?

그건 신기한 것 같아요.

── 지나고 나서 생각해 보면 엄마가 진짜 싫어서 그렇다기보다 아

이는 엄마랑 시간을 많이 보내고 싶은데 아쉬운 감정이 있으니

까요. 그 투정이 아닐까 싶어요.

지금도 있는 것 같아요. 그래서 약간 심통 부리기도 하고요. 회사에 갈 때 "엄마 뽀뽀해줘" 하면 "싫어" 해요. 그런데 제가 나갔다가 다시 문 열고 들어가면 해주거든요.

— 아이도 심통을 부려놓고 생각해 보니까 좀 미안한 거네요.

그래서 다시 들어가면 뽀뽀해 줘요. 피디로서 출산과 육아를 병행하는 걸 다른 분들은 어떻게 하시는지 모르겠어요. 어떻게 현실적으로 구현이 가능한지. 구현이 안 되는 거 같아요. 진짜 가족의 지지가 없으면 힘들어요. 현실적으로 누군가 날 대신해서 아이를 봐야 하는 거니까요. 돈이 봐주든, 남의 노동이 봐주든, 남편의 노동이 봐주든, 그게 있어야 제가 일을 편하게 할 수 있으니까요.

— 그럴 수밖에 없는 직업이네요. 촬영하시면서는 애기를 거의 못 봤겠어요.

그래서 너무 힘든 날, 주말 같을 때, 아이를 데리고 와달라고 남편에게 부탁해요. 아이가 현장에 잠깐 있다가 가고 했어요. 모니터 앞에서 제 무릎 위에 앉아 있었던 적도 있어요.

— 생소한 모습이네요.

누군가는 이런 제 모습을 꼴값이라고 생각할까요? 이런 생각을 솔직히 했는데 어차피 내 현장이니까, 뭐 어때요. 촬영할 때 피해 준 것도 딱히 없어요. 아기 데리고 와서 세트 구경하고, 제 무릎 위에 앉아 있어요. 또 오정세 배우는 아기를 너무 예뻐해서 우리 딸이랑 같이 놀아주고. 스태프들도 예뻐해줘요. 그래서 그냥 데려왔어요.

저는 같이 작업하는 스태프가 현장에 아이를 데려와도 좋을 것 같아요. 왜냐하면 진짜로 맡길 데가 없는 날이 꼭 있잖아요. 저는 남편이 휴가를 낸다거나 아니면 저희 엄마가 지방에 계시지만 한 달에 2, 3주 정도 올라와서 제가 촬영하는 날 애를 봐줬거든요. 근데 그게 안 되는 상황도 있잖아요. 그럼 아이를 데리고 다녀야죠.

── 사랑이 느껴지네요. 남편의 사랑과 어머니의 사랑이요.

사랑인가? (웃음)

── 저는 촬영장에 데려오면 좋다고 생각하는 게, 한 번 현장을 보고 나면 엄마가 어떤 일을 하는지 좀 더 잘 이해하는 것 같아요. 저희 애기도 촬영장에 오거든요. 스튜디오 촬영할 때 있으라고 하고, 다큐멘터리에 출연시키기도 했어요.

진짜요? 저희 엄마가 공무원이셨는데, 주말에 출근해야 될 때 저를 데리고 가는 날도 있었어요.

── 그때도 맡길 사람이 없기 때문에 그랬던 거 아닐까요?

그걸 뭐라고 하는 사람이 엄마의 직장에는 다행히도 없었어요. 그래서 그래도 되겠다고 생각을 한 것 같아요.


── 지금도 많이 좋아졌다고 하지만, 어쨌든 엄마 피디로서, 여자 피디로서 현장이 어떻게 변했으면 좋겠다고 생각하나요? 이 정도라면 여자들도 애 키우면서 드라마 찍을 수 있겠다고 생각하는 게 있으세요?

너무 큰 주제라고 해야 될까요. 제도가 필요하고, 시설도 중요하긴 한데…. 사실 사람들 생각이 바뀌어야 하는 것 같아요.

젠더 갈등처럼 보일까 봐 조심스럽긴 해요. 세대 갈등, 젠더 갈등이 얽혀 있는 것 같아요. 요새는 비혼도 많고 딩크족도 많잖아요. 그리고 혐오가 일상적이에요. 나는 최대한 일에 피해를 주지 않고 가정에도 충실하고 싶은 건데, 그거를 남에게 피해를 준다거나 일을 열심히 하지 않는다고 보는 인식이 있는 것 같아요.

사실 저희 집은 남편이 대부분의 살림과 육아를 하는데, 대개는 여자들이 그런 일을 많이 맡아서 하잖아요. 그런 갈등 때문에 이혼한 여자 스태프들도 있고요. 그래서 이런 생각들이 진짜 바뀌었으면 좋겠어요.


── 그 누구보다도 많이 느끼고 계실 것 같아요. 개인적으로, 피디님 이야기를 들으니 생각나는 에피소드가 하나 있어요. 저는 아

이를 낳고 5개월 만에 복직을 했는데, 오자마자 〈그것이 알고 싶다〉팀으로 가라고 하더라고요. 노동 강도가 세고 2, 3년 정도 해야 하는 팀이에요. 그런데 아이가 너무 어리니까 당장 도저히 못하겠더라고요. 후배들한테 고민을 털어놓으니 그들이 회의를 소집했어요. '어떻게 어린 애가 있는 엄마를 〈그것이 알고 싶다〉팀에 보낼 수 있냐' 국장님한테 찾아가 항의해 줬어요. 그때 후배들 도움을 많이 받았고, 생각했어요. 개인적으로 해결하지 말고, 집단적으로 해결을 해보자.

맞아요. 예전에 선배들이 본인 아버지가 돌아가셨는데, 촬영 다 끝내고 갔다는 걸 무용담처럼 얘기하더라고요. 그 말을 듣고 저도 어느 순간 그런 생각을 하고 있는 거예요. '촬영 중인데 엄마가 돌아가시면 바로 가야 되나? 촬영 끝내고 가야 되나?' 이 생각을 제가 하고 있더라고요. 미친 생각이잖아요. 내가 없다고 세상이 망하는 게 아닌데. 당연히 가야 되는 건데. 이상한 문화가 있는 거죠. 그렇다고 그렇게 촬영하는 사람들이 일을 깔끔하게 하나? 아닌 사람도 많아요. 술 먹느라 시간 보내는 사람이 더 많아요. 예전에는 일이 1순위가 아니면 무능한 사람처럼 보는 경향이 있었던 것 같아요. 드라마 바닥에서요. 그런데 일도 잘하면서 가정도 잘 돌볼 수 있잖아요.

사실 〈악귀〉 촬영 중간에 저희 집 고양이가 죽었거든요. 17년 키운 고양이였어요. 감정 주체가 안 되는 거예요. 큐하고 나서 계속 울었거든요. 촬영할 게 많이 남았었는데. 그냥 솔직하게 말하고 촬영을 접었어요. 배우들한테도 얘기하고, 스태프들한테도 오늘 장례를 치르지 않으면 안 될 것 같다고 했어요. 뒤에서 누군가 제 욕을 했을 수 있죠. '고양이 따위가 뭐라고…' 생각했을 수도 있어요.

— **고양이도 엄연히 가족이죠. 17년인데….**

아무도, 표정으로도 저를 욕하는, 티가 안 났어요. 그래서 장례 잘 치르고, 다음 날 다시 촬영 잘했어요.

— **다음 작품에는 어떤 이야기를 하고 싶으세요?**

스스로 취약하다고 생각하는 부분이 있어요. 제가 정치를 잘 몰라요. 정치 이야기를 하다 보면 싫어하는 건 많은데 구체적으로 파고들면 별로 대화가 안 되는 사람이에요. 그래서 정치 드라마로 저를 극복해 보고 싶어요.

— **사회성 짙은 작품이요?**

그런 작품이나… 『체공녀 강주룡』 혹시 보셨어요? 고공농성 벌이던 여성 노동자 얘기거든요. 아니면 〈남부의 여왕〉처럼 바다을 살던 여자가 마약왕이 되는 이야기. 그런 이야기가 재밌어요.

이번에 준비하는 건 가정폭력 얘기인데 이거 하고 나면 다음 드라마는 일부러라도 다른 걸 해야겠다고 생각해요. 갇히기 싫어서요. 그런데 막상 병원 이야기를 하게 된다면 산부인과 애기가 끌리더라고요.

저희 애가 돌치레를 했어요. 너무 심하게 해서 응급실을 한 두 번 갔었는데 커튼 너머로 어떤 엄마가 구슬프게 우는 거예요. 같이 울었죠. 진짜 심각한 상황이었던 것 같아요. 그 와중에 같이 울면서 '이런 걸 드라마로 만들어야 되는데…'라는 생각을 하는 제가 쓰레기 같더라고요. '정신 차려! 이 순간만을 기억해!'라고 스스로에게 말하고 있더라고요.

── 다 직업병입니다. (웃음)

"어둠 속으로 날 몰아세운 얼굴은
나의 얼굴이었어."


〈악귀〉 마지막회 중


The Drama must go on.

# 조용한 내향인의
# 조용한 성공담

KBS 〈세상 어디에도 없는 착한남자〉 (공동 연출)

KBS 〈드라마스페셜: 연우의 여름〉

KBS 〈눈길〉

KBS 〈오 마이 비너스〉 (공동 연출)

KBS 〈백희가 돌아왔다〉 (공동 연출)

KBS 〈쌈, 마이웨이〉

넷플릭스 〈좋아하면 울리는〉

tvN 〈마인: MINE〉

tvN 〈이번 생도 잘 부탁해〉

# 조용한 내향인의 조용한 성공담

대개의 사람들은 '드라마 피디'에 대한 편견이 있다. 현장에서 100명 이상의 사람을 통솔해야 하니 목소리도 크고, 성격도 터프하고, 호탕할 것이라는 편견이다.

이나정 피디를 처음 만나는 사람이라면 딱 10분 정도 다른 종류의 '편견'을 가질 수 있다. 하나, 이 사람, 굉장히 낯을 가린다. 둘, 목소리가 작아서 부끄러움이 많을 것이다.

두 가지 편견은 맞고도 틀리다. 10분 정도 지나면 낯을 가리는 줄 알았던 사람의 이야기는 줄기를 뻗고 잎을 틔워 점점 풍성해진다. 그 이야기가 이어지고 이어져, 일곱 시간 넘게 논스톱으로 인터뷰가 이어질 정도다. 그만큼 마음속에 들려주고 싶은 이야기가 많은 사람이다. 또, 목소리가 작다고 느낄 수도 있지만,

10분 이상 듣다 보면 사람을 가만히 집중하게 만드는 마력이 있다. 마치 새벽시간 방안을 커다랗게 채우는 새들의 공명처럼. 이야기를 듣다 보면 나머지 소음이 차단되고, 그녀만의 데시벨에 집중하게 되는 힘이 있다. 이렇듯, 이나정 피디는 우리가 생각했던 전형적인 드라마 피디의 이미지와는 정반대에 있는 사람이다. 하지만 동시에 낯가리고, 부끄럼을 타는 사람에게서 갖는 편견에서도 정반대에 있는 사람이다. 언뜻 형용모순인 것처럼 느껴지는 '시끄러운 침묵' '생동하는 고요'라는 말을 떠올리게 하는 '조용한 카리스마'를 가진 사람이다.

그렇다면 대체 이나정 피디는 어떤 사람인가.

이나정 피디에게는 성공적인 데뷔작이 있다. 바로 온 국민이 아는 드라마 〈쌈, 마이웨이〉다. 당시로서는 신인이었던 박서준, 김지원 배우를 스타덤에 올려놓은 작품이다. 그전에는 위안부 소녀들의 이야기를 다룬 〈눈길〉(김향기, 김새론 주연)이라는 완성도 높은 단막극도 연출했다. (이 단막극은 특집으로 제작되어 영화로 개봉되기도 했다.) 이후 연출한 〈좋아하면 울리는〉, 〈마인〉, 〈이번 생도 잘 부탁해〉 역시 선명한 색깔을 보여주며 안정적인 시청률과 팬덤을 만들어냈다. 어떻게 보면 한 번도 크게 실패해본 적 없는, 깔끔한 필모그래피의 소유자다.

이나정 피디가 궁금해진 건, 필모그래피에서 유난히 튀는 〈마인〉을 본 뒤였다. 모든 등장인물이 순수하고, 착할 것만 같은 '이나정 유니버스'에서 유독 주인공들이 숨기고 있던 발톱을 드러낸 작품이다. 청춘들의 미소만으로도 웃음이 나왔던 〈쌈, 마이웨이〉, 〈좋아하면 울리는〉과 달리 모든 인물들이 독하고, 서늘하고, 진하다. 하지만 동시에 미워할 수 없는 매력이 있다. 이에 대해 이나정 피디는 '여성스러움이라는 단어를 재정의하고 싶어서 만든 드라마'라고 밝힌 바 있다. 누군가를 용서하거나 의리를 보여주는 걸 남자답다고 하는 세상. 서로 질투하고 시기하는 걸 여성스럽다고 표현하는 세상. 그 세상에서 '여성스럽다'는 말을 연대하는 모습으로 보여주고 싶었다는 그녀. 〈마인〉은 욕망으로 뭉쳐 있는 여성들이 자신의 욕망에 충실하기 위해 서로를 부수는 게 아니라, 욕망에 충실하기에 서로를 용서하고 힘을 합치는 기이한 드라마다.

'여성스러움이 무엇인가'에 대한 고민은 실제 그녀의 삶과도 맞닿아 있다. 이나정 피디는 신입시절부터 '여성스러운 피디'라는 말을 귀에 닳도록 들었다고 한다. 드라마 피디가 목소리도 크고, 카리스마도 있고, 좌중을 휘어잡아야 하는 시대이니 더 그랬을 것이다. 치마를 입었다고, 목소리가 작다고, 심지어 드라마 현장에서 화를 잘 안 낸다고 선배들은 그녀를 혼냈다고 한다. 하지만 그녀는 바뀌지 않았다. 목소리가 작고, 사람들 앞에서 화를 내는 스타일도 아니니 해야 될 일이 있다면 그냥 한 명, 한 명씩 만나가며 '일이 될 때까지' 조곤조곤 원하는 바를 말한다고 했다. 누가 뭐라 하건, 가장 '자기다운 방식'으로 이 피디는 누군가를 설득하고 있었다.

이번에 만난 이나정 피디는 〈이번생도 잘 부탁해〉의 후반 작업을 한창 진행 중이었다. 두 번째 코로나에 걸렸다며 그녀는 마스크를 쓰고 나타났다. 하지만, 바쁜 일정에도 궁금증이 많은 인터뷰어를 위해 기꺼이 샌드위치까지 같이 먹어주며 '성심'을 쏟아 조곤조곤 인터뷰를 해줬다. 현재 대한민국에서 가장 잘 나가는 감독이 후반 작업까지 하는 상황에서 이렇게 시간을 내는 건, 정말이지 쉽지 않은 결정이다.

매번 누군가에게 최선을 다하는 '성심' 덕일까. 그녀는 작년에 영화 〈미나리〉의 제작사인 플랜B의 매니지먼트사로부터 연출 계약 제안을 받았다. 이제 그녀는 할리우드로 가서 연출할 가능성도 커졌다.

목소리의 데시벨은 작았지만, 그 안에 있는 내용만큼은 대하 드라마의 전쟁 신만큼이나 치열하고 스케일이 컸다. 이야기를 듣고 나니 이나정 피디가 앞으로 만들어나갈 세계가 진심으로 궁금해졌다. 그토록 진심을 쏟아 조곤조곤 스태프들을 설득해서 만들 다음 드라마가.

—— KBS 공채 피디로 커리어를 시작하셨어요. 원래부터 드라마를
   꼭 해야겠다고 생각하셨는지요?

   입사할 때 드라마, 교양, 예능 피디 인원을 합쳐서 공통으로
뽑았어요. 그때 다큐 부서로 지원했어요. 면접 볼 때 프로그램 뭐
만들고 싶은지 실기시험을 보거든요. 그때 교양 기획안을 써서
냈었어요. 다큐 기획안을요.

—— 충격적인걸요. 그때 쓰셨던 기획안이 어떤 내용인지 혹시 기억
   나세요?

   생각 안 나요. (웃음)

—— 수습 생활을 하면서 생각이 바뀌신 건가요?

   뽑힌 뒤, 한 달 동안 연수원에 있었고, 거기서 직종을 정해야
된다 했을 때 드라마로 정했어요. 연수원에 한 열흘 있다가 드라
마국에 가고 싶은 생각이 들어서….

—— 처음부터 반드시 해야겠다는 건 아니었군요.

   드라마국에 가야겠다고 그때 정했으니까요. 그전에는 교양

국에 가서 다큐를 만들려고 했어요. 그땐 동물 다큐 같은 걸 하려고 했거든요.

—— 정말요? 〈KBS 환경 스페셜〉 같은 거요?

네, 이십 대 때는요.

—— 왠지 이해가 가요. 만드셨던 작품들 중 〈눈길〉처럼 사회적 메시지가 있는 작품들도 있으니까요.

—— KBS에 입사하시고 100부작이 넘는 〈당신뿐이야〉 등의 조연출을 거쳐 단막극 〈연우의 여름〉, 〈눈길〉을 연출하신 이후에 우리가 잘 아는 〈쌈, 마이웨이〉, 〈좋아하면 울리는〉, 〈마인〉 등의 드라마를 연출하셨잖아요. 그간의 이야기를 차근차근 물어볼게요. 입봉까지 얼마나 걸리셨는지요?

KBS는 올림픽이나 월드컵 같이 큰 행사가 있으면 사람을 많이 뽑아요. 예를 들어서 2002년 월드컵 때 많이 뽑았고, 그 이후에 한두 명 뽑는 기수가 있었어요. 우리 위가 27, 28기 선배님들이셨는데 사람이 많아서 저희가 입봉이 늦었어요. SBS나 MBC에 비해서요. 27, 28기가 예능국에는 나영석, 신원호, 드라마국에서는 김성윤, 김원석, 〈부부의 세계〉 했던 모완일, 이응복 선배님들이셨어요. 그 선배님들 밑에서 조연출하고 9년인가 10년차 때 입봉을 했지요.

── 조연출 기간이 꽤 길었네요.

현장에서 통제하고 스케줄 짜는 야외 조연출 3년, 그리고 내부 조연출 3, 4년 했어요. 내부 조연출은 티저 만들고, 편집하고, 예고하고, 믹싱하고 이런 걸 다했죠. 그 다음에 프로듀서도 한 3, 4년 해요. B팀도 3, 4년 해서 제 미니(시리즈) 할 때쯤에는 한 12년 정도 이런 거 저런 거 다 해봤던 것 같아요.

── 단막극은 8, 9년 차 때 찍으신 건가요?

네. 맞아요.

── 그때까지 인원이 적체돼 있어서 입봉이 미뤄졌네요. 입봉이 미루어져서 힘들진 않으셨어요?

그렇진 않았어요. 그때 드라마 미니시리즈 야외 조연출을 한 번 뛰면 좀 쉬었다가 다음 선배님 걸 하러 가야 되는데. 밤을 많이 새서 힘든 거… 빼고는 괜찮았어요.

── 거의 안 쉬고, 커트[1]로 붙으셨던 건가요?

연속극 같은 거 하나 하면 130회짜리 믹싱, 더빙을 계속 해야 되죠. 미니(시리즈)는 미니대로 바쁘고요. 그런 걸 계속 돌았던 것 같아요.

─────────────

1) 방송가에서 쓰는 은어로 편집용 커트처럼 쉬는 기간 없이 바로 다음 프로그램에 투입된다는 말.

── 힘드셨을 것 같아요. 입봉을 준비하는 시간 동안 칼을 갈았겠다는 생각이 드네요.

칼을 가는 심정이라기보다… 느낌이 달랐어요. 잘하시는 선배님들이 많아서 작업하는 걸 옆에서 볼 기회가 많았고, 현장에서 여러 일을 겪다 보니 체득된 것도 많았고요.

선배님들이 단막극 촬영하는 걸 보면서 저도 하고 싶은 이야기가 하나씩 생기더라고요. 그래서 트리트먼트[2]까지 정리된 걸 유보라 작가님께 드리고, 이걸 작가님께서 정리해 주셨어요.

── 그게 〈연우의 여름〉이군요. 아르바이트를 하면서 인디밴드 보컬 활동 중인 연우(한예리)가 다친 엄마를 대신해서 빌딩 청소를 하게 되면서 일어나는 이야기를 그린 단막극이죠. 이 스토리는 피디님이 직접 기획하신 거네요?

틀이라고 해야 하나요. 이런 종류의 이야기를 하고 싶어서 세 장 정도로 정리해서 작가님께 드렸어요. 그 뒤로도 이런 종류의 신이 들어가면 좋겠다, 생각하는 걸 써서 드렸죠. 유보라 작가님도 워낙 베테랑이니까 제가 정리한 걸 보시고 '오케이' 해서 같이 하게 된 거죠. 그렇게 하다가 〈눈길〉도 같이 작업했고요.

---

2)  대본과 달리 소설의 형태에 가깝다. 대본에서 표현되기 어려운 배경이나 인물 간의 관계 등을 더 섬세하게 표현한다.

— 유보라 작가님이랑 어떻게 만나게 되셨어요?

회사 선배님이 저한테 어떤 작가랑 하고 싶은지 대본을 다 읽어보라고 하더라고요. 그래서 다 읽어봤는데 유보라 작가님이 잘 쓰시더라고요.

— 피디님이 쓰신 초안이 완성된 작품이랑 어떻게 같고, 어떻게 다른지 궁금하네요.

거의 같아요. 원래 제목은 〈밤은 짧아. 걸어 아가씨야〉였는 데 일본 소설과 같은 제목이라서 바꿨어요. 배경이 고물상이 아니라 고물 수리점으로 바뀐 정도. 고물상 룩이 생각보다 별로더라고요. 술집 부분은 유 작가님 많이 써주셨고, 나머지는 같이 썼던 것 같아요. 전 어떤 에피소드에서, 무슨 이야기를 하고 싶은건지 의견을 드렸어요.

— 극 중에서 한예리 배우가 맡은 연우의 엄마가 쓰러져요. 그래서 엄마 대신 거짓말을 하고 취업을 하게 돼요.

리플리[3] 구조를 쓰고 싶었어요. 단막 입봉할 때는 쉽고 작은 얘기를 해야겠다고 생각했어요. 엣지가 있고 화려한 이야기보단 힘이 빠진 얘기를 하겠다는 게 제 목표였어요.

---

3) 영화 〈The Talented Mr. Ripley〉의 이야기 구조를 이르는 말. 주인공이 다른 사람인 척하면서 벌어지는 일련의 일들을 쫓아가는 이야기 구조.

—— 왜 그렇게 생각하셨는지 궁금하네요.

처음 만드는 드라마니까요. 작고 핸들링이 가능한 얘기를 해야 연출을 할 수 있을 거라고 생각했거든요. 큰 이야기, 엣지가 강하고 콘셉츄얼한 얘기는 전하고 싶은 감정이나 메시지보다 돋보이는 부분을 표현하는 데 신경이 많이 쓰이잖아요. 사람의 마음을 움직인다는 게 사실 쉬워보이지만 태산을 옮기는 거보다 힘든 일이죠. 이제 처음이니까 가장 자연스럽고, 옆에서 많이 본 얘기로 누군가의 마음을 움직이게 해보자는 목표를 세웠어요. 대신 디테일이 풍성한 배우가 필요했죠. 그래서 〈기린과 아프리카〉[4]를 보고 한예리 배우랑 해야겠다고 마음을 먹었어요. 선배들이 반대했는데 저한테는 꼭 필요한 카드였어요.

—— 〈기린과 아프리카〉는 단편영화인가요?

한예종 단편인데, 그때 예리 씨가 너무 예뻤어요. (그 이후에) 예리 씨 거 다 봤죠. 어차피 할 거면 연기 제일 잘하는 사람과 하고 싶다는 마음도 있었고요. 제가 볼 때는 그 또래 중에서 연기를 제일 잘하는 것 같더라고요. 뻔하고 전형적일 수 있는 단순한 스토리에 디테일하고 생활감 있는, 진짜 같아 보이는 활력을 넣어줘야 하니까요. 그때 입봉작 하게 되면 유명한 배우들도 도와준다고 하고, 선배들도 배우를 소개해 주고 그랬는데 전 한

4) 김민숙 감독의 단편영화. 여고생 예린과 불량 교사 지훈이 특별활동시간-아프리카 배낭여행 클럽에서 만나 은밀한 연애를 시작하는 이야기.

예리 씨가 제일 좋았어요.


— 전형적인 미인이 아닌 분을 선호하시는군요.

그 작품에서는 그랬어요. 〈기생충〉 나왔던 박명훈 배우도 〈지구를 지켜라!〉에 나오는 여자 황정민 배우 등. 한주완 배우도 이송희일 감독님 거 보고서…. 드라마를 처음 하는 분들도 많았어요. 거기에서 남자들이 너무 아름답게 나오잖아요. 한주완 배우를 보고 너무 괜찮아서 같이 했어요.


— 단편영화나 독립영화를 많이 보시는 것 같아요. 평소에도 캐스팅하실 때 많이 보시나요?

그때는 배우들을 찾으려고 좀 많이 봤죠.


— 새로운 얼굴을 찾기 위해 보시는 건가요?

네. 근데 단편영화를 볼 수 있는 루트가 너무 없어요. 볼 수 있음 좋은데요.


— 어떻게 보면 한예리 배우가 피디님 덕분에 처음으로 TV에 얼굴을 알렸던 거네요.

영화 쪽에서 이미 좋아했던 얼굴이었어요. 〈해무〉라는 작품도 찍고 있었죠. 하지만 TV에서는 선배들이 그 분위기나 연기 톤을 좀 낯설어했어요.

## 현장이 이렇게 재미있어도
## 되는 걸까

—— 본격적인 얘기를 해볼게요. 포트폴리오를 돌아보기 전에 피디
님의 조연출 시절 얘기를 들어보고 싶어요.

제 생각에 전, 조연출을 잘하지 못했어요. 눈치도 없고 빠릿
빠릿하지도 않고. "이동-!"하고 외치면 버스 타고 다음 장소 가
야 하는데, 주공 아파트 2동에 혼자 가 있었던 적도 있고요. 현장
진행을 처음부터 잘하는 사람도 있는데 저는 야외 조연출 할 때
잘 못했어요. 일을 같이 못할 정도는 아니고, 열심히 했는데 능숙
하지 못했죠.

내부 조연출 시작하고 편집할 때는 재밌게 했는데 기계 다
루는 건 어려웠어요. 그래도 예고편 만들고, 제작 발표회 하고 이
런 건 재밌었죠. 그런데 뭘 꼭 빼먹는다거나 그런 게 있었어요.

보통 드라마 론칭하면 티저 예고 두 개에, 제작 발표 영상에,
오프닝, 본편 예고 다 만들어야 되는데 꼭 한 개씩 놓치고 부랴
부랴 만들었어요.

뭐 하나가 재밌으면 너무 꽂혀서 다른 건 잠시 잊는 거예요.
어떤 프로그램은 오프닝에 꽂히고, 어떤 거는 예고가 재밌는 것
같아서 편집실에서 나온 다음에 잠깐 있다가 (다른 일은) 까먹
어요. 어떨 때는 포스터 만드는 일에 꽂히고 그랬어요.

밤을 너무 많이 새는 환경이라, 몸이 피곤해서 놓치기도 한

거 같아요.

— **바쁘게 돌아가서 그랬을 수도 있겠네요. 피디님이 입사하셨을 때 여자 피디는 몇 명이나 있었을까요?**

방송판에 여자가 별로 없었어요. 드라마국 80명 중에 저까지 여자 피디는 네 명이었어요. 위에 선배님들은 정말 멋있는, 카리스마 있는 스타일이었어요. 통솔도 잘하고 남자보다 멋있고 씩씩했어요. 근데 저는 일단 현장에서 목소리 작은 거랑, (리더십을 발휘해서) 적극적으로 이끌지 못하는 거랑, 사람들한테 막말(욕)을 못하는 거… 이런 거 때문에 선배님들이 걱정을 많이 했어요. 너는 현장에서 잘 못할 거라는 식으로…. 조용하고 어리버리한 스타일이라서. 연출자는 현장에서 얘기도 많이 하고, 밤새며 술 마시고 파이팅 하는데 저는 막 으쌰으쌰 이런 것도 잘 못하고요.

제일 어려웠던 건 프로듀서였어요. 제작비 관리, 출연료, 추가 미술비 협상 등 온갖 일을 하는데 긴장을 많이 했어요. 밤도 새고. 그럴 일이 아닌데 드라마 인물들 이입하듯이 스태프들 사연에 빠져들다가 냉정해지기도 하고…. 사람들이 저보고 엑셀하고 이야기하면서 밤 샌다고 놀리기도 했어요.

그러다 B팀 연출을 시작했는데, 처음으로 재밌었어요. 나 혼자서 이 신을 상상하고, 잘 준비하고, 열심히 찍고 그러면 되는 거잖아요. 하여튼 연출하면서 느껴지는 건, 이전과는 달랐어요.

야외 연출 처음 찍는 날, '이거 너무 쉬운 거 아니야' 그런 생각이 처음 들더라고요.

—— 현장에 나가서 오히려 편해지신 거네요?

네, 드라마 피디라는 직업을 야외 연출 하면서 처음 제대로 경험해 본 거죠. 사실 다른 때는 조연출 롤이었잖아요. '연출은 재밌는 것 같은데'라는 생각을 한 10년 만에 했어요.

—— 10년 만에, 엄청난 발견이네요. B팀 연출하셨던 작품이 어떤 건가요?

연속극 〈당신 뿐이야〉, 〈세상 어디에도 없는 착한남자〉, 〈오마이 비너스〉, 〈백희가 돌아왔다〉, 몇 신 안 되지만 〈공주의 남자〉, 〈열혈장사꾼〉 등이요.

—— 조연출 시기에 요구되는 능력은 보통 빠릿빠릿하고 꼼꼼하게 일하는 거잖아요. 그런데 연출은 꼭 그렇지 않아요. 조연출 때는 몰랐지만 지나고 나니, 이런 부분들은 자신이 갖고 있던 강점이라는 걸 확인하게 되는 순간들이 있죠. 반대로 연출이 되고 나서야 자신의 단점이 무엇이었는지 깨닫기도 하고요. 피디님은 어떠셨나요?

그때 제일 취약했던 부분은 건강이었어요. 단막극 〈연우의 여름〉 하기 전에 아팠거든요. 아파서 1년 동안 입봉하는 걸 포기했어요. 선배들은 드라마국에서 요양[5]을 하라고 했는데, 드라마 조연출이나 B팀 연출들한테 민폐를 끼치면 안 되잖아요. 그래서 KBS 본관으로 갔어요. 폐결핵에 걸렸거든요.

—— 폐결핵이요?

그때 무리했나 봐요. 1년을 약 먹으면서 시청자 서비스팀에 있었어요. 시청자들 요청사항이나, 항의를 접수하는 일이에요. 급히 부서 이동하느라 콘텐츠 관련팀에 가지 못하고 좀 생뚱맞은 곳으로 갔어요. 재밌었어요. 쉬엄쉬엄 했고요.

드라마국에 돌아가서 단막극 입봉도 하고 선배들 프로그램 B팀도 돌고 있는데 또 건강이 발목을 잡았어요. '신장'이 안 좋아졌거든요. 한 달에 한 번씩 검사를 했는데 계속 안 좋으면 교양국에 가든가 편성팀에 가야겠다고 생각했어요. 결핵은 힘든 업무를 딱 끊고 1년을 쉬면 수치가 떨어지는 질병인데, 이번에는 좀 달랐어요.

드라마 만드는 건 재미있는데, 건강 때문에 앞으로 어쩌나 고민을 했죠. 속상하다기보다 '어떡하지' 하고 고민했어요. 그동안 너무 무리했던 것 같긴 해요.

—— 맞아요. 10년 동안 그렇게 생활을 하셨으면 병이 안 나는 게 이

5) 말 그대로의 '요양'이라기보다 드라마국 내부의 기획팀 등에서 시간을 보내라는 뜻.

상하죠.

그런 것 같아요. 기획팀에 있는데 선배님이 "위안부 얘기 짧은 거니까 연출해 볼래, 나정아? 유보라 작가님이 쓴대. 대본은 아직 없고" 하시면서 2부작을 제안하셨어요.

그때 작가님은 더 늦기 전에 위안부 이야기를 꼭 만들고 싶어 하셨거든요. 작가님 작품 〈비밀〉 끝나고 나서, 하고 싶은 거 다 하라는 분위기여서 금방 추진됐어요.

대본은 아직 없다고 하길래 "그럼 그 드라마 개발하시는 동안 고민해 볼게요"라고 했어요. 건강이 자신이 없어서 검사 결과를 좀 지켜보려고요. 근데 이상하리만큼 7월, 8월 두 달 동안 수치가 좋았어요. 그래서 '드라마 하나만 더 해볼까' 그런 욕심을 냈죠. 그렇게 〈눈길〉을 시작했어요.

— 〈눈길〉 얘기로 자연스럽게 넘어갈게요. 위안부로 끌려갔던 소녀들의 이야기이고 김새론, 김향기 배우가 출연했어요. 2부작으로 방영 후, 영화로 개봉되기도 했죠. 〈눈길〉에 피디님이 꼭 반영했으면 했던 스토리는 어떤 거였나요?

저는 〈리플리〉, 〈태양은 가득히〉가 너무 재밌어요. (극 중이지만) 완전히 다른 인생을 살아보는 거잖아요. 〈연우의 여름〉 때도 다른 사람이랑 바꿔서 소개팅 나가는 게 별건 아닌데 제 딴에는 재밌어 보였어요. 사람들 마음이 다 그렇잖아요. '완전히 다른 나'로 한번 살아보고 싶은. 그래서 〈눈길〉 때 영애랑 종분이가 주

인공인데, 종분이가 죽은 영애 이름으로 살아가는 걸로 시작을
했죠.

—— 그 설정은 피디님이 제안하신 건가요?

기획 초기부터 작가님과 같이 해서 서로 이야기를 많이 나
누었어요. 찍고 싶은 장면들도 적어서 드리고요. '둘이 얼음을 깨
고 탈출했으면 좋겠다.' '탈출하다가 안타깝게 한 명이 죽었으면
좋겠다.' 이런 것들이요. 그때 〈댈러웨이 부인〉을 보면서 우리 드
라마에서도 물이든 얼음을 깨고 들어갔으면 좋겠다고 생각했어
요. 안 찍긴 했지만 얼어붙은 폭포를 깼더니 물이 터져 나왔으면
좋겠다는 설정 같은 것들. 그때 드라마에 나오는 고향 떠나는 친
구들에게 이불 같은 소품도 주는 걸로 하고 싶었죠. 주인공이 〈소
공녀〉 책을 읽는 부분도 넣고 싶었어요.

그 친구들이 당시에 진짜로 했던 생각이 궁금해서 혼자서
준비를 많이 했어요. 가공된 드라마나 영화를 통해서 일제 시대
나 위안부의 감정을 공부하는 게 아니라 진짜로, 직접 만지고 싶
다는 생각이 있었죠. 그 친구들이 썼던 회고록이 있어요. 당시 썼
던 일기, 직접 썼던 물건 같은 것도 제작에 도움이 되었어요. 당
시에 어떤 생각으로 일제 강점기를 살았는지에 대한 것도 영상
자료원에 가면 복원된 다큐멘터리랑 필름이 많아요. 그걸 계속
봤어요. 그동안 봤던 거랑 완전히 달랐어요.

—— 어떤 부분들이 피디님이 생각했던 것과 달랐을까요?

　일단 소녀들의 일기장이 충격이 올 정도로 제 일기장하고 너무나 똑같았어요. 너무 단순하고 쉬워요. 중학교 때 일기, 고등학교 때 일기를 보고 마음이 많이 움직였어요. '선생님이 되고 싶다.' '그 오빠에게 고백을 못한 게 아쉽다.' 이런 거 있잖아요. 하여튼 위안부 여성이 쓴 기록이 소박하고 사소해서 '우리랑 똑같은 나라의 평범한 사람들이었구나'라는 생각이 들더라고요. (과거와 현재가) 관통하는 순간이 있었어요.

　〈눈길〉을 준비할 때 마침 복원이 끝난 〈수업료〉라는 필름을 보게 되었는데 가만히 보니 기분이 기묘했어요. 까까머리 조선 아이가 산길에서 즐겁게 부르는 게 일본 군가예요. '무찌르자, 반드시 죽이자'는 일본 군가를 해맑은 동요처럼 부르면서 가요. 가사는 잔인하고, 일본어 발음은 어눌하고. '아, 이게 식민지 조선이구나' 하고 느꼈어요.

　그때 일본이 학교에서 한국말을 못하게 했죠. 가난한 집 애들은 일본말을 배울 기회가 없고, 부잣집이나 친일을 했던 사람들은 일본말을 잘해요. 그래서 종분이(김향기 배우) 같이 가난한 조선 애들은 학교에서 한마디도 못해요. 그러다가 학교 교문을 딱 나오는 순간 아이들이 "하아- 드디어 말할 수 있다"고 한국말로 기지개 켜듯이 조잘대요. 그런 장면을 일제 강점기 필름에서 발견했을 때 좀 놀랐죠.

　우리가 어렸을 때 미국에서 살다 온 교포 친구들하고 했던 대화랑 너무 비슷해요. 예를 들면 영애(김새론 배우) 같은 애들이 '나 일본어 발음 좋은 거 몰라?' 이렇게 말을 해요. 우리가 '영어 발음 좋지 않아?'를 우월하게 생각하듯이요. "나 일본에 살다 왔잖아." "나 졸업하면 일본 가는 거 알지?" 이런 얘기를 자랑하듯 하는 거예요. "우리 누나 일본 사람 닮았다." 이 말이 그때는 예쁘다는 뜻이고요. 지금도 '서구적이다' '얼굴 작다' 이게 칭찬이듯이요. '우월하다'의 기준이 '일본' 혹은 '서구'에 있는 거죠.

— 태어나자마자 자라온 나라가 일본 식민지였으니… 당시의 상황이 이해가 가네요.

네. 모든 것이 참혹한 시기였어요. 만약 시골에 한 가족이 있으면, 아빠는 강제징용을 가고, 엄마는 군수공장, 오빠는 학도병, 어린 소녀는 위안부로 끌려가요. '한 집안이 일본에게 탈탈 털리는구나'라는 생각을 했어요.

강제 징집된 어린 군인이나, 일본군 위안소의 여자들은 공포와 절망감을 못 이기고 끌려가자마자 자살한 경우도 많았어요. 모두가 쉽게 죽을 수 있는 상황에서, 죽지 않고 버티는 사람들에게는 무엇이 있을까 곰곰이 생각했어요.

수기 같은 걸 보면 서로 챙겨줄 친구가 있던 분들이 오래 버텼죠. (살아 돌아와서도) 전쟁고아를 챙기거나, 먹여 살려야 할 가족이 있는 분들이 더 건강하게 살아갔어요.

극 중 영애 옆에 종분이가 있어서 서로 버텼던 것처럼요. 작가님은 '당신은 혼자가 아니다'라는 메시지를 시청자들에게 전하고 싶다고 하셨어요.

— 〈눈길〉을 본 뒤 다큐멘터리 같다는 생각을 했어요. 고증을 많이 하셨잖아요. 초반에 어린아이들이 군복을 입고 일본 군가를 부르면서 열 맞춰 걸어가는 장면이 나오죠. 위안소에서 사용하는 콘돔을 세탁하는 장면도 나오고요. 완전히, 처음 보는 장면들이었어요.

조사하는 게 재밌었어요. 관련된 다큐멘터리 필름을 보면 손들고 발표할 때도 우리는 이렇게 (팔을 수직으로 들며) 손을 드는데 개네는 이렇게 (대각선 앞으로 팔을 내밀면서) 손을 들더라고요. 박경리 선생님의 『불신시대』를 보면 당시 1950년대 여자애들의 정서가 묘사되어 있어요. 척박한 환경에서 깡으로 살아남는 애들의 본성 같은 게 쓰여 있어요. 제가 당시 상황을 전혀 모르니까 아예 외국의 상황을 공부한다는 마음으로, 다른 나라를 공부한다는 마음으로 준비를 했어요.

— 준비하는 데 얼마나 걸리셨나요?

당시에 9월부터 12월까지 작가님과 대본을 같이 썼죠. 1월에 14회 차 촬영을 하고, 3월 1일에 방송했어요.

— 회차를 보고 사실 놀랐어요. 영화치고 절대 많은 회차는 아니

잖아요.6) 14회 차면 거의 한 달에서 한 달 반 정도 찍으셨을 것 같은데요.

맞아요. 중국으로 끌려가는 이야기라 배경이 중국처럼 보여야 되니까 신경이 쓰였어요. 그게 3.1절 특집극 예산이었어요. 드라마 예산보다 특집극 예산이 많다고 해도 실제로는 적어요.

—— 예산은 어느 정도였어요?

대략 1억 조금 넘었어요. 두 개니까 2억 얼마…. 그때 단막극 회당 제작비가 7, 8천이었으니까요. 아무튼 작았죠.

—— 〈눈길〉은 영화로 개봉을 했어요. 개봉은 어떻게 해서 진행하게 되셨는지 궁금하더라고요. 드라마가 나온 뒤 추진된 건가요?

CP였던 함영훈 선배님 생각이셨어요.

이 작품을 TV 콘텐츠로 팔면, 다른 방송국에서 사줄 리도 없고 방영될 리도 없잖아요. 위안부 얘기를 알리고 싶은데 이게 영화라면 다양한 데로 뻗어나갈 수 있지 않을까 생각하셨어요. 미니시리즈를 동남아에선 사가도, '2부작 3.1절 특집극'을 누가 사겠어요? 그래서 영화로 패키징을 해서 해외 배급을 하거나 인권 영화제 같은 특별한 상영회 때 볼 수 있으면 좋겠다고 하셔서 직접 영화사를 찾아갔어요. 사명감을 갖고 사주실 수 있는 분들을

---

6) 120분짜리 상업영화의 경우 대개 30회 차 이상, 많으면 100회 차 정도 촬영을 한다. 상업영화의 경우 짧게는 3개월에서, 길게는 1년 가까이 찍는 편이다.

연결했고, 그분들이 많이 도와주셨어요. 영화 쪽에서 〈귀향〉이라는 작품이 준비되고 있는데 개봉 순서는 양보했으면 좋겠다고 하더라고요. 서로 경쟁할 건 아니잖아요. 고마운 일들이 많았죠.

—— 미니시리즈를 하기 전에 작품이 영화관에 상영되는 특별한 경험을 하셨네요. 영화 제작 경험은 어땠나요?

소품을 디테일하게 정하길 잘했다는 생각이 들었어요. 큰 화면에서 보니까 옷이랑 소품이 적나라하게 보이더라고요. 모든 걸 다 떠나서 자신의 작품이 영화관에서 상영될 수 있는 경험은 감독에게는 호사스러운 경험이라는 생각이에요. 드라마 만들 땐 맨날 '채널 돌아간다'라고 걱정해요. 시청자들은 무의식적으로 TV를 틀어놓고 다른 거 하면서 보는 거에 익숙하니까. 리모콘을 손에 쥔 생활공간의 사람을 대상으로 만드는 거와 달라서 너무 좋았어요. 불을 끄고, 사람들을 한 공간에 가둬놓고(?) 집중하게 한 다음, 내가 전달하고자 하는 걸 보게 만드는 일 자체는 창작자로서 누릴 수 있는 행복의 전부 같아요. 감사한 경험이에요.

—— 그렇죠. 영화관은 들어오면 끝날 때까지 나갈 수 없으니까 더 경건한 마음으로 보게 되죠.

GV 이런 것도 신기해요. 사람들이 이 영화에 대해서 얘기해주는 거예요. "그 장면이 이런 뜻이었나요?" "그때 인물이 왜 그랬나요?" "아이들을 왜 그렇게 찍었나요?" 하고 물어보니까 작

품 속 의미를 같이 찾아가죠. (영화가) 이렇게 좋은 거라니. 고등
학교에 가서도 보여주고, 인권영화제도 가고, 일본에서도 틀고
그랬죠. (관객 규모는) 작지만 여성단체에서도 보고. LA 소녀상
건립할 때도 그 영화를 틀면서 의미에 대해서 얘기하고요. '하나
의 콘텐츠를 작품으로 만든다는 것이 참 좋다, (영화) 감독님들
은 좋겠다.' 그런 생각을 했어요.

— 맞아요. 한 번의 온에어로 휘발되는 게 아니라 더 오래, 많은 사람들이 즐길 수 있는 방법이었던 것 같아요. TV로도 보여주고 영화로 패키징을 했다는 게요.

— 캐스팅도 눈여겨볼 부분이 있어요. 당시로서는 안 알려졌던 조수향 배우가 현재 시점에서 위안부 할머니와 교감하는 소녀로 나오더라고요. 중요한 배역이었어요.

수향 씨는 그때 〈들꽃〉이라는 독립영화에서 보게 되었어요. 주인공인 향기랑 새론이보다 사람들이 모르는 얼굴이 필요했어요. 우리가 다큐멘터리를 볼 때도 평범한 사람이 나올 때 더 이입되잖아요. 제가 위안부 피해자분들의 수기를 읽었을 때 기분처럼요. 내 친구 같은 그런 애들. 떠드는 애, 까불이었던 애, 노래 잘 불렀던 애들이 같이 놀다가 위안부로 잡혀갔으니까, 평범한 소녀 같은 배우들을 캐스팅했어요.


— 얘기가 나온 김에 평소에 캐스팅을 어떻게 하는지 여쭙고 싶어요. 뒤이어 나온 미니시리즈 〈쌈, 마이웨이〉에서 박서준, 김지원 두 배우가 당시에 인지도가 높은 상태가 아니었어요. 물론 지금 두 분은 톱스타가 되었지만요.

맞아요. 박서준 배우는 〈화랑〉 끝나고, 김지원 배우는 〈태양의 후예〉에서 서브 여주였어요.


— 두 주인공이 막 라이징 하려는 상태였죠. 지금은 두 분 다 뜨거

운 대배우잖아요.

그때 저도 신인 피디이고, 작가님도 신인 작가이다 보니까 두 배우가 같이 해준 것에 감사한 마음이 컸어요. 박서준 배우는 매력도 많지만 연기를 참 잘한다고 생각했어요. 그리고 실제로 만났는데 딱 드라마의 동만이 같았어요. 장난스러운 얼굴이 가끔씩 나오는 것도 좋았어요. 격투기 때문에 몸을 만드는 것에 대한 부담이 있다고는 했지만 대본은 좋아해줬어요. 김지원 배우는 처음 만났을 때 작가님과 제가 놀랄 정도로 너무나 사랑스러웠어요. 웃을 때도 상큼하고. 지원 배우와 미팅이 끝나고 나서도 '와, 진짜 러블리하다'라고 작가님과 이야기를 했죠.

—— 다른 캐스팅은 어땠나요?

〈쌈, 마이웨이〉 때 (주변의 반대에도) 진짜 해보고 싶었던 분들은 안재홍, 최우식 배우님이에요. 작가님도 저도 두 분의 연기가 너무 좋다고 느꼈죠. 〈족구왕〉, 〈응답하라 1988〉을 보고 '안재홍 배우가 하면 좋겠다'고 생각했어요. 〈거인〉을 보고 최우식 배우랑도 꼭 하고 싶었어요. 주변에서는 배역이 애매해서 거절하지 않겠냐는 의견이 있었어요.

—— 두 분 입장에서는 당연히 응할 만한 역할 아닌가요?

아닌 것 같아요. 안재홍 배우 같은 경우는 바람을 피우는 역할이어서 좀 망설였죠. 드라마 〈응답하라 1988〉에서 워낙 사랑을 받고 난 다음이고 본인도 역할에 애정이 필요했으니까요. 최우식 배우도 그때는 더 큰 배역 제안이 많았을 때였어요. 둘 다 하기로 정해졌을 때 작가님과 저는 진짜 신이 나더라고요. 작가님이 칠첩반상이라도 차려서 대접해 주고 싶다고 하셔서 웃었던 기억이 나요.

그 드라마에서 발굴한 신인배우는 건우 배우[7]였어요. 〈더 글로리〉의 손명오.

— 아, 정말요?

김건우 배우가 한예종 다니던 중에 오디션에 왔어요. 개성 있게 연기를 잘하는 거예요. 노래도 잘 불렀던 기억이 나요.

— 실제 성격이 활발하신 편인가 봐요.

악역인데도 웃기다고 해야 하나. 에너지가 넘쳤어요. 중요한 역할인데도 그 자리에서 저는 마음을 굳혔고 작가님께 보여드렸는데 좋아하셨어요.

— 그 이후의 캐스팅도 눈여겨볼 만해요. 지금은 여러 작품에 등장하는 스타지만 〈좋아하면 울리는〉의 송강 배우는 당시엔 안 알려진 신인이었죠.

---

7) 〈쌈, 마이웨이〉에서는 동만(박서준)의 라이벌인 스타 파이터 김탁수로 나온다.

그때 대본이 좀 늦어지기도 했어요. 고등학교 배경이라 학생들이 많이 필요했어요. 그래서 공개 오디션을 시작했는데, 4명씩 한 번에 들어오는 1차 오디션 중간에, 송강 배우가 들어왔어요. 보자마자 '어, 저 얼굴은 완전히 황선오다!' 라는 생각을 했어요.

그렇지만 신인이라서 주인공으로 결정하는 건 힘들었죠. 뭔가 아쉬워서 스튜디오드래곤 국장님과 CP님에게 송강 배우를 소개하는 자리를 만들었어요. 인사라도 했으면 좋겠다는 생각이 들어서요. 화기애애하게 인사 받으셨는데 당연히 남자 주인공으로는 안 된다고 하시더라고요.

—— 그럼 어떻게 남자 주인공으로 최종 결정이 되었나요?

시간이 좀 흐르고요. 주연급 남자 배우들에게 거절의 답변이 하나씩 왔어요. 그때만 해도 'tvN이나 KBS면 할게요, 〈쌈, 마이웨이〉처럼요' '넷플릭스 오리지널이면 안 합니다'라는 이유도 있었어요.

—— 넷플릭스가 한국에 진출할 때라 사람들이 잘 몰랐던 때죠?

저도 낯설었으니까요. 〈쌈, 마이웨이〉 하기 6개월 전쯤, 넷플릭스 쪽 사람들을 만난 적이 있었어요. 영화 〈눈길〉을 좋게 봤다고 하셨어요. 그때만 해도 '넷플릭스가 뭐지?' 했어요. 전속 계약 이야기를 하셨는데, "신인 작가님이랑 〈쌈, 마이웨이〉 대본 쓰고 있어요. 아직 편성은 안 받았지만 이거부터 열심히 할게요"

하고 거절했어요. 상춘 작가님하고 꼭 하고 싶었고, 어리둥절 하기도 한 상황이었죠.

— 〈눈길〉이 어떻게 보면 엄청난 가능성을 열어준 작품이네요.

넷플릭스에서는 영화와 드라마 경험이 같이 있는 사람을 찾고 있다고 했어요. 그런 사람이 얼마 없으니까 어쩌다 걸린 거 같아요. 다시 만나 작품을 하면서는 넷플릭스가 낯설다기 보다 신선했어요. 송강 배우 캐스팅에도 힘을 실어주셨고요.

— 넷플릭스가요?

네. 넷플릭스는 역할에 최적화된 사람이면 괜찮다고 했어요. 글로벌하게 풀린다면 한국에서의 인지도가 그렇게 중요하지 않다고. 천계영 만화가님도 본인이 그려왔던 만화 주인공과 송강 배우가 정말 닮았다고 해주셔서 그 역할에 힘을 받았죠.

— 그랬던 거군요. 결과적으로 찰떡같은 캐스팅이긴 했어요. 정가람 배우도 연기를 정말 잘했어요.

너무 좋았죠. 문학적인 느낌도 들고, 송강 배우와는 다른 매력이 있어요. 〈4등〉이랑 〈시인의 사랑〉 보면서 매력이 참 많다고 느꼈던 배우였어요.

— 주인공들의 연기 호흡은 어땠나요?

사실, 그 부분이 저는 어려웠어요. 연기 호흡이 모두 다르다고 해야 하나.

김소현 배우는 깔끔한 연기를 하는 편이고, 가람 배우는 영화적인 호흡으로 깊은 (때로는 조금 느린) 연기를, 송강 배우는 뭐랄까 해맑은(?) 연기를 했어요. '심장이 아프다'라고 하면 진짜 막 "악" (이나정 피디는 심장을 부여잡는 시늉을 했다) 이러고. 너무 엉뚱해서 그 연기를 보는 저도 고장난 느낌이었어요. (제가) 눈빛은 좋았는데 지금 뭐 한 거냐고 물어봤어요. 송강 배우는 심장이 아픈 거라서 그렇게 연기했다고 진지하게 말해서 현장에서 다들 빵 터졌어요. 소현 배우도 엄청 웃고. 초반에 같이 엠티도 가고, 나중에는 배우 셋이 많이 친해져서 연기 톤이 서로 맞춰져 갔어요.

— 캐스팅 관련해서 더 여쭤보고 싶어요. 처음에 미팅하실 때 어떤 얘기를 하세요? 그 사람의 성향 파악을 하시나요? 아니면 반대로 그 사람의 성향이 캐릭터에 녹아들 만한지 확인하시나요?

배우를 잘 관찰해서 잘할 수 있는 걸 더 잘하게 해줘요. 팔색조처럼 변신하더라도, 원래 가지고 있는 성향이 자연스럽게 꺼내질 때 연기가 극대화된다고 생각해요.

〈이번 생도 잘 부탁해〉 신혜선 배우님도 연기를 정말 잘해요. 분위기 잡고, 말없는 느낌보다 장난스럽거나, 에너지 넘치는 캐릭터가 착 붙더라고요. 그래서 '분위기 여신'보다 위트 있고 따뜻한 캐릭터로 변주를 했어요. 그렇게 배우의 매력이 돋보일 수 있게 신을 정리하려고 해요. 잘하는 부분은 살리고, 안 맞는 부분은 좀 눌러서.

—— **장점이 더 잘 살아나겠네요.**

우리도 부족한 점들이 있을 때, 그걸 극복해도 좋지만 잘하는 걸 더 잘하는 방향을 잡을 수도 있잖아요. 이보영 배우님도 〈마인〉 준비하면서 만났는데, 너무 지적이고 똑똑해 보이는 거예요. 눈치도 빠르고요. 제가 생각할 때는 (스토리상) 약간 맹해야 남편이 바람을 피우는지 모르고 그럴 듯하게 넘어갈 텐데, 저렇게 똑똑하면 시청자들이 납득할까 싶었어요.

—— **백치미스러운 느낌이 별로 없긴 해요.**

그렇다고 맹해 보이게 연기해달라고 하진 않았어요. 신을 더 정교하게 찍는다거나, 요만큼 숨길 거를 더 많이 감추어서 찍는다거나 해서 드라마가 재밌어 보이는 밸런스를 맞추어 나갔어요. 〈쌈, 마이웨이〉의 애라(김지원 배우)도 원래는 훨씬 더 또라이 캐릭터였어요. 에너지가 넘치는. 그런데 배우를 만나면서 좀 변했어요.

—— **캐릭터가 약간 달라졌다는 거죠?**

네. 김지원 배우는 차분하면서 바른 느낌이 있어요. 그걸 맞추다 보니 강한 병맛 또라이 부분은 누르고 캐릭터가 더 러블리해졌어요. 예를 들어 경찰서에서 화내는 장면에서 "당신들 가만안 둘 줄 알아!"라고 똘기 있게 질러야 되는데, 살살 얘기하는 거예요. 또라이 코믹 신을 어색해하거나 부담스러워하면 톤을 좀낮추고요. 대신에 친구들끼리 놀거나 애교 부리면서 장난치는신들은 훨씬 더 사랑스럽게 찍어보고.

—— 〈쌈, 마이웨이〉는 캐릭터를 잘 잡았다는 생각을 많이 했어요.

맞아요. 배우들이 잘 해주었죠. (임상춘) 작가님이 잘 써주신 것 같아요. 그 전에 같이한 〈백희가 돌아왔다〉 만들 때부터 책[8]은 정말 재밌게 쓰시는구나 했어요.

—— B팀으로 도와주셨던 건가요?

네, 프로듀서 겸 B팀으로 간 거죠. 촬영을 하는데, '어, 너무재밌는 거 아니야?' 감탄했어요. 그래서 '작가님, 다른 거 써두신건 없어요?' 그랬더니 〈사막의 별동별 찾기〉라고 당선된 게 있다고 하셔서 읽어보고서 같이 미니시리즈로 만들자고 했어요.

—— 어떤 내용이었나요?

1부 제목이 '닥터 911'이었는데 소위 '된장녀'인 여자주인공

---

8) 드라마와 영화 현장에서는 '대본'을 책이라고 부른다.

이 닥터이자 포르쉐 911을 타는, 집 있는 남자랑 결혼하고 싶어 하다가 망신을 당하는 내용이에요. 코믹 소동극이었어요. 여자 주인공이 솔직하지만 속물적이에요. 2부 엔딩은 한강다리에서 혼자 우는데 남사친이 찾아오고. 이런 이야기는 참 좋았는데 자칫 '된장녀' 프레임이 비호감이 될 수도 있지 않을까 걱정됐어요. 사실 지금은 생각이 달라요. 속물적인 욕망을 마음껏 드러내는 캐릭터도 충분히 매력적일 수 있다, 그 마음이 이해가 된다면요. 근데 그때는 걱정이 앞섰어요. 그래서 작가님에게 말씀을 드리고 이 에피소드는 〈쌈, 마이웨이〉 6부 쯤, 최우식이 맡았던 회로 미뤄졌어요.

— 〈쌈, 마이웨이〉의 에피소드로 작아진 스토리가 실제로는 전체를 포괄하는 이야기였던 거군요.

네. 뒤로 미루어진 거죠. 그리고 앞부분을 또래 애들의 이야기로 만들었어요. 똘기 있고 사랑스러운 청춘들의 이야기를 해보기로 했어요. 주인공들이 비정규직이거나 회사를 그만두게 되는 내용이 초반에 있는데 주변에서 "미니시리즈 주인공들인데 이런 조건이면 캐스팅이 잘 안 된다"면서 걱정했어요. 섭외하려고 했던 배우들 회사에서도 '재미가 있는데, 배우로서 뭔가 보여줄 장면'이 하나도 없다고 걱정을 하더라고요.

우리 눈에는 너무 사랑스러워 보였는데 해맑기만 한 캐릭터였던 거죠. 초반 대본에서 동만이는 격투기 선수라는 꿈도 없었거든요. 출장 세차원이었는데 오토바이 타고 가서 해맑게 세차만 열심히 했어요. 배우 입장에서는 그렇게 느낄 수도 있겠다 싶어서 작가님이랑 둘이 후딱 고쳤어요. 동만이가 격투기 하는 설정으로.

—— **격투기를 한다는 설정은 갑자기 넣긴 했지만, 결과적으로는 상당히 비중 있는 내용을 담고 있어요. 설정 자체는 어떻게 생각하셨나요?**

작가님이 레슬링을 재밌게 보신대요. 근데 제가 격투기 선수 중에 아는 사람이 있었어요. 그래서 넣었어요. 작가님이 그 직업을 고르셨죠. 제 딴에는 멋있다고 생각했던 직업이 사운드 디자이너, 서정적인 밴드 가수 같은 거였는데, 작가님이 "다 깨부시는 걸로 하죠" 하면서 파이터로 결정하셨어요. 덕분에 더 재미있는 대본이 된 거죠.

—— **피디님은 〈쌈, 마이웨이〉처럼 재밌는 걸 좋아하세요?**

꼭 그런 것만 좋아하는 건 아닌데요. 〈눈길〉 하면서 사실 힘들었어요. 감정이입하려고 사례를 너무 많이 봐서 그런 거 같아요. 731부대, 홀로코스트, 난징 대학살, 위안부 사진, 기록들을 오래 봤죠. 그 다음 작품은 진짜 〈눈길〉이랑은 정반대, 아무 생각 없는 걸 해야겠다는 생각이 들더라고요. 〈쌈, 마이웨이〉 대본을 만나자마자 이거다 하는 생각이 들었어요.

— 감정이 완전히 바닥으로 내려갔기 때문에 나를 끌어올려줄 작품이 필요했던 거군요.

근데 반대로 〈쌈, 마이웨이〉를 끝내고 나니까 '차분한 거 하고 싶다'는 생각이 또 들더라고요. 그래서 〈좋아하면 울리는〉 같은 다크하고 깊은, 주인공들의 전사[9]가 끌렸어요. 천계영 작가님에 대한 팬심도 있었고요.

— 〈좋아하면 울리는〉을 촬영하고 나서는 어떠셨어요?

섬세한 결의 감성 드라마 말고, 주인공들 욕망이 아주 세고 갈등이 많은 스토리가 끌렸어요. 다음 작품 〈마인〉이 그래서 좋았어요. 대본도 정말 재밌었구요.

— 고저가 확실하게 있는 이야기를 하고 싶어지신 거죠?

맞아요. 〈좋아하면 울리는〉 끝나고 김희원 감독님[10]을 만났는데, 서로 신기해했던 기억이 나요. 〈왕이 된 남자〉를 끝낸 희원 감독님은 "설레는 거 하나, 감정 하나로, 섬세하게 드라마를 만드니 대단해요"라고 피드백을 주시고, 전 희원 감독님의 뚫고 나가는 힘 있는 연출이 너무 멋있다고 말씀드리고… 서로 그랬죠.

---

9) 드라마에 직접 나오지 않는 주인공들의 이야기.

10) 〈돈꽃〉, 〈빈센조〉, 〈작은 아씨들〉, 〈눈물의 여왕〉 연출. 선이 굵고, 드라마틱한 이야기와 화려하고 세련된 연출 스타일로 알려져 있는 감독.

# 어두우면 어두운 대로,
# 눈치 보지 말고,
# OTT의 세계

—— 개인적으로 〈좋아하면 울리는〉을 재밌게 봤어요. 고등학생들
의 이야기라 이들의 삶을 진지한 시선으로 연출하려면 고민이
많았겠다는 생각이 들더라고요. 더군다나 순정만화가 원작이
라 '좋알람'[11] 같은 설정도 있고. 존재하지 않는 걸 현실감 있게
만들어야 하니 고민이 많으셨을 것 같아요.

반경 10m 내에 좋아하는 사람이 있으면 울리는 앱 설정이
신기했어요. 현실적으로 가능한지도 생각해 보고요. 심장 박동
수나 호르몬, 그런 걸 한 번에 파악해야 하니 접촉면을 얼마나
넓게 해야 하나 그런 고민도 하고요. 바이오 워치 만드는 박사님
도 인터뷰하고, 가장 설레는 좋알람 사운드를 위해서 독일에 있
는 사운드 디자이너도 소개받았죠. 새로 입사한 IT 회사 팀장처
럼 생각했어요.

천계영 작가님도 만화 속 세상이 현실에 펼쳐진다면서 진심
으로 좋아하셨어요. 팬심과 덕질이 총동원 되어서 어이없게도,
그 짧은 시간 동안 실제 어플리케이션이 만들어졌어요. 엉뚱한
결실(?)일 수도 있지만 촬영할 때 실제 앱을 깔고 찍었어요. 기

---

11) 드라마 설정으로, 누군가 나를 좋아하는 사람이 10m 반경 이내로 들어오면 울리는 앱.

능은 부족하지만 동기화, 울리는 모드, 대기 모드 나누어서 구동
이 돼요. 저도 이과에서 공부를 했고, 천 작가님 아버지가 발명가
셔서 작가님도 그 피가 흐른다면서 앱을 만들면서 같이 즐거워
했어요.

── 앱도 신기했지만 내용적으로는 생각보다 진지한 고등학생들의
이야기라 느낌이 달랐어요.

단순한 로맨스라고 생각하진 않았죠. 주인공 세 명에게 있는
톡식 페어런츠(Toxic Parents)라는 조건을 생각해 봤어요. 조조는
동반자살(사실은 존속살해라는 범죄) 현장에서 살아남은 생존
자이고, 혜영이는 세 살 때 아빠에게 맞아서 팔이 부러진 엄마랑
가정폭력 현장에서 빠져나온 아이, 선오는 수면제를 먹이려던
엄마와 자란 아이예요.

'독을 품은 부모들' 아래에서 자란 아이들이 연애를 할 때 어
떻게 할까? 이들에게 연애는 뭘까, 그 생각을 많이 했어요.

── 셋 다 결핍이 많은 주인공들이었네요.

조조가 제일 상처가 많은 것 같아요. 부모 잡아먹은 년이라
는 소리도 들었을 거고요. 그런 친구들을 보면 가족한테 들어야
하는 말을 제대로 못 듣고 자란 경우가 많아요. 부모님들이 맨날
아이들에게 하는 얘기가 '밥 먹었어? 잘 자, 춥게 자지 마라' 이
런 단순한 거잖아요. 그 단순한 안부를 부모에게 한 번도 못 듣
고 연인에게 처음 듣는, 그런 여자아이의 로맨스. '밥 먹었어?'
이런 얘기를 〈좋아하면 울리는〉에서는 '사랑해, 좋아해'라는 말
보다 중요하게 와닿는 멜로의 포인트로 시작하고 싶었어요.

그런 신들이 중요했어요. 조조가 편의점에서 쓰레기봉투를
묶고 나오는데 선오가 '잘 자, 내 꿈 꿔'라고 했을 때 조조는 태어

나서 잘 자라는 얘기를 가족에게 들어본 적이 없어요. 그러니까 감정이 요동치죠. 문자를 받고서 주저 앉아 울어요. '밥 먹었어?'라고 할 때도 눈물이 핑 돌고.

가족이 빨리 와해된 경우엔 세상에 자기 편이 없다는 생각을 많이 한대요. 그래서 남자친구가 내 편이었으면 좋겠다는 생각이 들죠. 반면에 남자친구가 연락이 안 되면 혹 없어져 버릴 수도 있다는 불안이 있어요. 과거에 갑자기 잃어버린 엄마처럼요. 그래서 불안감을 못 이기고 헤어질 수도 있는 애가 '조조'라고 생각했어요.

이런 내용을 생각하다 보니까 이 드라마는 대만 청춘물이나 순수한 첫사랑이 있는 일본 로맨스물과 다른 분위기로 만들어보고 싶었어요. 깊고 어둡지만, 설레는. 어두우면 어두워도 된다고 생각했죠.

— **넷플릭스와 사전에 그런 분위기를 상의하셨나요?**

네. 의외로 넷플릭스에서 다크하고 차분하게 가도 된다고 하더라고요. 지상파 드라마로 하면 절대 그렇게 안 갈 텐데, 넷플릭스는 '타깃 연령층'이라는 말은 모호한 단어라고 생각한대요.

예를 들어 이 작품을 30대 프랑스 동성애자가 볼 수도 있고, 60대 남아프리카공화국 할머니가 볼 수도 있다는 거죠. 미국에 있는 열두 살 여자애가 볼 수도 있고, 동남아에 있는 할아버지가 볼 수도 있기 때문에 (결국에는) 이 정서를 좋아하는 사람이 볼 거라고 했어요.

타깃에 대해서 걱정하지 말고 오히려 색깔을 강하게 만들어달라. '정체불명의 밝음'이 10대, 20대 콘텐츠는 아니라고 생각하기 때문에 연령층이라는 건 실상 없고, 다만 또래가 나오면 더 친숙하게 느낄 뿐이라고 했어요. 그래서 '어? 좋다, 재밌을 것 같다'라는 생각이 들더라고요. 그리고 10대 때 오히려 얼토당토않게 너무 진지하잖아요? 순수할 때니까. 그때 사랑 얘기는 최대한 어둡게 그려보자. 반대로 40대 사랑 얘기를 그리면 최대한 유치하기 짝이 없는 얘기를 그리고 싶다, 그런 생각을 했죠.

넷플릭스 측에서는 〈좋아하면 울리는〉이 끝나고 나서 실제로 누가 봤는지 데이터를 보여주겠다고 했어요.

—— 실제로 어떤 사람들이 봤는지 궁금하네요.

(넷플릭스에서 공개된 뒤) 그때 정말 신기했어요. 세계 지도를 펴줬는데, 어느 나라에서 많이 봤는지 색깔이 칠해져 있었어요. 정말 다양한 국가에서 이 드라마를 봤더라고요. 연령도 다양했어요. 일단 재패니메이션을 좋아했던 프랑스 등 유럽 쪽에서 오픈하자마자 많이 봤고, 동남아시아처럼 한국 드라마를 즐기는 곳도 많이 보고요. 남미와 아랍 등도 꽤 높은 비중이었어요.

카운팅(시청률 집계) 하는 방식 자체가 달라요. "빈지 워칭(Binge-watching)[12]이 50퍼센트였다, 높은 거다. 잘하셨다"라고 해줬어요. 시청률은 안 알려줬어요.

— 빈지 워칭이 정확히 뭔지 궁금해요.

1회를 본 사람이 8회(마지막 에피소드)까지 완주한 퍼센트를 알려주는 거예요.

이런 통계도 있어요. 넷플릭스 회원 가입을 한 뒤 처음 클릭한 게 〈좋아하면 울리는〉인 사람들이 얼마나 많은가. 외국 사람들 반응도 전방위적으로 볼 수 있었어요. 20대, 30대, 40대, 남자, 여자, 성적 취향에 관계없이 피드백이 와서 좋았죠.

— 〈쌈, 마이웨이〉 때랑 달랐나요?

그때도 피드백은 많이 왔는데, 전체적인 성과는 시청률 위주로 이야기를 했어요. 〈쌈, 마이웨이〉가 시청률이 이렇게 빵빵빵(손으로 계단 모양 그리는 시늉) 올라가진 않았거든요. 시청률이 조금씩 오르고, 두 자리가 되니까 '생각보다 잘 나오는데' 하면서 국장님이랑 편성팀에서 더 잘 나와야 된다고 저랑 작가님을 푸쉬했죠. 드라마 후반에 작은 출생의 비밀이 있는데 캐치올(catch all) 하기 위해서, 그 비밀을 앞으로 당기라고 했어요.

— 캐치올은 어떤 전략이죠?

전 연령 시청층이 다 즐기게 만들자는 거죠. 출생의 비밀은 50대 이상의 시청자들이 익숙한 라인이니까 앞으로 당겨서 시청

12) 드라마나 프로그램을 쉬지 않고 연속해서 보는 시청 형태.

률을 높이자는 전략이었어요. (드라마를) 찍으면서 대본을 쓰던 시기라 가능했거든요. 갑자기 편성이 되기도 했고.[13]

—— 몇 부까지 준비된 상태로 시작하셨어요?

6부인가 그랬죠.

—— 나머지 10부를 드라마 촬영 중간에 작가님이 집필하신건가요?

네. 당시에 유명한 작가님이 KBS에서 편성을 논의하다가 갑자기 SBS로 가겠다고 하면서 펑크가 난 거예요. 우리 팀은 '(편성) 자리가 비면 들어가' 이런 느낌이었는데, 2월에 갑자기 들어가래요. 5월 방송인데요.

그래서 한 달 반 동안 찍고 방송 들어갔어요. 작가님이 너무 힘드셨을 거예요. 저도 힘들었죠. 우리 둘 다 16부를 처음 해보는데 뒷부분 얘기를 써가면서 촬영을 하니까. 그 와중에 어르신들도 많이 볼 수 있는 얘기를 앞으로 넣으라고 하고. 작가님은 '어떻게 해야 되지' 이러면서 고민을 많이 했죠.

—— 그래서 어떻게 진행하셨어요?

밤새서 촬영하고 있는데, 어느 날 작가님한테 전화가 왔어요. "감독님 우리 텄어요(더 이상 기대할 것이 사라졌어요)"라는

---

13) 드라마의 경우 4부까지의 대본만으로 편성 확정을 하는 경우가 많다. 그래서 편성이 확정된 뒤, 뒷부분 대본을 급하게 쓰는 경우가 있다.

거예요. "왜요?"라고 물었더니 자기가 엄마랑 시아버지랑 〈쌈, 마이웨이〉를 같이 보고 있어서, 어느 부분에서 재밌어 하시는지 관찰을 했대요. 배우들이 말을 너무 빨리하는 편이라고 하시다가 "그런데 '백퍼'[14]가 뭐냐?" 이렇게 작가님한테 물어보시니까….

—— 아, 백퍼…!

"야, 백퍼야 백퍼." 그러고 지나가는 장면이 있어요. "야, 백퍼야." "너 짤 없어." 이런 식으로 지나갔는데 어르신들이 못 알아듣는 걸 보고 작가님이 그 지점에서 아득함을 느낀 거죠.

—— 어른들은 '짤 없어'도 모르시고 '백퍼'도 모르시겠죠.

어디부터 어디까지를 맞추어 써야 되는지 모르겠는 거죠. 〈쌈, 마이웨이〉는 배우들끼리 티키타카가 좋을 때 다다다닥 대사를 하니까. '뭐라는 거냐?' 하시거나, 인물들에게 공감한다기보다 귀여워하시는 정도? 단순히 출생의 비밀을 앞으로 당기고의 문제가 아닌 거예요. 그래서 이야기는 앞으로 배치했지만 전체적인 분위기는 그대로 갔어요.

—— 모든 연령층을 다 잡으려고 하다가 선명한 톤이 흐려질 수 있다

14) '백퍼'는 백 퍼센트의 준말로 당시 젊은이들이 흔히 썼다.

는 뜻으로 읽히기도 하네요.

생각해 보면 KBS 선배님들이 한 얘기가 방송 기준에서는 맞아요. 그렇게 해야 시청률도 올라가고 여러 명이 아울러서 볼 수 있죠. 〈일타 스캔들〉, 〈갯마을 차차차〉, 〈동백꽃 필 무렵〉은 모든 시청자들이 좋아하는 요소를 잘 배치한 드라마라고 생각해요.

— 피디님의 경우 작품마다 플랫폼이 달라지셨네요. 〈눈길〉은 영화였고, 〈쌈, 마이웨이〉는 KBS에서 온에어 된 방송, 〈좋아하면 울리는〉은 넷플릭스 오리지널이었죠. 제작 회사도 KBS와 스튜디오드래곤으로 각각 달랐고요.
맞아요. 다 달라요.

## 여자, 연대 그리고
## 탈출에 관한 이야기

— 〈마인〉 얘기를 안 여쭤볼 수 없어요. 따로 원작이 있는 얘기인가요, 아니면 기획된 대본인가요?
백미경 작가님이 쓰셨어요.

— 작가님과 같이 의논하면서 쓰신 걸까요? 초기 아이디어를 같이 발전시키신 건지, 원래 대본이 있었던 건지 궁금해요.

〈블루다이아〉라고 백미경 작가님이 써두신 게 있었어요. 잃어버린 블루다이아를 찾는 얘기였어요. '진짜 엄마란 누구인지'에 관해서 기른 정과 낳은 정의 대립 관계를 쓰셨어요. 그 대본을 너무 재밌게 읽었어요. 그렇지만 주제를 '모성의 대결'로 하기보다 '여자 셋이 가장 화려한 지옥에서 함께 탈출하는 이야기'로

만들어보고 싶었어요. 절대로 연대할 수 없는 여자들이 같이 저택을 벗어나면서, '진짜 내 것이 뭔지' 생각해 보는 이야기로요.

〈마인〉이라는 제목으로 이야기의 무게 추를 바꿔서 다시 만들고 싶다고 말씀을 드렸죠. 블루다이아는 쥐고 죽어도 되고, 안 쥐고 죽어도 되고 상관없다고 말씀드렸어요. 그 의견을 작가님이 좋게 생각해 주셨어요. 〈마인〉이라는 제목도 처음에는 어렵다고 하시다가 막판에는 좋아해 주셨고요.

주인공 세 명이 갖고 있는 결핍, 그리고 각자의 마인(mine)이 뭔지 생각하는 스토리예요. 제가 생각했던 연대에 대해서 표현하고, 작가님도 작가님대로 기른 정, 낳은 정 대결에 관한 이야기를 넣어서 누가 진짜 엄마인지에 대한 이야기로 쓰셨어요.

—— **원래 대본과 달라진 부분은 김서형 캐릭터(극 중 이보영의 올케, 정서현 역)가 들어온 거네요. 극 중에서 원래 옥자연 배우(강자경 역)가 친모로 나오고, 이보영 배우(서희수 역)가 기른 엄마로 나와서 서로 갈등을 일으키죠. 이 스토리에 남자들과 경영권을 놓고 다투는 김서형 배우가 들어온 거군요.**

원래는 이보영과 옥자연을 주인공으로 드라마를 구성했는데, 〈품위있는 그녀〉와 기시감이 너무 크기도 했어요. 김서형과 이보영의 관계를 키우는 쪽으로 캐스팅을 하면 좋겠다고 작가님한테 말씀드렸어요. 주제를 바꾸고 주인공도 변하게 된 거죠.

— 올케와 동서 관계-여자 투톱으로 가는 설정이 한국 드라마에서는 거의 처음 아닐까요? 기존의 한국 드라마에서는 올케, 동서는 경쟁 구도거나 시어머니한테 사랑을 받으려고 서로 갈등을 일으키잖아요. 서로 협력하는 설정이 굉장히 신선하다고 생각했어요.

여자들의 연대 얘기를 하고 싶었어요. 올케-동서도 그렇지만, 가부장적인 시스템에서 가장 연대하기 어려운 악녀가 옥자연 캐릭터거든요. 가정을 파괴하러 들어온 어떤 미스터리한 여자, 전형적인 악녀잖아요. 그 여자가 단순한 역할이 아니라 사연을 가질 수 없을까 생각했어요.

'제저벨'[15]이라는 악녀, 탕녀. 그야말로 '요람을 흔드는 섹시한 여자'는 남·녀 할 거 없이 모두의 적이죠. 가정을 위험하게 만드는 '제저벨'이라는 대상을 페미니즘적 시각으로 다시 들여다봤어요. 그녀는 진짜 악녀일까? 중세 마녀사냥부터 지금까지 제저벨이 어떻게 확장됐는지에 관한 자료를 읽었어요. 제저벨을 다시 볼 수 있는 드라마가 될 수 없을까, 이런 생각을 했죠. 누가 봐도 가정을 파괴하러 온 악녀 이야기인데, 그녀가 파괴하는 대상이 가부장제라면 이 여자는 꼭 악녀여야 될까? 완벽하게 '악녀'이기만 했을까? 무슨 이야기든 할 수 있는 게 영화이고 드라마니까요. 꼭 도덕적이어야 될 필요도 없으니까요.

---

15) 성적으로 부정한 여자. 성서 「열왕기 상」에 나오는 이스라엘 왕 아합(Ahab)의 아내인 제저벨(Jezebel)에서 나온 말이다.

자경의 사연을 생각해 보면 '용기'에서 시작돼요. 재벌 남자 친구가 떠났는데도 아기를 낳기로 하고, 가난하지만 미혼모로 혼자 아이를 키우는 용기. 그런 정당성이라고 해야 될까요? 제저벨이었지만, 자경의 첫 마음이 '미혼모로서 용기'였다는 점에서 다른 여자들과 함께할 수도 있다고 생각했어요.

—— 실제로 아이를 보낸 이유도 아파서였고, 아이를 만나러 가는 이유가 딱히 돈을 뜯어내려고 한 것도 아니에요. 자경은 자신의 아들을 되찾고 싶을 뿐이었죠.

네. 이 저택으로 들어온 후의 역할이 중요하다고 생각했어요. 전형적으로 가정을 깨뜨리러 온 야한 여자라고 할 수도 있지만, 애초에 희수(이보영 배우)가 갖고 있었던 온갖 불안함이 이 여자로 인해서 드러나요. 서현(김서형 배우)도 마찬가지고요. 이 여자로 인해서 자신이 숨겨둔 진짜 욕망, 원했던 삶을 깨닫게 되는 거죠. 위선적인 가부장제를 다 깨뜨리고 다니면서 주인공들을 변화시킨다면, 이 여자는 악마인 동시에 구원자 아닐까요. 결국에는 모두가 같은 편이 돼서 '나도 나갈 테니, 너도 나올래?' 하는 구도가 되면 점입가경을 이룰 것 같아서 작가님에게 자주 말씀드렸어요.

〈블루 다이아〉 대본을 처음 봤을 때, 할리퀸 소설 같기도 했지만, 『폭풍의 언덕』 같기도 했어요. 대저택의 비밀스런 사연과 복수하는 이야기 부분이요. 조 라이트 영화도 떠올랐어요.[16]

CJ에서는 이 대본이 막장, 치정극 느낌도 있어서 tvN 채널과 안 어울린다는 평도 있었어요. 저는 오히려 클래식할 수도 있겠다는 생각이었죠. 편성이 되고 나서, 좀 고급스럽게 만들어줬으면 좋겠다는 미션이 왔어요. '재벌가, 막장극도 CJ가 만들면 다르다'는 느낌으로.

—— 드라마를 위한 재벌가 내부에 대한 조사는 어떻게 하셨나요?

소개를 받아서 진짜 재벌가 분들도 만나고 연결된 다른 분들도 만났어요. 백미경 작가님이 솔직하고 시원시원하셔서 제가 미처 못 물어보는 것도 다 물어보셨죠. 드라마에 고급스럽게 녹여야 하니까요.

도우미를 집에서 몇 명 쓰는지, 한 명당 월급이 얼마인지, 요리사는 몇 명인지, 옷은 어디서 사는지, 머리는 어디서 자르는지, 이런 자세한 것들까지 다 물어봤어요. 조금 민감한 부분으로는 '비밀유지 각서'도 쓰는지 물어보고요. 그리고 "뭐가 제일 무섭냐? 어떤 재벌 이야기가 제일 리얼했냐?" 같은 질문도 했죠.

—— 재벌들이 실제로 무섭다고 느꼈던 작품은 뭐였나요?

재벌들이 현실적으로 공포를 느낀 이야기가 〈기생충〉이었

16) 〈안나 카레니나〉, 〈어톤먼트〉, 〈오만과 편견〉 등 18세기의 고전을 영화화한 작품들로 유명하다.

다고 해요. 조여정이 말하는 '믿음의 벨트'[17] 있잖아요. 실제로 지인들의 소개로 온 사람들을 믿는다고 했어요. 도우미도 그렇고, 정원사나 요리사 등. 이 사람은 ○○기업 둘째 며느리가 썼고, 이 요리사는 ○○물산 사모님 전속이었다, 이런 식으로요. 그런데 영화에서 보면 우리 집에서 일하고 있던 사람들이 죄다 사기꾼이었던 거잖아요. 우리는 재밌게 본 영화를 그들은 정말 일어날 수도 있는 현실 공포라고 생각하는 거죠.

— 일반인들은 평소에 겪을 수 없는 일이니까 드라마가 되는데, 그들한테는 현실적인 고민이겠네요. 드라마에는 3,40대 젊은 재벌들이 주로 나오는데 기존과 다른, 새롭게 알게 된 부분이 있었나요?

네. 개인차가 있겠지만 예전보다 더 프라이빗한 걸 선호한대요. 예를 들어 윗세대는 호텔 회원권 끊고 운동했다면 본인들은 한남동 개인 PT를 받는 식이죠. 자선 활동도 옛날에 하던 방식-고아원을 후원하기보다 유물을 발굴하거나, 오케스트라 이런 쪽 후원하고요.

외국 자선 파티 같은 곳에서, 동양인으로서 차별이나 무시를 느끼는 경우도 있었다고 해요. 아무리 높은 금액을 기부하고 자리를 빛내도, CJ, 삼성, 현대라고 해도요. 그들이 중시하는 왕

17) 영화에서 부잣집 사모님이 지인의 소개를 통해서 집안의 모든 인력을 채용하는 방식을 이르는 말. 서로를 신뢰하는 '믿음의 벨트'로 인해 안심하고 사람을 소개받는다.

실이나 귀족의 계보(?) 이런 게 없으니까 외국에서 무시한다고 해야 할까요. 그래서 어떤 분은 한국 문화가 더 많이 알려졌으면 좋겠다고 했어요. 문화가 알려지면 서로 존중하는 느낌이 느껴진다고 하더라고요.

그리고 젊은 재벌들은 미국에서 주로 학창시절을 보내는데, 미식축구나 하키가 동양인이 따라가기 힘든 경우도 많아서, 요새는 덜 부담스러운 '라크로스'를 많이 한다고 했어요. 몸집이 작은 동양인에게 그 운동이 맞아서요. 그래서 〈마인〉에서 극 중 희수 아들이 라크로스를 미리 배우는 설정도 나와요.

—— **직접 듣지 않으면 전혀 알 수 없는 디테일이네요.**

지금 자신의 주변 젊은 재벌가 분들이 '재활(치료)'을 그렇게 많이 한다고 이야기해 줬어요. 어린 시절부터 외국 애들하고 운동을 너무 세게 해서 그런 거 같다고. 그리고 요즘은 명상이나 알렉산더 테크닉처럼 이완하는 활동도 많이 하고요.

—— **드라마에서도 마당에서 요가하는 장면이 나오죠.**

박원숙(양순혜 역, 효원그룹의 왕 사모님) 선생님이 화를 다스리는, 알렉산더 테크닉 하는 장면을 찍었어요. 숨을 내쉬면서 스트레스를 없애는 아주 쉬운 운동이에요. 그런데 제가 볼 때는 좀 웃기더라고요. 마음을 컨트롤 하려고 하시는 건데, 캐릭터상 그냥 누워서 속상해하시는 내용이라서요.

—— 더 자세한 이야기가 궁금하네요. 드라마 속 공간이 정말 남달랐어요. 프로덕션팀이 4개월 전부터 준비를 했다고 다른 인터뷰에서 밝히셨는데, 주로 어떤 집들을 레퍼런스로 삼으셨는지 궁금해요. 특히 메인 집은 뮤지엄 산을 로케이션으로 해서 집 전체가 미술관 같았어요.

(재벌가에서) 미술과 관련해서 소개해 주신 분이 있었어요. 처음 만났을 때, 인테리어 하시는 분인 줄 알았어요. 그분이 자기 숍에 와서 차 한 잔 할 거냐고 해서 갔거든요. 그곳이 갤러리더라고요. "혹시 그림을 팔고 사세요?" 그랬더니 맞대요. "인테리어는요?" 하고 물었더니 "그림을 걸어주죠" 이러시더라고요. 갤러리스트셨어요.


—— 어떻게 보면 예술작품을 고르는 안목이 인테리어에서 중요하기 때문에 그런 걸 수도 있겠어요.

재벌가의 물건이 모두 '예술작품'에 해당하는 거라 그럴 수 있는 거더라고요.

책상, 의자, 선반장 같은 것도 소더비(Sotheby's)[18] 등에 직접 참가하셔서 구매하시고 배치도 해주세요. 미드 센추리 가구 같은 경우 빈티지로 고가에 거래되고, 생활용품이지만 디자이너의 작품도 있어요. 재벌가에서는 그게 인테리어의 핵심인데 그

18) 크리스티와 함께 세계 2대 경매회사에 속한다.

걸 제가 몰랐던 거죠.

그 다음에 광고 쪽을 진행하던 비주얼 슈퍼바이저 팀이 있었어요. 그 팀이랑 같이 취재를 했어요. 미드 〈빌리언즈〉[19] 제작 과정을 보면 고가의 미술작품을 원본과 똑같이 프린팅 한 다음 화가가 보는 앞에서 드라마 마지막 촬영일에 불태워요. 그 작품이 혹여나 위작처럼 시장에서 돌면 안 되니까 태워버리는 거죠. 그런 식으로 우리도 동의를 받아서 원작과 같은 사이즈로 똑같이 만들었어요. 프린팅의 퀄리티도 신경을 쓰고요. 그리고 폐기했어요.

캐릭터별로 방의 콘셉트를 잡는 과정에 시간을 많이 들였어요. 방 안의 모든 가구와 작품이 극 중 인물을 투명하게 표현해 냈으면 좋겠다고 생각해서요. 서현(김서형 배우)이 레즈비언이면 무지갯빛인 그림을 뒤에 건다거나, 효원그룹 장남 한진호 (박혁권 배우)는 특별한 취향은 없지만 신기한 거 많이 사는 재벌, 아트토이나 쿠사마 야요이의 호박 작품처럼 유행에 민감한 것들을 사는 사람으로 설정했어요. 희수(이보영 배우)는 따뜻하고 풍성한데 요즘 핫한 작가들의 작품을 많이 산 걸로 디자인했죠. 재벌가 할머니 순혜(박원숙 배우)는 미국 시장에서 인기가 많은 과한 한국식 자개장 같은 걸 넣었고요. 소더비랑 크리스티 (Christie's) 같은 데서 최근 10년간 가장 비싸게 팔린, 진짜 부자

---

19) 미국 Showtime에서 방영된 드라마 시리즈. 뉴욕 검사장과 억만장자 헤지펀드 매니저의 법정 다툼이 주 내용이다.

가 살 법한 그림을 공부했어요. 어떤 그림은 너무 간단해 보이더라고요. 몇십억 나가는 그림들인데….

── **최근에도 톰블리[20]처럼 낙서 같은 작품들이 비싸게 팔린다고 하더라고요.**

네. 젊은 한국 작가의 작품으로 비슷한 느낌을 내기도 했어요. 희수(이보영) 집 같은 경우는 진짜 원작 작품이 많았어요. 촬영하면서 "기대지 마세요. 1억입니다. 앉지 마세요. 의자 아니라 작품입니다" 하면서 조심도 하고요.

── **드라마에서 정말 재벌가처럼 보이긴 했어요.**

실제로 재벌가 집을 가봤을 때 전체 면적당 물건의 밀도가 아주 낮았어요. 텅 빈 느낌이라고 해야 할까요? 그래서 살인사건 현장이었던 중앙 계단실 세트는 엄청난 규모였는데도, 일부러 소품을 다 뺐어요. 사건에 필요한 괘종시계, 자경이가 두고 간 우산만 두었죠.

인물들이 밀도가 높은 시장 바닥에서 유치하고 못난 행동을 할 때와 밀도가 낮은 고급스러운 저택에서 못난 행동을 할 때, 느껴지는 감정이 다르잖아요. 순혜 할머니가 지나치게 큰 거실에서 쩌렁쩌렁 유치하게 소리를 지르고, 장남 진호가 텅 빈 다이

20) 미국의 추상주의 화가로 아이가 그린 듯한 낙서 같은 그림으로 유명하다.

닝홀에서 온갖 술주정을 하는 장면이 기묘했어요. 고급스러운 곳에서 찌질한 짓을 하니 대비가 더 크잖아요. '가장 화려한 지옥'이라는 느낌을 잘 살리고 싶었죠. 그랬으니 저택에서 뛰쳐나올 수 있고, 연대할 수 있는 거죠.

— **〈마인〉에서 나왔던 에피소드 중 집안에서 공작새를 키운다던가, 차담을 나눈다던가 하는 디테일도 좋았어요. 사소한 것일 수도 있지만 현실감이 더 생기는 것 같더라고요.**

노덕이(공작새)는 재벌가의 애완 고니가 골프장에 날아가서, 누구 고니인지 싸움이 났던 실제 사건이 모티브였어요. 제주도에서 일어난 일인데 그 기사를 보고 너무 웃겨서 작가님께 보여드렸더니 작가님도 너무 웃기다고 하시면서 박원숙 선생님이 애완동물을 키운다는 설정을 넣은 거죠. 처음에 플라밍고였는데 멸종위기종이라 공작새로 바꿨어요.

차담도 공부를 같이 했어요. 비주얼 슈퍼바이저팀과 연출부가 티소믈리에 수업을 수강했죠. 현장에서 차 마시는 장면이 많으니까 한두 명이 배워두면 좋을 거 같더라고요. 재벌가에서 결혼을 앞두고 엄마와 딸, 시어머니와 며느리가 종종 듣는 수업이라고 해요.

현장에 티소믈리에 선생님이 오셔서 배우들에게 직접 가르쳐주시는 날도 있었고요. 예를 들어 '손가락을 찻잔에 총 쏘는 모양으로 끼우는 건 실례다' 그런 사소한 디테일도 살려봤어요.

── 보는 사람 입장에서는 굉장히 눈이 즐거웠던 드라마였어요. 1
회부터 16회까지 의상과 인테리어, 미술 등 모든 프로덕션이
잘되어 있어서, 재밌게 봤어요. 극 중에서 방에 들어가서 산소
를 마시고 나오는 장면도 인상적이었어요.

요즘은 좋은 호텔의 VVIP 룸 같은 곳은 산소를 바꿔주는 데
가 있다고 해요. 물, 공기도 고퀄리티가 있는 거죠.


── 피디님 작품을 보면 컷이나 촬영 구도가 영화 같다는 느낌이 있
어요. 〈마인〉 1부의 경우에는 컷이 많이 나뉘어 있지 않고 딱
필요한 것들만 공들여서 찍었다는 느낌을 받았어요.

〈사바하〉, 〈검은 사제들〉, 〈잠〉을 했던 김태수 촬영감독님과
해서 그렇게 느끼셨을 수 있어요. 세트 촬영이 70퍼센트라 조명
과 촬영을 공들여 할 수 있는 장점이 있었어요. 조명을 우아하고
담백하게 가려고 애를 썼죠. 현실적으로는 편성이 6개월 정도 당
겨져서 4개월 만에 급히 촬영하느라 필요한 컷만 잘 가자는 마음
도 있었어요.


── 작품의 음악감독님이 달파란[21]이었어요. 영화 스태프들과 같이
하신 점이 특이하네요.

달파란 감독님은 드라마가 처음이셨어요. 그전에 〈독전〉 등

---

21) 그룹 '삐삐롱스타킹' 멤버 출신으로 현재 한국에서 가장 활발하게 활동하는 영화 음
악감독 중 한 명이다. 대표작으로 〈곡성〉, 〈암살〉, 〈도둑들〉이 있다.

감각적인 음악이 너무 인상적이었고 OTT를 할 때 〈킹덤〉〈무빙〉 등 영화감독들과 주로 호흡을 맞추셨어요. 〈마인〉이 막장 치정 드라마인데 이런 것도 해보시라고 부탁을 드렸죠. 그랬더니 재밌을 거 같다고 하시면서 웃으셨어요. 이런 장르일수록 전자음악 같은 세련된 음악이 꼭 필요해요.

— 그렇다면 영화처럼 콘티 작업을 따로 하시나요?

큰 신만 해요. 액션 신처럼 큰 신만 하죠. 주로 현장에서 촬영감독님이랑 얘기해서 결정해요. 보시면 알겠지만 현란하게 찍는 게 없어요. 감정을 다 담는 마음으로 해요.

콘티보다는 이 신에서 어떤 감정에 주력해서 찍어야겠다는 거에 좀 더 집중하는 편인 것 같아요.

— 최근 드라마는 컷을 많이 쪼개는 추세 같아요. 가끔은 '굳이 불필요하게 계속 화면을 나눠서 봐야 하나?'라는 생각이 들 때도 있어요. 그런데 피디님의 드라마를 보면 적재적소에 봐야 하는 화면들이 정제되어서 들어간 느낌이에요. 〈마인〉 1부를 보면 왕 회장님이 처음 등장하는 신의 경우, 컷을 나누지 않고 카메라가 쫙 뒤로 빠지는 기다란 컷 하나로 신을 마무리 짓죠.

작품의 리듬감을 상상하고 잡아가는 게 연출이라고 생각하거든요. 〈마인〉은 이야기도 세고, 연기들이 워낙 독보적이다 보니까 품위 있고 클래식한 카메라 워킹이 어울리겠다고 생각했어요. 이걸 〈검은 사제들〉이나 〈사바하〉를 찍었던 촬영감독님이 찍으니까 묘한 스릴러 느낌 같은 게 잘 나왔고요.

이번에는(〈이번생도 잘 부탁해〉) 더 쉽게 찍었어요. 로맨스물이라서 더 편안한 느낌을 줬어요. 현생은 티키타카로 쉽고 재밌게, 반면 전생 장면은 밀도 있게 찍었어요. 아랍의 연금술, 스페인 장면, 임진왜란, 일제시대, 70년대 서커스단 등 열여덟 번의 인생을 풍성하게 만들었어요. 주인공의 천 년 세월을 느끼게 할 장면이 실감나게 전달이 되어야 캐릭터 빌드업이 된다고 생각했죠. 아, 지음이가 저렇게 시간을 보냈구나, 하고 느껴지게요.


## 새로운 기회의 시작, 연출이라는 정체성

— 최근에 미국의 브릴스테인 엔터테인먼트[22]와 연출 계약을 하셨다는 기사를 봤어요. 수석 매니저가 〈마인〉을 보고서 연락해 진행한 계약이라고 밝히셨는데, 어떻게 진행된 건지 궁금해요.

드라마 끝나고 한 달 정도 지났나, 브릴스테인에서 연락이 온 거예요. 작품을 너무 잘 봤다고 장문의 이메일을 주셨어요. 저

---

22) 브릴스테인은 할리우드의 유명 감독과 작가, 배우, 제작사 등의 매니지먼트를 35년 넘게 해온 회사. 배우 애덤 샌들러와 브래드 피트, 피트의 제작사인 '플랜B'가 이 회사에 속해 있다.

를 미국에서 매니지먼트 했으면 좋겠다고 하시더라고요. 처음엔 이게 뭐지, 좋게 봐주시니 감사하다 정도였는데 이야기가 점점 구체화 되는 거예요. 본인이 생각하시는 미국에서의 연출 활동, 작품의 장점에 대한 메일을 주셨고 여러 번 화상회의를 했어요. 〈눈길〉, 〈좋아하면 울리는〉도 보셨대요. 하반기에 LA로 넘어와서 스튜디오들을 만나자고 하시면서 속도를 내셨어요.

개인적으로는 브릴스테인에 영화 〈세븐〉, 〈패닉룸〉 작가, 〈버드박스〉, 〈시카리오〉 감독님 같은 존경하는 크리에이터들이 계시니 그냥 '연락 받은 것만으로도 영광이다'라고 생각했죠.

—— 축하할 일이네요. 앞으로 해외 드라마를 연출할 기회가 생긴 거네요.

처음부터 큰 작품의 메인을 맡는 건 아니고, 시리즈 연출 중 하나로 시작하고 조금씩 올라가 보자고 하셨어요. 헐리우드 시스템에 적응하면서 외국 시리즈를 찍되, 한국에서 합작을 하거나 하는 건 메인이어도 좋고요. 〈버드박스〉 감독님도 유럽에서 자기가 직접 데려와서 하나씩 매니징 하면서 큰 작품으로 넘어 갔대요. 메이저 스튜디오에 소개도 많이 해주셨어요. 그런데 〈이번 생도 잘 부탁해〉 촬영을 시작하면서 시기를 놓쳐버렸어요. (웃음)

—— 미팅을 놓치셨다는 건가요?

아니요. 미팅은 했고 촬영을 놓친 거죠. 〈핸드메이즈 테일〉 등에 연출 제안을 하셨어요. 한 시즌에 연출자 여섯 명 정도를 세우는데, 그중 한 명으로. 그런데 제가 한국 드라마 촬영이 길어지면서 당장은 어려웠고, 시간이 흐르면서 미국에서는 작가, 배우 파업이 시작되었죠.

그분들은 한국 시스템을 이해할 수 없대요. 작가도 연출도 주로 한 명[23], 왜 혼자 그렇게 길게 하냐고 물어보더라고요. 넷플릭스도 〈좋아하면 울리는〉 할 때 "진짜 혼자 연출할 거냐?"라고 물어봤어요. 8부작이라 혼자하는 게 맞다고 생각했는데 미국에서는 이해할 수 없는, 다른 시스템이라고 했어요.

── 미국에서는 회차마다 다른 작가와 연출자가 붙죠. 그래서 연출자와 작가 모두 해당 에피소드에만 더 집중할 수 있는 시스템 같아요.

그게 퀄리티를 위해서 좋으니까요. 집필은 시스템이 되어야 한다고 생각하죠. 미국도 물론 쇼러너가 있지만 작가는 여러 명이잖아요. 작가 한 명이 써서 이야기가 산으로 가면 어떡하고, 피디가 한 명이면 혹시라도 지치거나, 안 맞으면 어쩌냐는 이야기

---

23) 지상파 방송을 중심으로 만들어졌던 한국 드라마에서는 피디 한 명, 작가 한 명이 드라마의 전체 분량을 찍는 시스템이었다. 미국의 경우 에피소드별로 연출자와 작가가 다르고, 그 위에 프로듀서나 크리에이터가 전체 이야기의 구조를 짜고 캐스팅을 하는 등 드라마의 리더가 되는 경우가 많다. 한국 드라마의 경우도 최근에는 규모가 커지면서 공동연출, 공동집필하는 경우가 많아지고 있다.

도 했어요. 하지만 연출과 작가가 한 명일 경우, 좀 더 자기 색깔
을 잘 드러낼 수 있다는 장점도 있죠.

—— 최근에도 자주 소통하고 계신가요?

가끔요. 10년 정도 보고 같이 하자고 하셨어요. 〈If I Had
Your Face〉(너의 얼굴을 갖고 싶어)[24], LA 배경의 한국 엄마가 주
인공인 작품 등을 읽어보라고 숙제를 주셨죠.

—— 그곳에서 만드실 드라마가 기대되네요. 다음 주제로 넘어가 볼
게요. 여성 피디로서 살아가는 얘기를 여쭙고 싶어요. 피디님이
처음 방송국에 들어오셨을 때 여자 피디가 서너 명밖에 없었다
고 하셨잖아요.

맞아요. 저까지 네 명.

—— 여자 후배들이 그 이후로 굉장히 많아진 거죠?

요즘 많아요. 〈눈길〉, 〈연우의 여름〉 때도 여자 조연출이었
어요. 지금은 신입사원 중에 여자가 더 많다고 해요. 예전에 〈씨
네21〉 임수연 기자님이랑 인터뷰 하는데 인상적인 이야기를 해
주셨어요. (여자 피디들은) 섬세하고, 감성적이라는 얘기를 습관
처럼 붙였었는데, 사실 여자라서 그렇다고 연결하는 것 자체가

24) 프란시스 차의 소설로, 강남에 모여서 사는 여자 네 명의 이야기.

무례한 시대인 것 같다고요. 실제로 여자 피디들 보면 성격, 연출 스타일 모두 다 다르잖아요. 사람이 많아지면서 자연스럽게 다양성이 생겨나서 좋아요.

—— '여자 특유의 섬세함'으로 연출을 했다는 둥 그런 워딩은 많이 없어졌어요.

그동안 그런 얘기를 많이 듣긴 했어요. 회사 안에서 여성스럽다는 표현을 들을 때마다, '내가 잘할 수 있을까' 그 생각이 먼저 들었어요. 리더십이 없다는 말로도 들리고. 개인적으로는 '여성이다' 이런 것보다 외향적인(?) 제작 환경이 어려웠어요. 일단은 여러 명이 있는 데서 일을 해야 되는 상황이 너무 스트레스죠. 지금은 많이 익숙해지긴 했는데, 처음 방송국에 왔을 땐, 이렇게 사람 많은 데서 해야 되는 직업인지 몰랐죠.

연출은 100명의 스태프, 20개가 넘는 파트와 모두 얘기를 하면서 그걸 조율해야 돼요. 이런 게 잘 맞는 사람도 있겠지만 (저처럼) 그렇지 않은 성향의 사람도 있는 거잖아요. 큰 소리로 시원시원하게 말하기에는 제가 숫기도 없었어요. 딱 중심에 앉아서 '나를 따르라' 이런 것도 너무 힘들고요. 그게 제 성향인 거죠. 선배들이 저한테 너는 '큐'[25]도 못할 거 같다고. "그렇게 해서 너는 큐, 컷, 오케이 이런 거 어떻게 하겠냐?"고 늘 얘기했어요.

25) 연기를 '시작'하라는 뜻의 명령어.

—— 혹시 목소리가 작아서 그런 염려를 하셨던 걸까요?

네. 그것도 그렇고 다른 분들을 보면, 대장 같은 그런 느낌이 있는데 저는 그런 건 없어요. 하나의 세계를 제 컬러와 아이덴티티를 가지고 만들어보고 싶다는 이상적인 갈망은 있는데 현실에서는 종종 드라마 연출이라는 게 영업사원 같다는 얘기를 하기도 하거든요. 배우도 설득해야 되고 스태프, 작가, 제작사와 조율해야 되는 일들이 많죠. 제작에 돈도 많이 들어가니까 욕망들이 첨예하게 얽히고요. 그래서 저는 조금 어렵더라고요.

—— 피디님은 현장에서 소리 잘 안 지르시는 스타일이세요?

진짜 못 해요. 소리 못 질러요.

—— 그러면 컷, 오케이, 이런 건 어떻게 외치시나요? 그냥 작게 하시나요?

선배님들은 저한테, 제 옆에 앉아서 큰 소리로 외쳐줄 FD[26] 를 두라고 하셨어요. 저는 그냥 "이렇게 갈게요"라고 조그맣게 얘기해요.

재미있었던 에피소드가 있어요. 〈착한 남자〉 찍을 때 송중기 배우가 자기가 보니, 감독님(이나정 피디)이 말하는 걸 사람들이 현장에서 잘 안 듣는다는 거예요. 집중을 안 하고 너무 떠든

---

26) Floor Director의 준말로, 드라마에서 현장 진행을 도와주는 조연출.

대요. 그래서 A팀 감독님한테 가서 자기가 B팀 감독님한테 힘을 실어드리겠다고 했대요. 제가 카리스마가 없으니까 전달이 안 되고 다들 딴짓하는 게 보기에 답답했나 봐요.

저는 촬영하기 전에 '자, 다 모여 봐' 이런 거 못 해요. 그냥 촬영감독님하고 일대일로 만나서 미리미리 다 얘기를 해요. '이렇게 할 거고, 이게 중요하고, 이 감정이 나와야 되고 영상도 이렇게 찍을 거예요.' 미리 다 전달해요. 그러다가 또다시 소품팀 불러서 '이거 안 되고, 이건 해줘' 이렇게 하나하나 다 얘기해요. 의상팀한테 가서 얘기하고, 이렇게 일대일로요. 다 모인 곳에서 말을 못하니까요. 이렇게 하면 얘기가 끝나 있으니 배우가 현장에 왔을 때는 큰 소리로 으쌰으쌰 할 필요가 없죠. 각자 준비하고 떠드는 거처럼 보일 수도 있죠. 다 얘기가 된 상황인데 중기 씨는 몰랐던 것 같아요.

그래서 어느 날, 제가 현장에 도착하니까 갑자기 중기 씨가 "집중!" 이러면서 "모여요, 모여요" 하더라고요. 동그랗게 모이라고 해서 '주목' 하래요. '왜 그러지' 했는데, 진짜 너무 멋있게 "이제, 말하세요, 감독님!" 이러는 거죠. 하고 싶은 말, 다 말하라고요. 속으로 '이미 다 말했는데…' 이렇게 생각을 했어요. 그래도 그날, 고마웠어요.

── **어떤 느낌인지 알 것 같아요.**

준비할 게 너무 많아요. 챙길 게 많은데 완성도에 대한 책임은 제가 지잖아요. 각 구성원의 퍼포먼스가 극대화될 수 있는 방식으로 애기를 하고 조율을 잘하는 것도 연출의 몫이죠.

전 조용히, 한 명씩 만나서 일 이야기를 하는 게 좋아요. 그러면 전달하는 내용의 밀도도 올라가요.

작품별로 색깔이 선명해야 되는데, 다 모여서 이야기하다가 중간 지점에 수를 자꾸 두다 보면 애매해지거든요. 미술 같은 경우도 보통 160퍼센트 정도 준비해줘야 수없이 깎이면서 나중에 결국 8~90퍼센트 정도 돼요. 예산도 없고, 시간도 부족하고, 현장에서 뭐가 안 될 경우에 조금씩 깎이는 거죠. 근데 100퍼센트에서 시작을 하면 최종적으로는 2~30퍼센트 정도밖에 안 남거든요. 그러면 결국 뭘 표현하려고 했던 걸가가 잘 안 보여요.

예를 들어 〈쌈, 마이웨이〉도 네 명의 주인공이 지구에서 제일 행복하고 예쁜 곳에 살아야 하는 설정이에요. 그 넷이 사는 공간을 아주 재밌게 스머프 마을처럼 만들고 싶었어요. 애네처럼 사는 게 행복한 거라는 걸 보여줘야 해서, 이들이 보는 풍경이 세상에서 제일 아름다워야 했어요. 그래서 부산에 가야 했고, 장소뿐 아니라 소품, 의상, 촬영이 전부 매력적이어야 했어요. 그걸 포기하면 신림동 어디 고시촌 회색 벽 아래서 '그래도 청춘이니까 좋지 않냐'라고 술 한잔하고 있겠죠. 그런 배경이 드라마 주제에도 영향을 미친다고 생각해요. 왜 꼭 이 느낌이 필요한지 차근히 설명하려면 한 명씩 만나서 말하는 게 더 편해요.

— 소리를 지르고 윽박지르기보단 부드럽지만 조용히 계속 얘기하시는군요. 제가 스태프 입장이라면 감화가 될 것 같아요. 저분은 저 장면을 진정으로 원하는구나, 하고 알 것 같아요. 강하게 명령하면 반발심이 생겨서 안 하는 경우도 있잖아요. 오늘 인터뷰에서 느끼는 점이 많아요. 여성적 리더십이 무엇인지에 대해서도 생각하게 되고요.

그래도 여전히 어려워요. 너무 많은 사람들하고 얘기를 해야 해요. 저는 두 명이나 세 명하고만 일하고 싶은데 100명과 일하고, 수십 명이 있는 데서 얘기를 해야 하니까 그 점이 싫어요. 근데 만드는 건 재밌어요.

— 감독님만의 방식이 다른 사람들 눈에 안 보일 수 있겠어요.

그들도 어색할 수 있죠. 저 같은 젊은 여성이 전체를 알고 있고, 그녀에게 지휘를 받는다고 했을 때 느껴지는 거부감. 그것도 카리스마 있는 여성이 아니라 어린 여성이, 여자의 말투로 조용하게 말했을 때. 드라마를 컨트롤 하는 말투와 다르다고 느낄 수 있죠. 그래서 교양팀 동기들 보면 큰 소리로 말하는 걸 연습하고 그러더라고요. 저도 해봤는데 잘 안 됐어요. 목소리 떨리고 삑사리도 나고.

그건 있어요. 작품에 대한 확신이나 어떻게 진행할지에 대한 방향성이 오랫동안 준비하면서 생기니까, 충분히 그 방향에 공감만 하면 스태프들이 자발적으로 같이 가요.

─ 드라마뿐 아니라 여자 피디들, 더 나아가서 여성 창작자라면 다들 하는 고민 같아요. 옷차림부터 어떻게 해야 할지, 목소리를 어떻게 할지 고민도 많이 하죠. 어떻게 하면 우스워 보이지 않을지 생각하고요.

옛날에는 일부러 담배도 펴보고 술도 많이 먹는 척했다고 하더라고요.

─ 제 주변에 '악마' 캐릭터를 가진 선배들이 몇 분 계셨거든요. 진짜 무서운 선배들이요. 좋게 말하면 안 먹히니까, 아예 악인이 되길 택하시는 것 같더라고요. 성질을 내야 말을 들으니까.

그렇게 더 강해진 여성 창작자 분들이 많죠. 예전에 치마를 입고 회사에 간 적이 있거든요. 믹싱 날이어서 테이프를 들고 내려가려고 일어났는데 국장님이 나오더니 너 설마 치마를 입은 거냐고 물으시는 거예요. 일어나지 말고 앉아 있으래요.

─ 왜요?

드라마 피디가 치마를 입은 적이 여태 한 번도 없다는 거에요. 예능 피디들은 예쁘게 입잖아요. 멋도 많이 부리고요. 드라마는 딱 대장처럼 보여야 하는 게 있나 보더라고요. 그래서 "저 오늘(야외 촬영 안 나가고) 믹싱 날인데요" 그랬더니 오늘 많이 돌아다니지 않았으면 좋겠다고 하시더라고요. 지금 생각해 보면 걸리시한 원피스도 아니고 그냥 통나무처럼 생긴 청치마 정도였는데. 너무 낯설었나 봐요.

— 시사교양국에 입사했을 때가 생각이 나네요. 다들 노스페이스
나 네파 같은 브랜드의 등산복을 교복처럼 입고 다니셨어요. 그
때는 여자 버전이 나오지도 않아서 남자 옷을 사서 입기도 했어
요. 입사하면서, 그렇게 입어야 하나 고민했어요.

맞아요. 중성적이고 몸매를 드러내지 않는 큰 옷을 찾게 되
죠. 일하는 사람은 남자 같아야 하고, 극 중 여자배우는 헤어, 메
이크업, 의상 다 갖춰서 찍어야 하고… 이상했어요.

— 이 일은 크리에이티브한 일인데… 제작을 구현하는 방식은 크
리에이티브 하지 않아서 그런 것 같아요.

A24[27] 스튜디오 작품들을 보면 소수자, 이민자, 다양한 목소
리를 지닌 사람들의 이야기가 나와요. 크리에이터가 원래 갖고
있었던 자신의 아이덴티티를 작품으로 승화했을 때 나올 수 있
는 반짝반짝한 것들을 그대로 담죠. 창작자가 숨을 쉰다는 게 무
엇인가에 대한 고민을 많이 하게 돼요. (내가) 생긴 대로 숨 쉬는
거 있잖아요. 여자든 남자든, 내향적이든 외향적이든.

— 한국은 OTT가 활성화 된 후, 다양한 정체성의 작품이 나오는

---

27) 〈문라이트〉, 〈레이디버드〉, 〈미나리〉, 〈에브리씽 에브리웨어 올 앳 원스〉, 〈성난 사
람들(비프)〉을 제작한 회사.

거 같아요.

─── 한예종 영화과 대학원 1학년 1학기 첫 수업에 들어갔을 때가 기억이 나요. 그때 교수님이 영화를 버리라고 얘기하시더라고요. "그럼 저희는 뭐 하나요?"라고 물었더니 "OTT 시리즈의 문법을 같이 고민해 보자." '가르쳐주겠다'가 아니라 '같이 고민해 보자'고 하셨어요. 영화과에서는 3막 구조를 배우죠. 그걸 8부작으로 변형한다면 이야기의 전환점이 몇 개나 필요할까? 이런 걸 가지고 수업도 했어요. 정말 격변의 시기가 온 것 같아요. 개인적으로는, 영화과를 가보니 방송을 무시하는 분위기가 깔려 있잖아요. 기분이 좋지 않더라고요.

한예종 수업 중에 '현장과의 대화' 시간이 마련됐다고 강의 좀 해달라고 하셔서 갔었어요. 진짜 그날 충격 받았어요. 반응이 싸늘해서요. 한예종 영화과 분들이 대부분이었는데 방송을 좋아하지 않아요. 이 중에서 드라마에 관심 있는 사람 있냐고, 손 들어보라고 했더니 딱 한 명, 손을 들더라고요.

─── 그래도 영화에서 배우는 것도 있어요. 영화과 공부를 해보니 방송하곤 달라요. 방송 같은 경우에는 70퍼센트까지 제작을 하고, 마감시간이 있기 때문에 제작하다가 중간에 끊어버리는 느낌이에요. 시간이 없으니 80퍼센트나, 90퍼센트까지 만들어보지 못한 거죠. 경험이 없을 뿐, 능력이 없는 건 아니죠. 저는 1학년 때 '이 정도만 만들면 되지 않아? 방송에 내보낼 법한데'

라고 생각했다가, 이걸 다듬을 수 있는 충분한 시간을 주니까 달라진다는 걸 느꼈어요. "내일 다시 고쳐볼까요?" 하고 고치고, 다음 날 "또 고쳐볼까요?" 하고 또 고치면 퀄리티가 올라갈 수밖에 없어요. 영화가 더 엄밀함을 추구하긴 하죠. '시간이 있다는 게 이렇게 좋구나'라고 느꼈어요. 하지만 방송에 내보내야 하는 저희한테 시간이 충분히 주어진 적이 없어요. 재밌는 건, 방송하다가 온 친구들이 영화도 잘 만들긴 해요.

── 저는 드라마 피디는 아니지만 드라마가 재평가받아야 한다고 생각해요. 영화감독만 자신만의 세계를 구축하는 게 아니라 드라마를 서너 편 이상 만든 피디라면 분명히 자기만의 연출관이 있을 거라고, 그게 지금보다 더 조명받아야 한다고 생각해서 이 인터뷰를 꼭 하고 싶었어요.

드라마뿐 아니라 교양, 예능도 그래요. 한정된 예산이나 여러 제약 속에서 방송을 제작하는 분들에 대한 재평가가 이루어졌으면 좋겠어요. 그리고 분장, 소품, 로케이션, 조명 등 한국 콘텐츠를 만드는 전문 스태프들의 이야기도 기록되면 좋겠고요.

── 오늘 긴 시간, 피디님과 이야기를 나누었는데 문득, 다시 과거로 돌아가서 여쭤보고 싶은 질문이 있어요. 방송국에 가야겠다는 생각은 어떤 계기로 하셨는지 갑자기 궁금해서요.

진지하게 언론 고시 준비를 한 게 아니라 7, 8년간 자유로운 생활을 했어요. 영화 만드는 친구들, 음악 하는 친구들, 춤추고,

그림 그리고, 글 쓰는 친구들하고요. 처음에, 전공이 공대였는데 안 맞아서 수능을 다시 보느라 대학생활이 길어졌어요. 졸업하고도 창작하는 사람들을 여기저기 돌아다니면서 만나고 저도 영상을 만들고 그랬어요. 영화를 해야 되나 다큐를 해야 되나 생각은 했는데, 딱히 정하진 않았어요. 그때 글도 많이 썼어요.

그러다가 방송국 시험을 보고 싶은 생각이 갑자기 들어서 알아봤어요. 어차피 스터디에서 받아줄 거 같지도 않고…. 준비를 안 했으니까요. 그래서 할 수 없다고 생각하고 있는데, 입시 전형이 갑자기 바뀐 거예요. 2005년도에 정연주 사장님이 주요 전형을 시사상식이 아니라 작문이랑 면접 위주로 한다고 했어

요. '그러면 일단 지원해 볼까' 하고 시험을 봤는데 합격을 했어요. 면접만 세 번 보고 들어갔어요.

그때 안 들어왔으면 어땠을까? 운이었나, 그런 생각을 해요. 동기들한테도 시사상식 시험 없어졌을 때 들어와서 다행이지 아니었으면 큰일 날 뻔했다고, 종종 그래요.

—— 자유롭게 보냈던 수년의 시간과 시스템 안에서 험난했던 시간이 조화를 이뤄서 지금의 피디님이 되신 거 아닐까요. 평소에는 시간을 어떻게 보내세요?

나오는 거 다 보는 편이에요. 책도 좋아해요. 소설도 보고, 철학서도 보고. 만화, 우주과학, 생물학… 다양하게 보고 읽어요. 아니면 아무거나 골똘히 생각해 보고요. 남들이 보면 그냥 멍 때리는 거죠. 연출자들은 다 그럴 거 같긴 한데, 작품 들어가기 전에 체력을 위해 운동도 열심히 해요. 그렇게 살다 보면 자연스럽게, 하고 싶은 이야기를 만나지 않을까요? 설레는 마음으로 기대하고 있어요. 행복하게 몰입해서 또 만들고 싶어요.

"나라는 한계를 넘어서
타인을 사랑하는 마음."

〈마인 : MINE〉 중에서

*The Drama must go on.*

# PART 3 | 박보람 피디

# 남의 마음을 읽는 자

SBS 〈열혈사제〉 (공동 연출)
SBS 〈악의 마음을 읽는 자들〉

# 남의 마음을 읽는 자

〈악의 마음을 읽는 자들〉이 방송된다고 했을 때, 회사에 이런 말이 돌았다. "도대체 김남길을 어떻게 섭외했대?" 지금도 톱스타지만 당시 김남길 배우는 〈열혈사제〉로 최고의 주가를 올리고 있었다. 이런 말도 들렸다. "그 피디, 이번이 입봉작이라는데?" 톱스타를 섭외할 수 있는 입봉 피디라니. 대체 누굴까. "김남길 배우가 그 조연출 일하는 거 보고, 하도 잘해서 입봉하게 되면 무조건 같이 하자고 했대." 얼마나 일을 잘했으면, 신인 작가, 신인 피디의 입봉작에 톱 배우가 흔쾌히 출연한다고 했을까. 아무튼, 이 소문의 주인공은 당시, 갓 서른이 넘은 박보람 피디였다.

박보람 피디의 첫 연출작 〈악의 마음을 읽는 자들〉은 실화에 기반한 이야기다. 〈그것이 알고 싶다〉로 잘 알려진 권일용 프로파일러가 악의 정점에 있는 연쇄 살인마들을 프로파일링하면서 겪은 소회를 정리한 논픽션이 이 드라마의 원작이다. 사실, 이 책이 드라마가 되어 나온다고 했을 때, 기대와 동시에 걱정이 많았다. 아직은 낯선 프로파일러라는 직업의 탄생 과정을 디테일하게 볼 수 있을 것이라는 기대. 하지만 '연쇄살인마'라는 소재가 갖는 자극성에 대한 걱정. 사실 기대보단 우려가 컸다.

그도 그럴 것이 대부분의 사건이 10~20년밖에 지나지 않은 최근 사건들이었다. 유영철, 강호순, 정남규 등 전 국민이 이름만 대면 아는 연쇄살인마들의 사건이 재현될 터였다. '전 국민이 다 아는 살인마'에 '전 국민이 다 아는 살인 사건'. 관심은 가지만 기억을 되짚어 보면 그 내용이 끔찍해서 외면하고 싶다. 더군다나 희생자들은 대부분 '여성', 강간과 납치도 동반되었다. 끔찍한 '연쇄' 살인마들의 '연쇄' 살인이, '연쇄'적으로 등장하는 드라마는 도대체 어떻게 만들어질까.

이 드라마를 연출한 피디도, 대본을 쓴 작가도 신인이다. 그 둘은 드라마를 만들면서 원칙을 만들었다고 했다. "누구에게도 상처를 주지 말자." 그래서 쓰고, 찍고, 마무리 짓는 그 순간까지 숙고하고 또 검열했다고 했다. 자극적인 소재를 불편하지 않게, 하지만 흥미롭게 전달하는 방법에 대한 고민은 통했다. 입봉 감독에게는 최고의 찬사인 '평단의 호평'과 '시청률', 이 두 마리 토끼를 그녀는 다 잡았다.

이런 무거운 입봉작을 가진 피디를 직접 만나면 어떤 느낌일까. 심각하고 무거운 사람일까. 실제로 박보람 피디는 언뜻 보면 대학생이라고 해도 믿을 정도로 맑고, 밝은 모습이었다. 캡 모자에 편안한 차림으로 인터뷰 현장에 나타난 그녀는 연신 겸손했다. "나 같은 사람을 왜 인터뷰하냐?"고 진심으로 몇 번이나 항변했다. '초보 연출이라서 잘 모르지만'이라는 말을 항상 앞에 달고 이야기를 이어나갔다. 하지만 그 뒤에 이어진 이야기들은 한 가지 주제를 끈질기게 고민해 본 사람이 아니면 할 수 없는 이야기들이었다. 이 인터뷰에서는 현실에 단단히 발붙이고 있는 민감한 주제를 신중하게 풀어내고자 노력했던 젊은 연출자의 고민을 엿볼 수 있다.

모든 창작자에게 '입봉작'은 지울 수 없는 기억이다. 보이지 않는 문신처럼 영원히 흔적을 남긴다. 얼마간의 시간이 지난 뒤에 약간 거리를 두고 바라보면 아쉬웠던 부분이 물밀듯이 몰려온다. 박보람 피디는 한 시절 푹 빠졌던 작품에서 빠져나와 '거리두기'를 시작한 듯했다. 그래서 따끈따끈한 첫 작품을 세상에 막 내놓고, 평가를 받고, 가만히 돌아보는 초심자의 미세한 떨림이 느껴졌다. 이 인터뷰에는 그 '초심'이 담겨져 있다. 그래서 박보람 피디를 만난 이후 나 역시도 기억 저 멀리 보내버린 '초심'에 대해 생각해 볼 수밖에 없었다.

부디 이 인터뷰를 읽는 당신도 그러했으면 좋겠다. 당신의 초심이 기억나는 인터뷰가 되기를 바라며.

—— 우리, 오랜만이죠. 너무 반가워요. 요즘 어떤 드라마 촬영하고 계신지 궁금해요.

일단 제가 회사(SBS)를 나왔어요.

—— 언제요? 전혀 몰랐어요.

2023년, 2월에요. 나온 뒤에 회사(SBS)랑 프리랜서 계약을 해서 SBS랑 같이 만드는 것도 준비하고 있어요. 지금은 용필름에서 제작하는 OTT 드라마를 촬영하고 있어요. 김지운 감독님이랑 같이요. 요즘 김지운 감독님이랑 사무실을 같이 쓰고 있어서 거기로 출근해요. 프리 프로덕션[1] 하고 있어요. 6월 중순 (2023년)에 촬영 시작할 거 같아요.

—— 어떤 작품인지 궁금하네요.

〈망내인〉이라는 찬호께이 작가의 소설을 원작으로 하는 6부작 OTT 드라마예요. 회차 나눠서 촬영하고 연출할 것 같아요.

---

[1] 영화의 개발 단계가 끝나고 난 다음부터 본격적으로 제작에 착수하면서 준비해야 할 일들. 시나리오 발전, 제작비 펀딩, 시나리오를 바탕으로 한 장면 구분표 작성과 연출 계획에 바탕을 둔 스케줄 작성 등을 말한다.

김지운 감독님이 영화 〈거미집〉 때문에 다다음주에 칸에 가시거든요. 그 전에 해야 될 게 너무 많으니까 제가 요즘 연일 야근을 하고 있어서 정신이…. (웃음)

—— 〈망내인〉 촬영은 A팀, B팀으로 나누는 게 아니라 회차를 나누는 거죠?

그렇죠. 프리 프로덕션을 김지운 감독님이랑 같이 하는 이유는 연출부, 제작부, 제작사가 다 영화 제작하는 곳이라서, 시스템을 경험해 보고 싶었어요. 용필름에서 처음으로 하는 OTT 시리즈라서 영화 스태프들이랑 작업하는 그 시스템이 궁금했어요.

—— 몇 주 전에 이나정 피디님을 인터뷰했어요. 이 피디님도 〈이번 생도 잘 부탁해〉 촬영하면서 팀을 영화 스태프로 꾸렸다고 하셨어요. 카메라 감독님도 〈땡반〉 찍으셨던 분, 카레이싱하는 장르 감독님이랑 하신다고 하더라고요. 그런데 시스템이 익숙하지 않으셔서 힘든 부분이 있다고 하시더라고요.

그럴 거예요. 저는 영화 스태프에 대한 환상 혹은 선망 같은 건 전혀 없거든요. 그냥 프리 프로덕션 단계의 시스템이 궁금했어요. 용필름이라는 영화 제작사와 김지운이라는 영화감독, 스태프들이랑 같이 프로젝트를 하게 되면 일정 경력 이상의 스태프들이랑 같이 해볼 수 있는 거잖아요. 그래서 '경험해 보고 싶다. 나중에는 하기 싫을 것 같으니까 지금 해보자. 한 살이라도 더 젊을 때 하자'고 생각했어요. 저는 전공도 방송하고 전혀 관련 없는 거라서요.

── **방송과 관련이 없다면… 어떤 전공일까요?**

경제학이에요. 부전공은 심리학. 방송이나 영화를 전공으로 했던 사람들은 어떻게 일을 하나 궁금했는데, 막상 방송국에 출근했더니 전공이 아닌 사람들도 많더라고요. (웃음)

── **경제학과는 혹시 어떤 연유로 가셨어요?**

사회과학대학 간 다음에 1년 지나서 과를 나누잖아요. 2학년 때 세부 전공 뭐할지 정해요. 경제학과도 있고, 사회학과도 있고, 지리학과도 있고, 사회복지학과도 있고, 뭐 인류학과도 있고. 딱히 뭘 하고 싶다는 생각은 없었고, 경제학이 거의 사회과학대학 인원의 절반이 들어가는 과예요.

── **아, 엄청 많이 들어가는군요.**

경제학과에 가면 취업할 때 선택의 폭이 넓어지니까요. 그래서 일단 경제학과를 골랐죠.

── **전공도 아예 다른데 어떻게 피디 일을 하게 되셨는지, 궁금해지네요.**

전 진짜 어떻게 SBS로 오게 된 걸까요? 운이 좋았던 것 같아요. 사실 어렸을 때부터 TV를 진짜 좋아했어요. 영화 좋아하는 사람들은 극장에서 영화 보는 그 체험 자체가 즐겁다고 얘기하잖아요. 전 어렸을 때부터 TV 보는 걸 좋아했어요. 항상 틀면 뭔가 재밌는 게 계속 나오잖아요. 어릴 때 드라마 예고편을 보면서 '아, 방송국에서 일한다면 뒤 내용을 알 수 있을 텐데' 이런 생각을 했거든요.

대학교에 온 뒤에 '졸업하고 뭐 하지? 공부가 재밌지도 않고 공부를 잘하는 친구들은 많은 것 같은데…'라는 고민이 있었죠. 그러다 모든 피디 지망생들이 이야기하는 드라마 〈그들이 사는 세상〉을 보고 '피디라는 일도 있구나' 하고 알게 되었어요. 그래서 방송국 취직하는 방법을 서치하게 되고, 공채 준비를 하는 사람들이 있다는 것도 알게 됐어요. 그럼, 방송국에 한번 지원해 볼까, 이런 생각을 했던 것 같아요.

처음 지망할 때는 드라마 만드는 사람이 될 자신은 없었어요. 저는 MBTI도 I(내향형)거든요. 단체 생활이 너무 힘들고, 혼자만의 시간이 너무 중요해요. 그런데 드라마는 현장에서 100명이 넘는 사람들과 계속 소통하고 합을 맞춰야 되잖아요. 배우를 대하는 것도 너무 어려운 일일 것 같고요.

학교 다닐 때 방송 관련된 수업을 한 번 들었어요. 그때 MBC 드라마 촬영 현장에 나가볼 기회가 있었거든요. 막상 가보니 힘들어 보이고 우리가 방해꾼 같더라고요. '드라마 일은 너무 힘든 거야, 드라마는 아닌 것 같아'라고 생각했죠. 제가 웃긴 사람도 아니기 때문에 예능도 아닌 것 같다고 생각했어요. 그래서 시사교양 쪽을 생각했어요. 〈그것이 알고 싶다〉도 자주 봤고 〈인간극장〉 같은 휴먼다큐도 좋아했으니까요.

방송사 공채 준비를 하고 있는데 〈인간극장〉 공고가 떴어요. 그래서 뭐지, 하고 가봤거든요. 거기가 유서 깊은 외주 제작사예요. 정확히 기억나지 않지만, 월급이 100만 원보다 약간 많았던 것 같아요. 저는 서울이 본가가 아니기 때문에 월세 내고 뭐 하면 100만 원으로는 도저히 못 살겠다, 싶었어요. 그래서 '저는 아닌 것 같습니다' 하고…. (웃음)

—— 면접까지 봤던 거예요?

합격 통보 전이었는데 제작사에서 미리 얘기해 줬어요. 제가 똑똑하거나 탐구심이 깊지 않다는 것을 대학 시절의 경험으로 알게 됐어요. 과제할 때 '난 똑똑하지 않다', 뭔가 탐구하는 인간은 아닌 것 같아서 시사교양이 내 길은 아니라고 결론을 냈어요. 그 와중에 '어떡하지, 여전히 방송국이 좋은데' 하다가 드라마 피디는 어떨까, 이런 생각을 하게 됐어요.

—— 세 가지 분야 중에서 제일 힘든 드라마 피디를 골랐군요.

그러니까요. 그땐 그렇게까지 생각을 못 했어요. 너무 어릴 때라서요.

—— 입사를 일찍 하신 편이죠?

한국 나이로 스물다섯 살에 했어요.


—— 다들 준비하는 방식대로, 스터디를 하고 들어왔나요?

스물네 살 때 잠깐 바르셀로나에 교환 학생으로 갔다 왔거든요. 그다음에 운이 좋아서 1차 면접까지 갔어요. 아무 생각 없이 면접을 봤던 것 같아요. 남들이 다 하는 답을 얘기했죠. 제 생각이 아니라 예상 답안 혹은 모범답안을 준비해서 그대로 읊은 거죠. 떨어진 다음에 아쉬우니까 한 번 더 해보자 하고, 그다음 해에 들어갔어요.


—— 두 번째 시험 볼 때 서류나 방향이 바뀐 게 있으셨어요?

두 번째는 대단한 사람처럼 보이려고 안 하고 차분하게 했던 것 같아요. 있는 그대로를 얘기하려고 했어요.


—— 솔직하게⋯ 그걸 더 좋게 봤군요.

지금 생각해 보면 그럴 수 있을 것 같아요.


—— 입사 후에는 어쨌든 선배들 영향을 많이 받잖아요. 보람 피디는 어떤 분한테 영향을 많이 받은 것 같아요?

모든 선배들에게 영향을 받았죠. 프로젝트를 하게 되면 거의 하루 종일 붙어 있잖아요. 그때는 심지어 생방[2] 시절이었으니까.

잠깐 씻고 두세 시간 눈 붙이는 시간 빼고는 거의 연출이랑 같이 지내요. 사생활이 아예 없기 때문에 같이 만드는 사람들한테 영향을 받을 수밖에 없죠.

손정현[3] 선배, 제가 존경하는 연출 감독님이거든요. 그분이 이런저런 얘기를 많이 해주셨던 것 같아요. 배우와 소통하는 방법이나 작가를 존중하는 방법에 대해서도요. 스태프들이 잘하는 거를 더 잘하게 해서 프로젝트가 좀 더 나아지게 하는 게 연출의 일이라고 얘기해 주셨죠. 그런 이야기들이 기억에 남아요.

이정흠[4] 선배한테도 많이 배웠어요. 정흠 선배는 젠틀하고 화를 안 내는, 약간 합리적인 선배였던 것 같아요.

—— 같이 만든 드라마는 어떤 거였죠?

〈조작〉이요. 원래 하던 조연출이 첫 방송 3주 전에 갑자기 그만뒀어요. 근데 예고가 나가야 되잖아요. 제가 그때 막 프로젝트를 끝내고 휴가 중이었어요. 심지어 이사도 해야 했고요. 가자마자 예고를 만들었어요. 그런데 인수인계를 해줄 사람이 없는 상황이었어요. 그래서 미술팀한테 인수인계를 받고 막 그랬죠.

---

2) 생방송처럼 당일 촬영하고, 당일 편집하고, 종합 편집까지 마치고 내보내는 급박했던 상황을 '생방 시절'이라는 은어로 부른다.

3) 전 SBS 피디. 〈반짝이는 워터멜론〉, 〈키스 먼저 할까요〉 등 연출.

4) 전 SBS 피디. 〈구경이〉, 〈조작〉 등 연출.

박신우[5] 선배한테 '톤앤매너'를 잘 지키는 게 중요하다는 것도 배웠죠. 제가 박신우 감독님 입봉 단막극을 같이 했어요. 그때는 아무것도 모르고 있었는데 시간이 지나서 선배님이 그 얘기를 했던 기억이 나는 거예요. 또 다른 어떤 선배는 '높은 기준을 가지는 게 중요하다' 이런 얘기를 해주셨어요. 기준을 낮추지 않는 거요.

—— 조연출 때의 경험이 연출이 된 후에 다르게 느껴지겠어요.

연출과 조연출의 차이를 들여다보면, 조연출은 촬영할 수 있게 현장 준비하고 무슨 일이 생겼을 때 해결하는 역할이잖아요. 조연출 입장에서 대본을 보면 아무래도 '준비해야 할 것, 빠지면 안 되는 게 뭐지?' 이런 것들을 생각하게 돼요.

하지만 연출은 일을 벌여서 사람들이 한계를 넘어설 수 있게 만들어야 되잖아요. 생각의 틀을 깰 수 있게 해줘야 해요. 그런데 조연출 때는 어쩔 수 없이 관습적으로 일을 하는 것 같아요. 조연출을 오래 하다 보면 '이거는 아는 거니까 이렇게 하면 되겠네, 저렇게 하면 되겠네' 하고요. 그런데 독창성, 새로운 거, 낯섦에서 오는 그런 감정들이 있잖아요. 시청자들이 봤을 때 세트를 다르게 만들거나, 소품을 다르게 하거나 캐스팅을 전형적이지 않게 하거나 하는. '낯섦'에서 오는 독특한 '좋음'이 있는 것

5) 〈사이코지만 괜찮아〉, 〈남자친구〉, 〈질투의 화신〉 연출.

같아요. 그런 부분이 확실히 다르죠.

저는 틀리는 것도 싫어하고, 다른 사람한테 싫은 소리 하는 것도 싫지만 내가 아쉬운 소리 듣는 것도 싫어하는 사람이에요. 그래서 조연출 때는 누구보다 열심히 했던 것 같아요. 잘했는지 못 했는지는 제가 얘기할 수 없는 부분이지만요.

—— **보람 피디가 일 잘한다는 얘기를 많이 들었어요.**

지금 생각해 보면 조연출의 큰 미덕 중 하나가 연출의 고독함을 달래주는 일이에요. 그런 건 잘 못했던 것 같아요. 문제가 생기지 않게 미리미리 일하고, 항상 여러 가지 대안을 만들었어요. 연출 선배한테 선택지를 두세 개 주기도 했고요. 그런 식으로 일을 했던 것 같은데…. 생각해 보면 고독한 선배를 이해하지는 못한 것 같아요.

시간이 지나니까 내가 그렇게 했으면 선배들이 훨씬 좋아했을 텐데, 싶더라고요. 특히 입봉하는 프로젝트의 조연출이었을 때 선배들이 마음 편하게 찍을 수 있게 만들었으면 좋았을 텐데, 그런 생각을 하곤 해요.

—— **보람 피디는 입봉작 찍으면서 외로우셨나요?**

이 일은 그런 것 같아요. 사실 일하는 환경은 좋아요. 좋은 후배들이 같이 있고 좋은 스태프들, 좋은 배우들이랑 같이했지만 어쩔 수 없이 그런 게 있어요. 각자 상황이 다르고 각자 해야 할 게 다르고, 또 이해한 게 서로 다르고요.

'저항'에 부딪혀야 하는 순간들이 많잖아요. 어떤 선배는 현장에 나가는 게 싸우러 나가는 것 같다고 얘기하기도 해요. 그래서 항상 촬영하기 전과 촬영하는 동안, 악몽을 꾼다고요. 그만큼 편하게 일하고 싶고, 쉽게 진행하고 싶은 마음이 드는 게 당연하잖아요. 저 역시 그렇고요. 내가 일을 덜 하게 해주고, 나를 편하게 해주는 스태프랑 일하고 싶죠.

그런데 그 저항을 뚫고 나갔을 때 시청자들이 전혀 보지 못한 걸 보여주고, 내용을 색다르게 보여줄 수 있는 거니까. 어쩔 수 없이 고독할 수밖에 없는 게 아닌가. 그게 작품에는 좋은 게 아닌가 하는 생각도 들었어요.

현장에서는 어쩔 수 없이 미묘하게 메인(KEY) 스태프와 결이 다른 의견 차이가 있을 수밖에 없어요. 좋은 의견은 받아들이고, 관철해야 할 건 강하게 주장해야 하는 순간들이 있잖아요. 아무리 친한 관계여도, 오래 같이 일을 한 사람들끼리라도 미묘한 지점은 계속 있더라고요. 선배들 얘기 들어보면 너무 편하면 문제가 될 수 있다고 했어요. 편한 걸 경계해야 하는 것 같아요. 그러면 똑같은 복제 작품을 만드는 거잖아요.

── 그런 상황이 주어졌을 때 어떻게 대처하셨나요?

제 생각을 얘기해요. 저는 조연출이든 누구든 이 장면을 이렇게 찍자고 했을 때 항상 '이유'가 있어야 한다고 생각하거든요.

그래서 "왜? 왜 그렇게 생각해?"라는 말을 엄청 많이 해서 사람들이 "어? 왜, 또 나왔다, 또 나왔다" 이래요. (웃음)

제가 누군가한테 '이러한 이유로 이렇게 하고 싶다'라고 얘기를 하잖아요. 그런데 제가 얘기한 대로 다 오케이 해주는 사람은 또 싫어요. 완벽한 정답은 없는데, 제가 생각했던 것보다 더 좋은 아이디어가 있거나 제가 보지 못했던 걸 알려주는 사람이 더 좋아요. 그들의 '이유'가 이 작품에 더 도움이 되죠. 사실 맞고 틀린 건 없으니까. 그러면 그걸 받아들일 때도 있어요. 아무리 생각해도 제가 맞는 것 같으면 그냥 "이게 맞는 것 같다. 이번에 이렇게 해줘야 할 것 같다"라고 이야기해요. 대신 전체 '톤앤매너'는 맞아야 하죠.

── 다시 과거로 돌아가서… 고등학교 때까지 남해에서 자라셨잖아요. 그곳에서의 생활은 어땠나요?

그냥 시골이었던 것 같아요. 완전 깡시골은 아닌 데, 있을 건 다 있는데 잘 생각해 보면 엄청 스트레스 주거나 경쟁적인 분위기, 그런 건 없었어요. 그냥 공부만 열심히 했죠. 저희 때 한창 EBS 강의에서 수능을 출제한다고 할 때여서 인터넷 강의 듣고 친구들이랑 잘 놀고….

── 서울에서만 산 사람이 생각했을 때는 그게 오히려 특별한 것 같아요. EBS만 열심히 듣고, 친구랑 놀러 다니고.

학원에 다닐까 말까 고민했었는데 일부러 안 다녔어요. 제가 받아들이는 속도가 약간 느린 편이에요. 학원은 수업을 일방적으로 하고 결국엔 혼자 공부해야 되잖아요. 근데 인터넷 강의는 듣다가 잘 모르겠으면 멈췄다가 다시 볼 수 있잖아요. 내가 모르는 것만 골라서 들을 수 있어요. 그래서 좋았던 것 같아요. 대신 출제 범위라는 게 정해져 있잖아요. 그래서 모든 출판사, 그때 열한 개였나, 열두 개였나, 교재 출판사 문제집을 다 풀었어요.

그렇게 하고 나니까 '학원에 갈 필요가 있나?' 싶더라고요. 저는 머리로 들어간 게 스스로 소화가 돼야 다른 걸 할 수 있는 성향이거든요. 지금도 마찬가지이지만.

── 그런 성향이 일하면서도 영향을 미치나요?

그런 것 같아요. 내가 납득이 돼야 할 수 있는 것들이 확실히 있는 것 같아요.

유인식 선배[6]가 그런 말을 해줬어요. 작가랑 세 번 회의해서 안 고쳐지는 거면 안 고쳐지는 거라고.

── 작가랑 세 번 회의를 한 후, 이런 부분을 고쳐야 할 것 같다고 얘기를 했는데도 상대방이 못 받아들이면요?

쉽지 않다고 했어요. 저도 그렇게 생각해요. 왜냐하면 사람

6) 〈이상한 변호사 우영우〉, 〈낭만닥터 김사부〉 시리즈 연출

이 계속 한 방향으로 생각하고 있으면 다른 방향으로 생각하기 쉽지 않잖아요. 어차피 이 일은 다 같이 하는 거라고 봐요. 글을 쓸 때는 작가랑 같이 쓰지만, 현장에선 배우랑 같이하게 돼요. 대본에서는 대사도 뭔가 이상한 것 같은데, 배우가 그걸 읽는 순간 느낌이 확 달라지는 순간들이 있더라고요. 그런 걸 보면 배우의 힘이 진짜 큰 것 같아요. 대본에서 좀 불만족스러웠는데 '어? 배우가 리딩을 하니까 괜찮네' 그런 느낌이 들 때가 있어요. 그래서 전 배우들 얘기를 많이 듣는 것 같아요. 또 리뷰라든가….

누군가의 의견을 항상 물어보는 것 같아요. 분명 놓치고 있는 게 있을 거니까.


## 입봉작의
## 설계와 고민


── 〈악의 마음을 읽는 자들〉(이하 〈악마음〉) 얘기로 넘어가 볼게요. 전 〈악마음〉이 좋은 작품이었다고 생각해요, 다시 봐도요. 이 드라마는 어떻게 기획됐고 연출 과정은 어땠는지 궁금해요.

이 작품은 사실 회사 기획팀에서 원작을 사둔 거였어요. 그런데 기획팀에서 대본을 만지다가 잘 풀리지 않은 상태였고요. 설이나 작가님 말고 다른 작가님이 만지고 계셨어요. 그런 상태였는데, 일이 진행되는 동안 설이나 작가님 극본이 공모에서 당선돼서 같이 프로젝트 합평회를 하고 있었죠. 그때 설이나 작가님이 어떤 류의 글을 쓰는 사람이고, 어떤 감성을 가진 사람인지 알게 됐어요. 신뢰도 있었어요. 그 사람이 쓰는 글에 대한 신뢰. 그 사이에 합평회가 끝나고 저는 저대로 여러 프로젝트에 조금씩 들어가 있었죠. 단막극도 하려고 했는데, 회사에서는 단막극을 하기 힘든 구조가 되어버렸어요.

회사에서는 대본이 4부까지 만들어지면 리뷰를 하거든요. 그때 〈악마음〉 리뷰를 했는데 이 작품이 너무 괜찮았어요. 그래서 같이하게 된 거죠.


—— 끌리는 부분이 있었나요?

대본 자체가 몰입도가 있었어요. 제가 시사 교양 〈그것이 알고 있다〉 이런 거 좋아해요. 근데 프로파일러 얘기니까 관심이 갔죠. 어렸을 때부터 열심히 보던 〈그것이 알고 싶다〉의 영향이 있지 않았을까 싶어요.

제 느낌에 시청률이 잘 나올 것 같지도 않았어요. 분명히 대표님도 "시청률 안 나온다. 근데 할 거냐?"고 물으시더라고요. 제가 너무 하고 싶다고 해서 하게 된 거였죠. 원래 이 드라마는 월화 드라마로 잡혀 있었어요.


—— 아, 그래요?

이 드라마가 금토 드라마 재질[7]은 아니잖아요.

── 생각하기 나름인 거 같아요.

금토는 신나거나 마음 편하게 볼 수 있고 좀 더 화통하고, 활극스러운 게 좋다고 생각했어요. 아니면 스타 남·여 배우들과 함께하는 멜로 같은 게 더 맞다고 생각했어요. 근데 어쩌다 보니까 금토 드라마가 된 거예요.

마침 〈열혈사제〉를 B팀으로 찍고 있었거든요. 그때 김남길 선배랑 어느 정도 친분이 있었죠. 제가 단막극을 준비한다고 했을 때 "이 대본 어때요?" 하고 물어봤어요. "재밌을 것 같다. 너 이걸로 입봉한다고 하면 기름값만 받고 해줄게" 이러셨어요.

── 조연출 시절부터, 김남길 배우와 친하셨던 건가요?

〈열혈사제〉가 거의 생방송 수준이었어요. 그때는 그날 찍어서 그날 방송이 나갔거든요. 그런 프로젝트를 같이 하다 보니까 결국 친해질 수밖에 없잖아요. 선배가 저를 좋게 봐주셨죠. 남길 선배가 MBC 공채잖아요. 그래서 방송국 조연출을 약간 딱하게 생각하는 경향이 있어요.

〈악마음〉 대본을 남길 선배한테 줬더니 "괜찮다. 나랑 잘 어울린다" 해서 같이 하게 됐죠.

── 〈열혈사제〉가 첫 B팀은 아니죠?

---

7) 보통 시청률이 가장 높을 걸로 예상되는 드라마, 스케일이 큰 드라마를 금토 드라마로 편성한다.

네, 그전에 이것저것 많이 하긴 했어요. B팀의 경계가 모호한데, 사실 저희는 이제 조연출 고연차만 되면 그냥 (연출자로서) 찍거든요. 일일 드라마가 있던 시절에는 야외 촬영을 하기도 했고, 〈착한마녀전〉이라고 오세강 국장님 드라마 있었는데 그것도 조연출 하면서 B팀 했고요.

— **조연출도 하면서 현장에 나가서 연출 자리에서 큐 사인 하고 그런 거예요?**

맞아요. 〈열혈사제〉 하고 나서 〈펜트하우스 시즌 1〉 B팀 했어요. 〈열혈사제〉는 제가 조연출로 프리 프로덕션도 같이 했고, 촬영 들어가면서 다른 조연출이 한 명 더 붙어서 B팀을 찍었죠.

— **〈열혈사제〉와 〈펜트하우스〉가 비슷한 듯 굉장히 다르잖아요?**

굉장히 다른 유형의 연출 선배들과 같이 했죠.[8] (웃음) 서로 다른 사람들에게서 좋은 걸 배우려고 했어요. 이명우 선배의 유연성이나 재기발랄한 점, 스태프들에게 젠틀하게 대하는 면을 배웠고요. 주동민 선배는, 고통이 느껴질 정도로 정열적이었어요.

— **끝까지 몰고 가시는 스타일이라고 들었어요.**

맞아요. 저한테 그런 면은 별로 없어요. 전 합리적으로 만들

---

8) 〈열혈사제〉는 코믹액션물로 유명한 이명우 피디가 연출했고, 〈펜트하우스〉는 막장 코드가 있는 드라마로 유명한 주동민 피디가 연출했다.

고 싶은 스타일이에요. 괜한 데 힘 빼기 싫어해요. 동민 선배 보면서 '집념이 필요한 상황에서는 또 끝까지 갈 수도 있겠구나' '대본에 나와 있는 것보다 훨씬 판을 키워서 스태프들이 일을 많이 하더라도 작품에 좋은 게 좋은 거다' 하고 느꼈어요. 저한테 없는 면이에요. 돌이켜 보면 저는 타협했던 것 같아요. '괜한 일'이 아니었는데 괜한 일이라고 생각했던 것 같고, 게을렀던 것 같기도 해요. 그런 건 확실히 배우면 되겠다고 생각도 많이 했어요.

— 〈악마음〉의 설계가 궁금해요. 처음엔 대본 4부까지만 받아보고 뒷얘기는 완성이 안 된 상태였던 거죠?

그렇죠. 사실은 모든 드라마가 그렇듯 이야기를 처음부터 끝까지 만들고 가지 않으니까요. 계속 회의하면서 얘기하고 그랬던 것 같아요.

— 프로파일러로서의 성장 과정과 위기 상황을 극복해 가는 서사가 큰 축이잖아요. 16부작에서 12부작으로 줄인 건 이야기를 더 밀도 있게 가려고 그랬던 건가요?

아니요. 회사에서는 무조건 긴 걸 좋아해요. 어차피 똑같이 들어가는 돈인데 회차를 늘리면 비용 대비 광고 수익이 더 있으니까 수지가 더 맞죠. 근데 그때 김남길 선배 스케줄이 뒤가 막혀 있었어요. 그래서 12부작으로 했어요. 그리고 약간 그런 추세가 시작되고 있었어요. 12개씩 하는⋯. 12부작, 14부작도 만드는 그런 추세가요.

— 맞아요. 꼭 16부가 아니어도 된다는 경향이 생기고 있었죠. 어
떻게 보면 마음의 부담은 덜 할 수 있을 것 같아요.

막상 12부작을 하고 보니까 12부 안에 인물의 변화를 다 넣
는 게 힘들구나, 좀 더 길어도 됐겠다고 생각했어요. 뒷부분 에피
소드(송하영이 프로파일러로서 위기를 겪고 극복해 나가는 서
사) 같은 경우에 조금 더 풀어낼 수 있을 것 같은데 짧게 끝내야
하니까 어렵더라고요.

— 작가님도 입봉 작품이었던 걸로 알고 있어요. 설이나 작가님은
어떤 분이세요?

패션 잡지에서 에디터로 계셨어요.

— 피처 에디터를 하셨군요.

맞아요. 구력이 있는 분이세요.

피드백에 대해 수정 반영을 잘하시는 편이세요. 묘사도 좋았
어요. 어떤 사람들은 오글거려서 못 쓰는 그런 묘사도 잘하세요.
잡지사 경험 때문에 묘사를 담백하게 잘 쓰시는 것 같아요.

— 이야기의 순서 구성도 궁금해요. 극에는 우리가 아는 유영철,
정남규 같은 살인자들의 사건이 병렬적으로 등장해요. 살인사

**건이 등장하는 순서의 배치도 같이 고민하셨을까요?**

일단, 시간 순서로 가는 거였어요. 그 사건이 있을 때마다 프로파일러가 더 성장하고 입지가 바뀌는 게 중요해서, 에피소드의 순서를 결정하는 건 힘들지 않았어요.

—— **제작 과정에서는 어떤 게 제일 힘드셨어요?**

아무래도 원작자(권일용 교수, 고나무 기자)가 있으니까 그게 제일 신경 쓰였죠. 죽은 사람의 이야기를 하는 게 아니라 살아 있는 사람에 대한 얘기를 하는 거라서요. 너무 원작자의 진짜 일처럼 보이면 리스크가 있을 수도 있잖아요.

저희가 제일 걱정했던 건 어쨌거나 이게 범죄 사건이고 피해자와 유가족들이 있다는 점이었어요. 이 에피소드를 드라마로 만들면… 그들은 최대한 잊으려고 노력해온 기억을 다시 끄집어내는 걸 수도 있잖아요. 그게 염려스러웠어요. 특히 걱정했던 건 3, 4부에 나온 아기 사건[9]이에요. 이 회차를 만들 때 너무 고통스럽더라고요. 사실은 그 사건의 아빠와 가족이 어떻게 살고 있는지 모르는데 말이에요.

제가 알기로는 당시에 아빠가 아이 오빠에게 동생 좀 보고 있으라고 하고 운동을 가요. 그 사이에 애가 사라져버린 거죠. 이 사건을 다시 얘기한다는 것 자체가 그들에게 너무나 큰 고통이

---

9) 서울 성동구 여아 토막 살인 사건.

될 수 있고, 이 애가 어떻게 하다가 납치되었는지 묘사하는 것 자체가 위험하다고 생각했어요.

그래서 아이가 혼자 꽃을 보고 있다가, 나쁜 아저씨가 와서 데려가는 걸로 바꿔서 찍었죠.

—— **과정에 관한 설명을 아예 없앴군요.**

부모에 대한 설정도 없앴어요. 방송 나갔을 때 그 사람들이 지금 잘살고 있을지, 한국에 있는지, 외국에 있는지 아무것도 모르잖아요. 친척이든 누구든, 누군가의 기억을 소환해 낸다는 게 사실은 겁이 났어요. 부담스러웠고요. 고민을 하다가 주변 서사를 쳐냈죠.

그냥 (납치범) 아저씨가 와서 "아이스크림 먹으러 갈래?" 하고, 바로 아이스크림 사는 장면으로 넘어갔죠. 그 다음에 아저씨랑 애가 같이 걸어가는 장면을 보여줬어요. 제가 그 아이의 아빠면 제정신으로 못 살 것 같거든요. 그런 것들을 최대한 쳐내서, 아예 안 보여주려고 했어요. 사실은 4부에서 엄마랑 아빠가 나오는 가족 에피소드를 다 빼려고 했는데 가해자만 있으니까 그에 대한 리액션이 너무 없더라고요.

—— **그렇죠. 안타깝지만, 슬퍼하는 사람이 있어야 또 감정이입을 할 수 있으니까.**

그래서 이걸 뺄까? 편집 단계에서 장면을 넣었다가 다시 뺏다가… 결국 다시 넣었어요. 최소한의 장면만 넣었죠.

— 아버지 얘기를 안 넣은 건 혹시 시청자들이 아버지를 원망할까
   봐 걱정했던 건가요?

그런 것도 있었죠. 저희는 진실을 모르잖아요. 물론 경찰 입
장에서는 이랬다저랬다 얘기할 수 있겠지만, 유가족들한테 잊고
싶은 기억을 다시 끄집어낼까 봐 그게 제일 걱정스러웠어요. 이
게 과연 의미가 있는 거냐는 생각도 많이 했는데, 얘기해 볼 수
있는 소재라고 생각했기 때문에 진행했어요.

사실 범죄자를 '있어 보이게' 묘사하는 드라마가 많았잖아
요. 그런데 우리는 대사에 나오는 것처럼 '그냥 찌질한 애들일
뿐이다' 악마는 그저 악마, 똑똑하고 범죄를 완벽하게 해내는 존
재가 아니다, '대단하지 않은 존재들, 그냥 찌질한 인간일 뿐이
다.' 그 두 가지를 강조하고 싶었어요. 범죄자를 묘사할 때는 그
렇게 가야 한다는 방향성이 있었어요.

반대로 피해자를 묘사할 때는 혹시나 피해자분이나 유가족
이나 남아 있는 분들한테 상처가 되지 않게 많은 부분을 각색했
어요. 혹은 보여주지 않아도 되는 부분은 화면으로 보여주지 않
으려고 했죠.

— 피해자 서사는 전부 각색됐나요?

거의 각색했죠. 그대로 나간 건 없어요.

—— 담담하게 연출하셨지만 사건 자체는 너무 강해서 나오는 사례
    들이 굉장히 끔찍해요.

  그러니까요. 자료 조사하고 사건 파일을 구해서 읽는 것도
고통스러운데 이걸 맨날 해야 하는 경찰이나 형사가 너무 힘들
겠다, 세상에 몰라도 될 얘기가 너무 많은데 굳이 이것까지 알아

야 하나, 라는 생각이 들더라고요. 촬영하면서 프로파일러가 진짜 힘든 일이라는 생각을 계속했던 거 같아요.

— 사건 중에 어떤 게 유난히 고통스러우셨어요?

경찰들이 쓰는 자료가 있었거든요. 사실 권일용 교수님이 극악한 사진들은 빼고 주셨어요. 그랬는데도 불구하고 너무 끔찍한 거죠.

— 무슨 사건이었는지 기억나요?

그거… 또 생각하니까 토할 것 같아요.

(이 부분부터는 수위가 세서 비위가 약하신 분들은 그다음 장부터 읽으시는 걸 권합니다.)

유영철 같은 경우에 머리를 잘라서 피를 빼려고 했던 거라든지. 그리고 정남규가 시체를 강간한 것, 피해자가 나오지 못하게 문을 잠근 후, 불에 타서 고통스러워하는 모습을 봤다든지. 3, 4부에는 아기가 토막이 나요. 사진으로 검정 봉지만 보긴 했는데 촬영은 해야 하니까 '더미(Dummy, 가짜 모형)'를 만들었어요. (팔 자르는 시늉을 하며) 팔을 이렇게 조각조각 낸 더미가 있었어요. 가짜인데 그걸 보는 것만으로도 너무 고통스러운 거예요. 근데 프로파일러들은 직접 봐야 하잖아요. 그런 것들이 이미 10년은 지난 일인데도 너무 고통스럽다고 생각했죠.

—— 드라마 피디들은 더 그럴 수 있어요. 왜냐하면 감정이 굉장히 중요하잖아요. 직업적인 특징 때문인지 상황에 빨리 공감하시더라고요.

그런가? 빨리 이미지화하는 것 같아요. 머릿속에서 그 이미지가 컷으로 만들어져요. 그 사람이 어떻게 해서, 어떻게 하면서 시체를 포를 떴을까 하는….

—— **다시 섭외 이야기를 해볼까요? 김남길 배우님은 미리 섭외된 상황이고, 진선규 배우님이나 김소진 배우님 두 분은 어떻게 섭외하셨어요?**

김소진 선배 같은 경우, 제가 〈악마음〉 하기 전에 관심 있었던 프로젝트가 있었거든요. 국립정신병원 얘기였어요. 그 프로젝트를 준비하면서 캐스팅 관련해서 김소진 선배랑 미팅한 적이 있었어요. 또 소진 선배님 팬이었고 해서 이 프로젝트 같이하면 좋겠다는 생각이 들어서 대본을 보내드렸죠. 다행히 대본을 좋게 보셨어요.

선규 선배도 마찬가지로 김남길 선배를 '송하영'으로 봤을 때 과연 파트너인 '국영수'가 누가 되면 좋을까 리스트업을 했어요. 원래는 남길 선배보다 더 높은 연배를 찾으려고 했었어요. 근데 생각보다 없더라고요. 누구 할까, 누구 할까 하다가 진선규 배우가 생각났어요. 그전에 배우님이랑 소통이 있거나 그러지는 않았는데 색다른 조합이 될 수 있겠다, 전형적이지 않은? 항상 형사물 보면 남자 배우 투톱이었을 때 그려지는 이미지가 있잖아요. 그걸 다르게 가져가고 싶다는 생각이 들어서 진선규 선배님한테 연락해 봤죠. 그때 영화 준비를 하고 계셔서 안 되는 스케줄이었는데 영화 스케줄이 뒤로 밀리면서 같이하게 됐어요.

저희 입장에서는 운이 좋게, 영화쪽 입장에서는 운이 나쁘게, 그 프로젝트가 전개됐어요. 이런 케이스가 거의 없거든요. 항상 캐스팅 거절당하고…. 그렇게 되면 배우들 섭외가 어렵죠. 전체적으로 운이 좋았던 거 같아요.

—— 운도 좋으셨지만, 김남길이라는 든든한 축이 있어서 가능했던 것 같기도 해요.

그렇죠. 그래서 다른 게 더 쉬웠던 것 같기도 해요. 사실 나머지 두 배우(진선규, 김소진)는 드라마에서 메인으로서의 경험이 없잖아요. 근데 남길 선배는 영화도 하고 드라마도 하는 사람이고, 또 남길 선배가 소진 선배랑 〈비상선언〉이라는 작품을 한 적이 있어요. 〈명불허전〉이라는 드라마를 할 때 진선규 선배가 에피소드 주인공처럼 잠깐 나왔는데, 그때 두 분이 재밌게 찍으셨나 봐요.

남길 선배가 현장에서 다른 배우들 배려를 많이 하세요. 그때 서로 좋았던 기억이 있었던 것 같아요. 생각해 보면 사실 캐스팅에 있어서 남길 선배의 도움이 컸죠.

── 그때 관계가 좋으셨던 게 〈악마음〉 캐스팅에 많은 도움이 됐네
 요. 나머지 분들은 어떻게 섭외하셨나요?

(나머지 중요한 인물들은) 범죄자들이니까 오디션을 많이
봤어요. 저희 드라마 준비할 때가 코로나 시국이라서 그런지 이
런 범죄 사건을 끄집어내서 다루는 프로그램이 진짜 많았어요.
그래서 시청자들은 이미 이런 사건에 많이 노출되어 있고, 범죄
자들의 이미지를 많이 알고 있기 때문에 최대한 외형적으로 유
사성 있는 배우를 찾아야 한다고 생각했어요.

── 깜짝 놀란 건 정남규 역할을 한 배우(김중희 배우)는 정남규와
 너무 비슷해요. 어떻게 저분을 섭외했을까 했어요.

그분이 오디션 보러 들어온 순간 '아, 큰 짐 덜었다'고 생각
했어요.

── 오는 순간, 바로요?

모자를 쓰고 왔거든요. 오디션 와서 앉자마자 모자를 벗는
데… 모두가 깜짝 놀랐어요. 정남규가 살아 돌아왔나? (웃음)

── 머리숱이 없는 것도 비슷한 것 같아요.

맞아요. 배우 입장에서는 기분 나쁠 수 있기 때문에 티를 내
지 않았지만, 오디션이 끝나고 "됐다, 됐다"이랬던 것 같아요.
운이 좋게도 연기도 잘하는 분이었어요. 에피소드의 인물들이

너무 중요한 취조 신에서 많은 분량의 대사를 소화해야 하거든요. 이 에피소드 인물은 특히나 취조 신이 굉장히 많았어요. 그걸 외우는 것도 사실은 힘든 일인데 그 안에서 계속 변화를 줘야 되잖아요. 그 대화에서 범죄자들이 (자기가 범인이) 아닌 척하다가 결국 다 내면이 벗겨져요. 그런 연기는 경험이 없는 배우들은 하기 힘들죠.

처음엔 '괜찮나? 혹시 촬영장 왔는데 노답이면 어떡하지?' 그런 생각이 들어서 사전에 리딩을 많이 했어요. 그 상황에 이입이 될 수 있도록 하기 위해서 권일용 교수님을 모셔왔죠. 제가 부탁을 했어요. 얘기를 들려달라고요. 그 분위기나 상황을 조금 더 느낄 수 있게.

—— 실제로 모의 프로파일링처럼 하시기도 했나요?

맞아요. 대본 보면서 권일용 교수님도 이런 상황에서 본인이 어떤 감정을 느꼈는지, 그들이 어떤 이야기를 했는지 얘기를 많이 해주셨어요. 제가 그걸 요구했고요.

—— 예를 들면 어떤 얘기를 하셨어요?

유영철과 대화할 때 느꼈던 이미지라든가 우호성, 강호순은 처음 봤을 때 잘생겼다든지….

—— 딱 봤을 때 잘생겼다?

　네. 아니면 아들 얘기를 했을 때 굉장히 발끈하던, 흔들리던 감정이라든지. 정남규는 "만약 살아 있었으면 면회를 한 번 더 갔을 것 같다" 이런 얘기도 하셨거든요.

—— **왜 그러셨을까요?**

　정남규가 솔직하게 말해서 그런 것 같아요. 어느 순간부터 이런 이야기도 했대요. 순순히 담배는 끊어도 살인은 못 끊겠다는 얘기를….

자신의 속 얘기를 많이 했군요.

그렇죠. 유영철은 '나 똑똑해. 미국 범죄자들이랑 다를 게 없어. 너무 똑똑해' 이런 태도였대요. 정남규 같은 경우에는 거짓말을 하다가 한 번 들키고 나니까 다 털어놨대요. 제 생각엔 교수님과 라포가 많이 형성된 것 같았어요.

교수님이 얘기해 주신 포인트는 원작인 책에는 없었어요. 결국 만나서 교수님한테 많이 물어봤죠. 그때 꼭 나오는 얘기들이 있잖아요. 그런 감정의 포인트를 잘 가져가려고 했어요.

우호성 취조 장면을 다시 봤어요. 처음에 계속 반박하고 거만하게 있다가 아들 얘기를 딱 꺼내는 순간, 평정심을 잃더라고요. 그다음에 김남길이 DNA 증거물을 내밀면서 고백하고, 사건이 싹 풀리는 구조잖아요. 이 신이 엄청 길더라고요. 긴 시간동안 두 사람이 이야기하는 장면에서 긴장감을 줘야 하는데, 연출을 도대체 어떻게 할까, 고민이 있었을 것 같아요.

리딩을 하면서 배우들에 대한 믿음이 생겼어요.

취조 신 같은 경우, 스케줄을 짤 때 신경 썼어요. 보통 드라마는 하루에 진짜 많이 찍잖아요. 기본 열두 신 정도 찍고, 많이 찍을 땐 정말 더 많이 찍기도 해요. 그런데 유영철 사건이든 정남규든 취조 신이 있는 날은 웬만하면 취조 신 하나만 찍게 일정을 짰어요. 보통 아침 7시 반에 집합하는데 유영철 신 찍을 때는 오전에 리딩을 하고 리허설 할 수 있게 시간을 줬죠. 그리고 오후부터 촬영하겠다고 했어요. 배우가 에너지를 거의 처음부터 끝까지 쥐어짜서 연기를 한 번 하면 다 소모하기 때문에 여러 테이크를 갈 수 없어요. 또, 여러 번 하다 보면 감정이 약해지잖아요. 초반의 신선한 감정이 없어지니까. 그래서 카메라 세팅 같은 경우도 테이크를 많이 안 가게, 셋업을 바꾸지 않게 만들었어요.

—— 여러 개의 카메라를 미리 설치하는 거죠?

맞아요. 카메라 세 대를 설치하고 배우가 테이크를 여러 번 가지 않아도 되게 만들었어요. 집중력 있게 한 번에 할 수 있는 상황을 만든 거죠. 드라마가 1신부터 마지막 신까지 순서대로 찍지 않잖아요. 근데 취조실 신 같은 경우에는 순서대로 찍고 하루나 이틀 사이에 다 찍었어요. 그때의 감정을 기억해야 하니까요. 날을 바꿔서 찍을 수 없어서 아마 배우들도 완전히 갇힌 기분이었을 것 같아요. 사실 그런 감정을 조금 의도하기도 했었고요.

—— 아, 일부러요?

하루 종일 그 안에 있으면 저라도 잡혀 들어온 기분일 것 같아서 배우들이 집중해서 연기할 수 있게 상황을 만들었죠. 그런 상황 만들기에 신경을 많이 썼던 것 같아요.

── 굉장히 인상적이었어요. 어떻게 보면 이건 두 사람이 앉아서 이쪽 찍었다 저쪽 찍었다, 교차로 보여주는 건데, 긴장감을 유지하는 게 대단하다고 느꼈어요. 스토리가 흘러가다가 쫙 쪼여 들어가는 긴장감을 유지하는 텐션이 엄청나다고 생각했어요.

연출 입장에서는 연출만이 보여줄 수 있는 숏을 찍고 싶긴 하잖아요. 그런 거에 대한 욕심이 없지는 않았는데, 이 드라마는 배우의 연기가 잘 전달되게 해야겠다고 생각했어요. 그래서 어떤 숏을 일부러 만들거나, 테이크를 여러 번 가지는 않았던 것 같아요. 배우가 한 호흡에 몰입해서 연기할 수 있게 만들었어요.

연출적인 기술이 있잖아요. 원 신 원 테이크로[10] 길게 간다거나, 조명을 이용해서 빌런들에게 빨간 조명을 쓴다든지 그런 걸 많이 하잖아요. 근데 전 일부러 안 했어요. 숏을 오빌리크[11]를 써서 있어 보이게 만든다든지 하는 것들, 거의 안 하려고 했어요.

── 정제된 것처럼 보이게 하려고 그런 걸까요?

담백하게 가야겠다고 생각했어요. 빌런한테 대단히 빌런스러운 숏을 주지 않으려고 했던 것 같기도 해요. 그 상황 자체가 이미 빌런이니까. 그들이 대단하게 만들어진 캐릭터가 아니라는 느낌을 주려고 특별한 숏을 주지 않았어요.

---

10) 한 장면을 카메라를 끄지 않고 한 호흡으로 길게 찍는 신.

11) 촬영을 할 때 카메라 각도를 일부러 비틀어서 긴장감 있는 효과를 만들어내는 방식.

그래서 프로젝트가 끝나고 난 다음에 연출가로서 뭔가 '연출'을 많이 할 수 있는 작품을 하고 싶다는 생각을 많이 했죠. 현란한 카메라 워킹이라든지 힘 있는 숏이라든지 그런 걸 하고 싶더라고요.

— 처음에 배우들이랑 캐릭터를 만들잖아요. 캐릭터를 만들기 위해 배우와 어떤 식으로 얘기를 하셨어요?

프로파일러인 주인공이 어떤 캐릭터여야 할지 생각해 보니 중요한 건 결국 '공감하는 능력'이더라고요. 피해자한테 공감하고, 또 범죄자에게 공감하는 척하면서 그들의 이야기를 끄집어내는 인물이어야 한다!

— 배우가 대사를 하게 되면 대본 그대로가 아니라 새롭게 만들어 낸 부분들이 많아요. 그런 부분을 끌어내려고 하신 건가요?

김지운 감독님이 며칠 전에 그런 얘기를 하셨어요. 본인은 배우를 타는 감독이래요. 배우한테 많은 영향을 받고 배우의 좋은 점을 잘 살리려고 하는 사람이다, 라고 했는데 저도 약간 그런 편인 거 같아요. 대본에 있는 대로만 하는 것보다 배우가 가진 에너지가 캐릭터랑 만났을 때 더 업그레이드되죠. 그렇게 했을 때 긴 호흡의 드라마 속 캐릭터가 선명해진다고 생각해요.

원래는 극 중 송하영(김남길 배우 배역)이 웃지 않는 캐릭터였는데 남길 선배가 맡으면서 진선규 선배랑 농담도 하는 캐릭터로 바뀌긴 했어요. 둘의 호흡이 자연스러워서 훨씬 좋았죠. 이 무거운 드라마에서 그 부분이 숨 쉴 구멍이 되었던 것 같아요.

—— 의상이나 아이템은요? 진선규 배우가 연기하면서 처음으로 안경을 쓰셨잖아요. 그런 디테일도 배우랑 같이 의논하신 건지 궁금해요.

이 드라마는 일반적인 드라마가 아니니까, 형사 드라마라서 의상에 대한 레퍼런스는 있었어요. 그 안에서 배우한테 잘 어울리는 걸 찾았죠. 안경은 배우가 직접 선택했던 것 같아요. 본인도 자신의 이미지를 아니까 '국영수' 이미지에 맞추려면 안경을 쓰면 좋겠다고 의견을 주셨어요.

—— 레퍼런스로 삼으셨던 작품은 어떤 것들이었을까요?

〈그것이 알고 싶다〉를 많이 참고했어요. 옛날 거. 형사들 나오는 뉴스 장면 이런 거 있잖아요. 그런 거 보면 그 시절에 국과수에서 어떤 옷을 입었는지, 형사들 옷이 어떤지 실제로 다 나와 있잖아요. 그렇게 아카이브를 찾았죠.

—— 그때 옷은 어떤 느낌인가요? 무채색의 잠바 이런 걸까요?

그런 것도 있고, 아저씨들 입는 카라 달린 하늘거리는 셔츠 같은 것도 있었고요. 진짜 조폭처럼 생겨서 쫀쫀한 티셔츠 입은 형사들도 있고. 그런 데서 많이 따왔어요.

## 모든 장르를 다 해볼 수 있다면,

── 초반에 얘기하셨던 근황으로 돌아와 볼까요? 〈망내인〉은 어떻게 합류하게 되셨어요?

〈악마음〉 이후에 어떤 작품을 할지 고민이 많았어요. 읽었을 때 재밌는 걸 하자라는 생각을 했고 그러다가 〈망내인〉 제안이 왔어요. 원작이 재밌어서 '그 프로젝트를 하려면 어떻게 해야 하지?' 고민했어요. SBS에서 가능한 장르는 아니라는 생각이 들더라고요.

── 어떤 얘기인지 궁금하네요

여주인공의 동생이 갑자기 자살해요. 주인공이 동생이 왜 자살했는지 파헤치거든요. 근데 동생의 일이 사이버 불링 범죄와 연관되어 있어요.

── n번방이 모티브가 되었을까요?

닿아 있긴 한데, 조심스러워요. 현재는 프리 작업 단계이고, 대본 역시 계속 디벨롭 중이라서 확실치는 않아요. 이렇게 스트레스 많이 받는 프로젝트를 선택하고 있는 나 자신에게 짜증나고 그래요. (웃음) 다음에는 무조건 사회성 전혀 없는 프로젝트를 하려고요.

── 그런 주제에 원래 끌리는 걸 수도 있잖아요.

그렇죠. 사람들이 그러더라고요. 요즘 〈닥터 차정숙〉이 잘 되니까 다음에 〈닥터 차정숙〉 같은 거, 할 거라고 말하니까 "피디님이 그런 대본을 과연 고를까요?"라는 얘기를 하더라고요. 근데 모르겠어요. 제 꿈은 모든 장르를 다 해보는 거거든요. 그래서 이거 끝나면 그다음엔 진짜 마음 편한 걸로 하려고요. 멜로든 판타지든 다 괜찮아요.


── 원작이 마음에 들어서 퇴사까지 하시게 된 거군요.

방송 쪽이 변하고 있는 것 같아요. 영화 스태프와 드라마 스태프의 경계가 많이 없어졌어요. 사실 영화 하는 사람들도 '지금은 봉준호 감독 빼고는 다 드라마 한다' 이런 얘기를 하고 있으니까. 영화 스태프들이 드라마를 어떻게 하고 있는지 궁금하더라고요. 저도 회사에 10년 있었으니까 드라마 프로젝트를 진행하는 방식은 거의 다 안다고 생각하거든요.

조연출 때는 연출하는 선배를 만나서 배울 기회가 많잖아요. 연출 선배가 찍는 거 보면서 '저렇게 하는구나!' 하고 배우면 되는데 메인 연출이 되고 난 뒤에는 그게 쉽지 않아요. 제가 봤을 때 전 아직 부족한 게 있고…. 누군가에게 더 배웠으면 좋겠는데 하다가 '이 작품을 하게 되면 김지운 감독님 옆에서 새롭게 얻을 수 있는 게 있지 않을까?' 그래서 하게 된 것 같아요.

── 어쨌든 김지운 감독님은 거장이시니까요. 같이 해보니까 어떤 것 같아요?

젠틀하세요. 본인이 연기를 전공해서 그런지 배우들 연기를 끌어내는 것에 굉장히 자신이 있으세요. 잘 이끌어내세요. 오디션 하는 걸 보니까 호흡이나 감정, 이런 것에 대해서 디렉팅을 잘 해주세요.

── 인상적이었던 오디션 같은 게 있어요?

저희는 한 사람 불러놓고 오디션을 거의 한 시간씩 봐요. 디렉션 주고 그 디렉션이 수용이 되는지 이런 것도 보고. 대사의 호흡도 요구해요. '호흡을 좀 잡았다가 뱉어라'라든지 '호흡을 쉬지 말고 한 번에 해라'라든지 이런 식으로 자세한 디렉팅을 주고 그걸 어떻게 하는지 보는 것 같아요.

── 어떤 분들은 드라마가 오히려 시스템이 촘촘하게 짜여 있고, 영화는 약간 헐겁다고 생각하시더라고요.

그런 건 저도 느끼는 중이에요. 예를 들면, 여기는 영화 시스템이어서 캐스팅 디렉터는 없어요. 인물 조감독이 서치하고 오디션 영상을 받거든요. 그런 것도 다르죠. 드라마는 섭외에 로케이션 매니저가 있는데 여기는 로케이션 매니저 없이 제작부가 촬영 장소를 돌더라고요. 그런 것도 방송이랑 좀 다른 것 같아요.

── 그런 부분에서 장단점이 분명히 있을 것 같은데….

단점도 있죠. 캐스팅 디렉터는 '섭외만' 하는 사람들이잖아요. 그것만 했던 사람들은 어쨌거나 레퍼런스나 데이터베이스, 네트워크가 더 많아요. 일을 빠르게 할 수 있죠. 그래서 방송국 후배들이 정말 똑똑한 친구들이었구나 하고 종종 생각해요. 영화 쪽은 순발력이 부족하다는 생각이 들 때도 있어요. 근데 다르게 생각해 보면 그런 것이 요구되는 상황에서 일을 안 해봤으니까 그런 거겠죠.

장단점으로 나누기보단, 상황이 다른 것 같아요. 다른 환경 속에서 다르게 좋은 점들이 있어요.

── 어쨌든 방송은 내보내야 하는 시점이 정해져 있으니까 그거에 늘 맞춰왔잖아요. 이나정 피디님도 그 얘기를 하시더라고요. 정해진 시간 안에 납품한다는 건 대단한 거라고요.

맞아요.


## 급변하는 서사, 급변하는 환경 속에서

── 다른 얘기를 좀 해볼까요? 평소에 어떤 장르를 좋아하세요? 드라마, 영화, 책, 최근에 보신 것들 궁금해요.

김지운 감독님의 루틴이 있는데 진짜 보고 배워야겠다고 느낀 게 있어요. 아침에 일어나서 커피를 내린 다음에 책을 한 시간 동안 보신대요. '이거, 배워야겠다'고 생각했어요. 근데 저는 사실 책 읽는 걸 좋아하진 않아요. 드라마 보는 거 좋아합니다. 하지만 한국 드라마 보면 스트레스 받아요.

— 왜 스트레스를 받으세요?

'나라면 어떻게 했을까? 저 사람은 왜 이렇게 잘 만들었지?' 이런 생각이 들어요.

— 열 받나요? 질투?

어쩔 수 없는 것 같아요. 이 일을 하는 사람의 숙명인 것 같아요. 그래서 미드 보고, 〈그것이 알고 싶다〉 주로 봐요.

— 〈그것이 알고 싶다〉를 진짜 좋아하시는 것 같아요. 〈그것이 알고 싶다〉 얘기를 오늘 인터뷰 하면서도 많이 언급하셨어요.

너무 사악한 범죄가 나올 땐 안 봐요. 제 마음이 지쳤을 때는 안 보는 것 같아요. 그리고 쉴 때는 많이 걸었어요. 집이 가양역이니까 한 15분 걸어 나오면 한강변 길이 있거든요. 대낮인데도 사람들이 운동을 하고 있어요. '뭐 하는 사람들인데 이 시간에 나와서 운동하고 있을까? 저 사람들도 날 보면 그런 생각을 할까?'

── 저 젊은 청년은 이 시간에 왜 배회하고 있나….

'왜 저러고 있지?' 절 보면서 그러려나요? (웃음) 걸으면 생각이 정리가 되는 편이라 좀 많이 걸어요.

고양이 집사여서 고양이 똥 치우고 털 빗겨주며 시간을 보내요. 요즘은 오케스트라 공연을 보러 다니기도 해요. 옛날에 어떤 선배가 클래식을 들어야 한다고 그랬어요. 왜냐면 악장 안에도 리듬이 있잖아요, 템포가. 그런 걸 체득할 필요가 있다는 얘기를 하더라고요. 올해[12] 들어서 교향곡이나 클래식을 좀 들어요. 며칠 전에 〈유 퀴즈 온 더 블럭〉에 조성진 피아니스트가 나와서 얘기했는데, 뒤에 강하게 쳐야 하는 클라이맥스 부분이 있으면 앞에서는 약하게 쳐야 한다더라고요. 강약과 볼륨 조절이라고 할까? 그런 게 필요하다는 얘기죠. 저희도 강약 조절하면서 그 안에서 드라마를 만들잖아요. 그래서 음악을 들으러 다녀요.

── 드라마 피디가 클래식을 들을 땐 어떤 생각을 할까 궁금하긴 해요. 장면 구상을 하시나요? 아니면….

감정을 생각하는 것 같아요. 감정의 강도라든지. 그런 것들이요. '나중에 콘티 작업을 한다고 하면 장대한 클라이맥스가 가기 전까지 컷의 템포를 이렇게 쪼개야지' 이런 걸 생각하는 것 같아요.

12) 인터뷰 당시 2023년.

김지운 감독님은 촬영할 때 계속 그 작품의 주제가를 듣는 대요. 감독님도 그 작품의 리듬을 체화하려고 하는 게 아닐까, 라는 생각을 해요. 어떤 영화감독들은 어떤 프로젝트를 할 때 테마곡 같은 걸 하나 만들어놓고 진행하시는 것 같아요. 그걸 들으면서 그 분위기를 기억하더라고요. '나중에 어떤 장면을 연출해야 되면 이 리듬을 기억했다가 써먹으면 좋겠다'는 생각을 해요.

— 최근에는 어떤 걸 들으셨어요?

차이코프스키 4번이요. 최근에 예술의 전당에서 브람스 공연도 봤어요. 올해 들어서 한 서너 번 간 것 같아요. 재밌더라고요. 그 많은 사람들이 동시에 무언가 같이하고 있는 장면이.

그 와중에 든 생각이, '북 치는 사람은 얼마나 고독할까? 한 사람밖에 없는데.' 그런 생각도 해요. (웃음)

— 콘티 작업은 하세요?

지금 하고 있어요.

(아이패드를 꺼내 콘티북을 보여줬다.)

— 직접 그리신 건가요?

아, 이건 스토리보드 작가님이 그리신 거예요.

제가 그림을 그리기도 하는데 그림보다는 말이 익숙해서 그냥 줄 콘티를 써서 줘요. 제가 정리해서 스크립터한테 주면 스크립터가 이렇게 정리해서 주거든요.

확실히 스토리보드 작업을 하다 보니 그림을 그려서 설명하는 게 빠르더라고요. '그래서 영화감독들이 콘티를 그리는구나' 하고 생각했어요. 말로는 설명할 수 없는 각도나 레벨이나 이런 게 있잖아요. 어떨 때는 못 그리더라도 대충 그려놓기도 해요. 그런 게 재밌어요. 콘티를 그리면서 대본에 대해서 더 생각하게 돼요. 콘티를 하고 나면 드라마 하나 본 것 같은 기분이 들어요. 나중에 다른 프로젝트를 하더라도 대본이 일단 다 나와야 가능하겠지만 꼭 콘티를 그려야겠다고 생각했어요.

—— 다음에도요? 드라마는 16부작을 다 콘티로 만들기 힘들지 않을까요?

맞아요. 근데 콘티를 그려놓으면 스태프들이 일하기도 편하고 준비하기 편해요. 콘티가 있으니 제가 대본을 고치는 게 쉽더라고요. 대본을 이렇게 하고 동선을 어떻게 짜고 숏을 이렇게 가고…. 이런 생각을 하다 보니까 구성에서 이상한 게 보이는 거예요. 그래서 콘티를 짠 후에 대본 고치는 게 훨씬 편했어요. 그렇게 하면 더 좋은 방향으로 고쳐지는 것 같아요.

—— 확실히 그런 건 드라마와 영화 스태프가 서로 협업하면서 생기는 큰 변화 중 하나인 것 같아요.

생각해 보면 불과 몇 년 전에는 드라마 제작의 경우, 콘티를 할 수 없는 환경이었어요. 방송 나가기 일주일 전에 대본 나와서 일주일 동안 찍는데 어떻게 콘티 작업을 하겠어요? 대본이 안 나오면 A4 용지 한 페이지씩 주고 당장 찍기 바쁘죠. 거기에다가 '잠잘 시간도 없는데 무슨 콘티를 해…' 그런 말이 나올 수밖에 없는 환경이었으니까.

—— 드라마 대본이 A4 용지로 한 장씩 나오나요? (놀람)

한 신씩, 한 장씩 이렇게 줬어요. 어떤 상황인지도 모르고 그냥 찍는 경우가 불과 5년 전까지도 너무 많았어요. 대본 전체가 나와 있는 상태에서 촬영에 들어간 건 얼마 되지 않았어요. OTT 드라마가 생기고, 영화 제작사들이 드라마 제작을 하면서 생긴 문화 같기도 해요. 영화 쪽은 대본, 시나리오가 다 나와 있는 상태에서 프로젝트에 들어가니까요. 그게 장점 같아요. OTT 드라마는 전 세계 언어의 자막 작업과 퀄리티 체크를 방송 몇 주 전에 끝내야 해서 생방송 자체가 불가능한 시스템이에요.

—— 그때는 진짜로 생방송 수준으로 찍었네요. 보람 피디가 입사했을 때가 2013년이잖아요? 그때는 여자 피디들이 회사 안에 있긴 했죠?

제 위에 네 명 계셨죠. 제가 회사 들어오려고 시험 볼 때만 해도 여자 피디 안 뽑는다, 올해는 안 뽑는대, 이런 말이 많았어요. 여자는 합격하기 힘든 분위기였죠. 근데 어느 순간부터 여자들이 엄청나게 많아지더라고요.

— 요즘은 어때요?

요즘, 여자만 들어오는 기수도 있어요.

— 두 명 뽑는데 두 명 다 여자인가요?

그런 기수도 있어요. 상황이 많이 변한 것 같아요. 그런 변화
가 왜 일어났는지 잘 모르겠어요. 저보다 더 위에, 선배님 같은
분들이 알 것 같아요.

— 저도 모르겠어요. (웃음)

제가 신입들을 심사해 본 적이 없어서 정말 몰라요. (웃음)

— 저는 심사하러 간 적은 있는데 그때는 남자 둘, 여자 하나 뽑았
던 것 같아요. 뽑을 남자가 없었던 해도 있다고 들었어요.

맞아요. 면접 본 선배들 말 들어보면 여자 후배들은 독기 같
은, 그런 게 있다고 하더라고요.

— 사실 피디는… 체력적으로 힘들잖아요.

그렇죠. 힘들 수 있죠. 근데 52시간 근무제 되고 나서 엄청나
게 편해진 것 같아요. 거의 생방하던 시절에 일을 해서 그런지
너무 여유롭고 좋다, 요즘 그런 생각을 해요.

── 〈악마음〉은 52시간 근무제 적용했나요?

너무 편하고 좋았어요. 어쨌거나 하루에 열다섯 시간만 찍고 집에 가는 거니까. 여덟, 아홉 시간의 여유가 있잖아요. 이동 시간 빼면 한 여덟 시간, 일곱 시간? 잠을 다섯 시간은 잘 수 있어요. 엄청나게 좋은 환경이라고 생각했어요.

── 다섯 시간만 잤는데도요? (놀람)

네.

── 다음 날 촬영이 또 있잖아요?

그렇죠. 한두 시쯤 씻고 누우면 이제 여섯 시 반, 일곱 시에 나가는 거죠.

── 그전에는 어떻게 버텼어요?

그전의 일은 기억이 안 나요. 기억상실, 산재 같아요. (웃음) 진짜로 기억이 잘 안 나요. 그냥 씻고 바로 나가는 거예요.

── 못 자고요? 어떻게 그렇게 살았죠?

그래서 성격이 포악해지고 마음도 삐뚤어지는 게 아닐까요?

── 드라마 피디님 중에 성격이 온순한 분을 아직 본 적이 없어요. 박보람 피디님이 제일 착한 것 같아요.

생각해 보니 조연출 생활은 끝이 있잖아요. 그 끝을 기다리면서 버틴 게 아닌가 싶어요. 어차피 조연출은 끝나는 거니까 일단 연출이나 돼보고 일을 그만둘지 말지 생각해 보자는 마음으로 버틴 거죠.

── 그렇군요. 요즘 대본을 보면서, 서사가 예전과 달라졌다는 게 느껴지나요?

호흡이 굉장히 빨라졌죠. 요즘 대본에 관해 다들 얘기하는 게 뭐냐면 〈재벌집 막내아들〉도 그렇지만 1부에서 인물의 서사를 다 끝내야 된다, 이런 얘기를 많이 하더라고요. 웹툰도 보면 이 인물이 어떤지 초반에 설명이 다 되잖아요. 이 사람이 해야 할 목표가 빨리 설정돼요. 대본의 템포도 빨라진 것 같아요. 시청자들이 고구마를 싫어해요. 그래서 전개가 방방 뛰는 대본이 많은 것 같아요. 주인공이 고민하고 그럴 시간이 없어요. 약간 웹툰스러워진 것 같아요. 멜로 대본은 여전히 잘 없고요. 현실에서도 멜로가 없는 시대를 살고 있어서 그런지 우주에 가서 멜로를 하거나 사이보그와 연애를 하거나 그런 대본이 나오는 것 같아요.

임상춘 작가님이 지금 하시는 작품은 50년대 얘기라고 들었어요. 아주 과거로 돌아가서 멜로가 가능한 시대의 멜로를 하는 거죠. 그전에는 저승사자랑 연애하다가 이제 그것도 약발이 끝났잖아요.

── 그것도 신기한 부분이긴 하네요. 스토리 진행이 빨라지면 나중에 할 얘기가 부족하지 않나요?

그래서 회차가 짧아지는 거 아닐까요. 요즘은 8부작. 길어야 12부작이니까.

── 드라마 속의 여성 서사 관련해서 달라진 점이 있을까요?

확실히 많아진 것 같아요. 사실 플롯이나 캐릭터가 크게 달라진 건 없거든요. 근데 그 역할을 여자 배우가 해도 이야기 전개에 전혀 무리가 없는 것처럼 느껴진다고 해야 할까요? 이를테면 〈구경이〉가 그렇죠. 김은숙 작가님마저 〈더 글로리〉 때 여자 원톱 혹은 투톱으로 만드셨고요.

── 실제로 그런 대본이 제작이나 캐스팅에서 먼저 진행되나요?

두 가지 이유가 있는 것 같아요. 일단 기획 피디나 제작사 대표님, 연출도 그렇고 여성 비율이 높아졌어요. 우리가 어렸을 때는 말괄량이 캔디 같은 류의 드라마를 많이 보고 자라긴 했잖아요. 그런 드라마는 이미 다 봤고 새롭지도 않은 거죠. 남자가 주인공이고 여자가 조력자인 드라마 대본을 보면 재미가 없다거나 이입이 잘 안 되는 것 같아요. 왜냐하면 내가 여자 감독이고, 여자 대표들과 함께 일하고 있는데 이 드라마 안의 여자는 한국 영화에서 여자를 다루는 전형적인 방법에 머물고 있잖아요. 일단 내가 이입을 할 수 없고 공감을 못 해요. 그런 프로젝트들이 올드하다는 이유로, 이미 다 봤던 거라는 이유로 선택되지 않는 것 같아요. 또 동시에 그런 여자 캐릭터들이 드라마로 만들어진다고 해도 주 시청자인 여성들 역시 재미없다거나 너무 올드하다거나 옛날 드라마 같다고 느끼겠죠.

여자 제작자가 많아졌으니 내가 공감할 수 있는 캐릭터가 있는 서사를 하게 되고 여자 캐릭터에 대한 이해도가 높아지는 거 같아요. 그러니까 더 섬세하게 만들 수 있고요. 옛날에는 남자 연출이 많았죠. 여자 작가하고 작업하더라도 연출은 자기가 이입할 수 있는 캐릭터를 더 잘 묘사하기 마련이잖아요.

— 〈닥터 차정숙〉을 최근에 보기 시작했는데 사람들이 좋아하더라고요. 신파 코드가 많지만 생각해 보면 여자 원톱(엄정화 주연)이고 그 사람의 성장기니까 '그래서 사람들이 좋아하나?' 하고 생각했어요.

그 드라마가 클리셰를 벗어났어요. 보통 그런 역할이면 그 여자의 남편이나 아들은 굉장히 잘생기기 마련이잖아요. 근데 차정숙의 남편은 전혀 그렇지 않은 찌질남(김병욱 배우)이에요. 진짜 찌질하고 진상인데 그 남자도 사정이 없다고 할 수는 없어요. 악역인 명세빈 역시 자기만의 논리가 있잖아요. 내가 먼저 그 남자를 만났다는….

묘사도 디테일 하죠. 육아를 하는, 고부 관계에 놓인 여성들이 공감할 요소가 확실히 있는 것 같고. 보통 이런 캐릭터는 그냥 아줌마인데, 이 사람은 의사였다가 레지던트 하다가 이렇게 된 거죠. 엄청 능력자인 아줌마잖아요.

— 맞아요. 그런 사람들이 실제로 많아졌죠. 대학 나와서 경력 쌓다가 애 봐줄 사람이 없으면 그만 두고 육아하시는 분들도 많으니까요.

제 친구들 이야기이기도 해요. 근데 옆에서 지켜보니, 육아가 정말로 세상에서 제일 힘든 일 같아요.

— 최근에 인상적으로 본 드라마는 없나요? 인생작 같은?

당장은 생각이 잘 안 나요. 저는 드라마는 휘발되는 게 의미 있다고 생각하거든요. 영화하는 사람은 '내 인생의 역작을 만들겠어' 이런 생각이 있을 수 있어요. 저는 그런 건 없어요. 드라마는 동시대성이 있어서 좋은 것 같아요. 이 시대에 할 수 있는 얘기를 하는 거. 왜냐면 나의 일상이랑 같이 가는 게 드라마잖아요. 그런 프로젝트를 하고 싶다는 생각을 하면서 제가 만든 드라마 역시 영원히 기억되는 것보다는 그 순간, 볼 때 즐겁고 휘발됐으면 좋겠어요.

— 이렇게 얘기하시는 분은 처음이에요.

그래요? 영원히 기억되는 그런 거, 별로예요. 〈닥터 차정숙〉처럼 집에서 보면서 웃거나 아니면 러닝머신 위를 걷고 있는데

이 힘듦을 다 잊을 만큼 웃기다거나 재밌다거나 그런 게 좋은 것 같아요. 저는 아마도 아티스트는 아닌 것 같아요.

—— 제가 아티스트라고 불러드린다고 크게 달라지는 건 아닌데, 굉장히 TV 피디 같아요.

제가 만든 걸 여태 '작품'이라고 생각한 적이 없어요. '오히려 '상품'에 가깝지 않을까?'라는 생각해요. 그래서 드라마도 그냥 프로그램이라고 부르고 프로젝트라고 얘기해요. 사람들이 '그때 그 작품'이나 아니면 "지금 무슨 작품하고 있어요?" 하면 '작품? 나는 작품 안 만드는데'라는 생각이 먼저 들어요.

—— 겸손하신 것 같아요. 그런 얘기 많이 듣죠?

겸손하다기보다 그냥 그런 생각을 하는 사람인 거죠.

단 하나의 인생 드라마, 인생 영화 그런 거 없다고 얘기하는 것처럼 저도 제 드라마가 그렇게 되길 바라지 않아요. 그 드라마를 보면서 지금 이 순간의 고통을 잊으면 좋지 않을까? 그냥 그런 것 같아요. 현실에서 고민하고 있는 것들이 그 드라마를 보는 순간에는 좀 잊혔으면 좋겠다….

—— 그게 드라마의 중요한 역할 중 하나잖아요. 현재의 시름을 없앨 수 있다는 거.

그렇죠.

## 멋있는 선장보다,
## 환경을 만드는 사람이 된다는 것

── 나중에는 이런 서사를 해보고 싶다, 이런 거 있으세요?

〈망내인〉 프로젝트를 하다 보니 사이버 성범죄에 대해 이야기할 수밖에 없어요. 그 프로젝트를 공부하면서 〈여성과 인권〉에서 나오는 보고서를 봤어요. 한국 여성의 전화 있잖아요.

사실 제가 체력이 약해요. 제 꿈은 세트 드라마만 하는 거예요. 야외는 안 찍어도 되고 세트에서 촬영하는 게 제 '비현실적인' 꿈이에요. 세트를 지어서 전화만 받는 걸 찍으면 어떨까 해요. 성폭력 피해 장면이 나오지 않고 그냥 말로만. 그런 걸 해보고 싶어요. 누가 나보고 하라고 하면 기획할 수 있을 것 같아요. 자료 조사해서요. 그래서 사실은 그 전화가 피해자한테 전화를 받는 거기도 하지만, 전화를 받는 사람이 누군가에게 전화를 해줘야 되잖아요. 해바라기 센터든 어디든. 그걸 소리로 보여주고 싶어요. 그 전화를 받는 사람의 표정이나 이런 걸로 보여주는 거죠. 또, 메시지나 사진 같은 게 오면 그런 이미지가 뜰 거 아니에요? 그렇게 화면에 텍스트만 보여주는 거죠. 시청자가 상상할 수 있게요.

1회당 한 사건씩 하는 거예요. 6부작이나 8부작으로 가는 거예요. 이걸 만드는 게 제 꿈이에요.

—— 소름 돋았어요. 그런 얘기를 하고 싶다고 하시니까.

그래요? 이미 만들어진 대본을 할 거면 밝은 프로젝트를 하고 싶고, 직접 기획해서 하는 건 이런 걸 할 수 있지 않을까라는 생각을 했어요. 피해 장면을 찍는 게 너무 싫어서, 이번에도 어쩔 수 없이 찍어야 되지만…. 배우들이 그렇게 힘든 연기를 하고 있을 때 "이렇게 해볼게요, 저렇게 해볼게요" 하는 제 자신이 너무 싫어요.

—— 하고 싶은 얘기는 있지만, 그 장면을 재현하는 건 사실 힘들죠. 그 자체가 또 폭력성을 안고 있으니까요.

그렇죠. 그리고 내가 경험하지 않은 일이잖아요. 이걸 있는 그대로 묘사해서 나쁜 놈들이 형을 더 오래 살게 할, 사회적 분위기를 만들고 싶다는 생각이 있으면 그렇게 할 수 있을 것 같은데, 지금의 저는 그렇진 않아요.

어떤 피해자가 나한테 그걸 강력하게 요청하면 그렇게 할 수 있을 것 같은데 그런 것도 아니니까. 그래서 그런 프로젝트를 해보고 싶어요.

—— 구체적으로 어떤 면에 끌리나요?

성폭력 상담소에서 그 전화를 받는 여자(상담자)는 과연 어떤 기분일까? 그렇게 전화를 받고 퇴근해서 전철을 타러 나가면 모든 남성들이 예비 범죄자로 보일까? 스스로 리프레시 하기 위한 자기만의 방식이 있을 수도 있잖아요. 형사들이나 프로파일러들이 어떤 힘든 사건을 끝내고 나서 소주를 엄청 먹고 그걸 씻어내는 것처럼. 배우들도 어떤 역할에서 빠져나오기 위해서 특정 시간이 필요하잖아요. 저도 그렇고요. 〈악마음〉을 하고 나서 이 프로젝트에서 빠져나오기까지 시간이 필요했거든요. 그래서 한동안 〈그것이 알고 싶다〉는 안 보고 미드만 봤어요.

—— **감정이입을 할 수밖에 없는 직업이라서 더 그럴 것 같아요.**

감정이입을 잘하는 사람이라기보다 피해자든, 가해자든 '어떤 마음일까'에 대해 계속 생각을 해요. 배우한테도 그 감정을 설명할 수 있어야 하니까요. 드라마는 사실 어떤 '감정'을 전달하는 거잖아요. 그 '장면'을 전달하는 게 아니라. 그래서 그런 것 같아요.

—— **방금 얘기하신 성폭력 상담소 이야기는 너무 궁금한데, 일반 드라마로 만들기는 힘들 수도 있겠다는 생각이 들어요. 좀 다른 플랫폼의, 다른 형식이어야 되지 않을까요?**

맞아요. 넷플릭스 보면 취조실에서만 하는 〈크리미널〉이라는 시리즈가 있거든요. 그런 거 보면서 '제작비 스트레스 덜 받으면서 찍었겠다'라는 생각을 했어요. 연출자는 너무 편했겠다는 생각이 드는 거죠. 로케이션도 안 옮겨도 되고요.

— 기대가 되네요. 회사(SBS) 입장에서는 박보람 피디가 나가서
   아쉬워했겠어요.

　대표님한테 얘기했어요. "대표님, 이 흐름은 거스를 수 없다.
나가는 걸 아쉬워하지 말고 나간 사람이 계속 SBS와 일할 마음
이 들게 해라"고. 어차피 직원이 나가겠다고 하면 막을 수 없거
든요. 왜냐하면 내가 OTT를 보는 시청자인데 OTT 드라마를 만
들고 싶은 마음이 드는 건 어쩔 수 없잖아요. TV를 보는 사람으
로서 방송국에서 방송될 프로젝트를 만들고 싶었던 마음처럼.

　근데 전 SBS랑 진행 중인 프로젝트(〈열혈사제 2〉)가 있어요.
그리고, 만남과 헤어짐은 당연한 거니까 크게 아쉽지 않아요.


— 회사를 나간 후에 배우는 게 많을 것 같기도 해요.

　저는 부족한 사람이라서 뭘 하든, 어디서든 뭐라도 배우려고
하는 것 같아요.


— 겸손하셔서 그런 것 같아요. 사실 10년 차 정도 되면 어깨에 뽕
   들어갈 수 있잖아요.

　아니에요. 어깨 뽕 아무 소용없어요. 전 제가 뭐가 부족한지
잘 알아요.


— '영상' 공부는 정식으로 해본 적 없다고 하셨는데, 그러면 영상
   공부는 어떻게 하세요?

아, 미장센 같은 거요? 다른 사람들이 어떻게 하는지 많이 봐요. 사실 미장센에 대한 부담이 많았어요. 근데 〈악마음〉 할 때 어떻게 생각했냐면, 현장에서 제일 경험이 없는 게 저잖아요. 조연출로서 경험은 많지만 연출로서의 경험은 없으니까요. 그래서 그냥 일을 잘하고 경력 많은 사람들 곁에서 시너지를 잘 내야겠다는 생각을 했어요. 촬영감독한테 나는 이런 신에서 이 감정이 표현되길 바란다는 식으로 얘기를 한 후에, 그에 맞는 숏을 그들이 먼저 제게 얘기할 수 있는 환경을 만든 것 같아요.

—— "이렇게 찍으면 어떨까요"라고 상대가 먼저 얘기를 하게 만드는 건가요?

네. 저는 이제 막 입봉하는 촬영감독이랑 하는 게 아니라 경험 많은 촬영감독이랑 하는 거니까요. 〈악마음〉 할 때는 촬영감독에게 도움을 많이 받으려고 아예 작정을 했어요.

—— 어떤 식으로 얘기를 전달하세요?

이 장면에서 인물의 감정이 잘 보였으면 좋겠다라든가, 아니면 숏의 시작은 이랬으면 좋겠다, 이 신에서 이 컷은 꼭 있어야한다거나, 인물의 동선이 이랬으면 좋겠다거나, 그런 걸 모두 다 얘기해도 되긴 하지만, 보통은 그 신에서 제일 중요하다고 생각하는 것만 얘기하는 것 같아요.

―― '이 신은 중요하니까 꼭 정확하게 찍어야 한다'는 식으로요?

꼭 가져가야 하는 신을 강조하죠.

앵글 잡으면 "이건 좋은 것 같다" 근데 제가 보기에 부족한 것 같으면 "이거는 더 해야 될 것 같다"고 얘기해요. 제가 곁에서 보니까 김지운 감독님도 확신이 있는 상태로 시작하시는 것 같지 않아요. 그냥 하다 보니까 중요하다고 생각하는 게 정해지는 것 같아요. "나도 잘 모르겠어"라는 얘기를 생각보다 많이 하시더라고요. 그래서 좋아요. (웃음)

―― 좋네요. 나만 이런 건 아니구나.

오히려 잘 모르겠다고 하는 게 더 솔직한 것 같아요. 모르는데 아는 척하는 건 바보 같아요. 저는 사실 아직도 확신은 없다, 나도 잘 모르겠다고 솔직히 얘기하는 게 서로 좋은 게 아닌가 싶더라고요.

―― 너무 좋네요. 이렇게 솔직하게 얘기할 수 있다는 게!

방송국에는 저보다 연봉이 더 높은 스태프들이 있잖아요. 무슨 프로젝트를 해도 저보다 돈을 더 많이 받으세요. 그래서 그분들이 더 많은 아이디어를 주시길, 바라면서 이것저것 많이 물어봐요. 경제학과에서 배운 건 그거밖에 없는 것 같아요. 그래서 그들이 신나게 일할 수 있는 환경을 만들어주려고 해요.

—— 부탁을 많이 하시는군요.

그렇죠. 저보다 더 많이 생각하게끔 만드는 것 같아요. 뭔가를 해오면 "만약에 이런 식으로 하려면 또 어떻게 해야 될까" 하고 방법을 물어보는 거죠. 제가 방법을 알려준다기보다는…. 사실 방법은 스태프들이 더 잘 알지 않을까요. 그 사람들이 방법을 찾아야 하는 거니까. 조연출로 일할 때는 해결 방법을 찾는 게 일이잖아요. 저는 그게 너무 익숙하니까 해결 방법을 제가 줄 때가 있더라고요. 그건 좋은 건 아닌 것 같아요. 내가 아는 것만 하게 되잖아요. 사람들한테 방법을 찾게 하고 목적지가 어딘지 얘기해 주면 예상치 못한 선택지를 그들이 줄 때도 있어요. 저는 그게 더 좋아요.

밖에서 볼 때 멋있는 선장이 되기보다는 스태프들이 잘 할 수 있는 현장을 만들고 싶어요. 잘 일할 수 있게. 저도 계속 많이 배우고 싶어요, 그런 사람들로부터.


—— 피디로서의 삶은 만족하세요?

만족해요. 여전히 드라마 보는 게 재밌거든요. 그래도 제가 재밌는 걸 하고 있으니까. 아까 얘기한 것처럼 뜻하지 않게 제가 만든 드라마로 인해 "프로파일러로서 많은 힘이 됐다"라는 얘기를 들으면 '뭐야, 내가 한 일이 의미가 있네' 이런 생각도 하게 되고요. 누군가가 이 드라마 때문에 하루에 한 시간씩 즐겁게 보냈으면 그걸로 충분히 즐거운 일이 아닌가. 요즘은 유튜브가 더 재

있긴 하지만요. (웃음)

연출은 일을 안 할 때가 꽤 많잖아요. 생각만큼 빨리 진행이 되지 않아서 시간이 뜰 때가 많아요. 어느 날 동생이 저보고 일이 없는 거냐며, 그러면 자기랑 같이 유튜브를 하자는 거예요. "동생아, 너의 걱정은 고맙지만 아직 내 걱정은 안 해도 된다, 너 일이나 잘해"라고 했어요.

나중에 제가 유튜브 드라마를 할 수도 있죠. 그것도 재밌을 것 같아요. 아주 소수 인원으로만. 짧게 시간 내서 몇 명이랑 만들 수도 있잖아요. 제작비 많이 안 들이고. 근데 요즘 상황을 보면 유튜브가 드라마보다 더 어려울 것 같다는 생각도 들어요.

— 재밌을 것 같아요.

인생 한 방이죠.

— 맞아요. 인생은 한 방. 평소에도 그런 생각을 하나요?

농담처럼요. 무겁게 생각하지 않으려고 주문처럼 외우는 것 같아요. 지금 행복한 사람이 나중에도 행복한 사람이죠. 저는 이 일을 안 했어도 행복할 사람은 행복할 거라고 생각하거든요.

어제 안 그래도 스태프들이랑 회식하면서 얘기를 하는데 출산에 대해 얘기가 나왔어요. 여자 스태프가 "솔직히 출산을 후회한다. 내가 아기 때문에 희생해야 되는 거 너무 많고, 아기한테도 미안하고 가족들한테도 미안하고, 여러 사람들한테 미안한 게

너무 힘들다"고 얘기하는 거예요. 근데 제가 생각할 때, 우리가 만드는 드라마보다는 출산이 더 의미 있는 일 같거든요.

── 그분은 아기가 어리세요?

두 살이라고 했던 것 같아요.

── 힘든 시기네요.

저는 아이를 키우는 일이 드라마 만드는 것보다 더 의미 있는 것 같다고 얘기했어요. 그 이야기를 듣고서 그 자리에 있던 사람들이 놀라더라고요.

── 저도 어떨 땐, 그게 더 의미 있는 일이라고 생각해요. (웃음)

"그 선택의 순간에 옳은 결정을 내리는 건,

역시 '나'이고요."


〈악의 마음을 읽는 자들〉 중에서


*The Drama must go on.*

# 푸근하고 편안한
# 리더십 구축하기

# 푸근하고 편안한 리더십 구축하기

정지인 피디와는 구면이다. 12년 전, 여자 피디들과 함께 인터뷰하는 자리에서 만났다. '3.8 여성의 날'을 맞이해 〈여성 피디들의 삶〉을 이야기하는 대담이었다. 당시 〈에덴의 동쪽〉 촬영을 마치고 헐레벌떡 찾아온 정지인 피디는 이렇게 말했다. "산이나 바다에 촬영 갔을 때 가장 힘든 게 뭔지 알아?" 한 피디가 답했다. "생리현상?" 모두가 폭소했고, 동시에 공감했다. 나 역시도 난감했던 기억이 있다. 산속에서 촬영하다가 아무렇지 않게 쓱, 뒤를 돌아 볼일을 해결하는 선배들을 보며 무안했던 기억. 동시에 '나의 볼일'을 해결하기 위해 선배들이 점처럼 작아질 때까지 달음박질쳤던 기억.

"신입 여자 후배가 살짝 물어보더라고. 현장에서 어떻게 해결해야 하냐고. 해줄 말이 없어서 '케이스 바이 케이스'라고 했어. 어떤 선배는 우산이랑 월남치마로 해결했대."

(2011. 3. 17. 〈피디저널〉 인터뷰 중)

12년 뒤에 만난 정지인 피디는 〈옷소매 붉은 끝동〉으로 소위 '대박 피디'가 되어 있었다. 그녀는 이번에도 '생리현상 해결법'에 대해 입을 열었다. "그때는 '우산과 월남치마'를 조용히 챙겨 들고 어디론가 사라졌다면, 이제는 '이동식 화장실'을 어떻게든 마련해요." 그마저도 어렵다면 제작팀한테 화장실이 가까운 장소를 최대한 찾아달라고 부탁한다. '피디님의 명령' 덕에 지난 10년 동안의 구습이 해결됐다. 아무렴, 피디님인데 우산과 월남치마를 들고 숲속으로 한참을 사라지시면 그날 촬영에 지장이 있지 않겠는가.

2005년에 입사해 올해로 19년 차인 정지인 피디는 위로 여자 선배가 세 명뿐이던 MBC 드라마국에서 5년 만에 뽑힌 여자 신입이었다. 〈커피프린스 1호점〉의 이윤정 피디가 한국의 1세대 여성 드라마 피디라면, 정지인 감독은 2세대에 해당한다. 정지인 피디 이후로는 해마다 여성을 한 명씩 뽑았고, 지금은 심지어 여성 합격자 수가 남성 합격자 수를 상회한다. 지금 현장은, 여성 스태프의 비중이 절반에 육박한다. 그러니 '야외 화장실' 문제 해결은 감독 본인뿐 아니라 모두를 위해서 꼭 필요한 셈이다.

지금에 이르기까지 정지인 피디가 화장실 문제만 해결했던 건 아니다. 그녀는 지금도 후배들에게 이야기한다. "성폭력 문제가 일어나면 절대 참지 말아라." 왜냐고 물으니, 단번에 대답이 돌아온다. "이번에 참으면, 다음에 이런 일이 다른 사람한테 또다시 벌어지기 때문에요." 위력형 성폭력은 그게 '문제'라고 정확하게 얘기하지 않으면 다시 발생할 가능성이 크다. 그녀는 '성공작이 없을 때'도, '성공작이 있을 때'도 이 문제에 대해 꾸준히 목소리를 냈다. 심지어 그녀는 최초로 미니 시리즈 스태프들에게 성폭력 예방 교육을 했다. 스태프들과 공유하는 대본집 가장 앞 페이지에도 서로 지켜야 할 성폭력 관련 규약을 집어넣었다. 역시나 그동안 전례가 없었던 일이다.

이 모든 걸 해낸 사람. '강성'으로 느껴질 수 있겠지만, 이야기하다 보면 연신 웃음이 터질 정도로 사람을 무장해제시키는 매력이 있다. 유연하고, 감성적이고, 부드럽다. 그녀의 드라마들도 마찬가지다. 17퍼센트가 넘는 시청률과 '올해의 드라마상', '올해의 피디상'을 안겨준 〈옷소매 붉은 끝동〉은 자신이 선택한 삶을 지키고자 하는 궁녀의 가슴 아픈 사랑 이야기라는 로그 라인을 갖고 있다. 그런데 그 가슴 아픈 사연 속에서도 드라마를 보고 있으면 연신 웃음이 터진다. 드라마에 출연한 배우들은 모든 인터뷰에서 정지인 피디를 극찬했다. 이산 역의 이준호 배우는 드라마 촬영이 끝난 지 6개월이 지났는데도, 피디와 포옹하는 사진을 자신의 SNS에 올리며 '정지인 피디는 팀워크를 만들어내는 감독'이라고 그녀를 칭했다.

인터뷰를 마친 뒤, 이 팀워크가 어떻게 가능했는지 비로소 이해했다. 그것은 '불편함'(생리현상 해결법을 포함해)을 없애주려는 노력 덕에 가능했다. 모두가 평등하고, 편안하게 집중할 수 있는 환경을 만드는 노력. 그리고 그러한 환경이 유지될 수 있는 (성폭력 규약을 포함한) 최소한의 약속과 규범을 만들려는 노력. 그러한 노력이 있다면 나라도 안심했을 것이다. 그리고 편안했을 것이다. 일하기에도, 연기하기에도, 연출하기에도. 그 노력이 특유의 푸근하고 편안한 리더십을 발휘하는 리더에게서 나온다면 모두가 기꺼이 최선을 다할 것이다.

이 인터뷰에는 2024년 〈정년이〉를 통해 다시 한번 성공을 모색하는 정지인 피디의 '팀워크를 구축하는 법' 에센스가 담겨 있다.

— 이 책을 보는 분들은 대체로 피디 지망생이거나 현업에서 일하
시는 분, 혹은 피디님의 드라마를 재밌게 본 사람, 피디님한테
호감을 느끼고 있는 추종자(?)이지 않을까 싶어요. 어쩌면 크
리에이티브한 일을 하시는 분일 수도 있죠. 그래서 피디님이 어
떤 사람인지 인터뷰에서 더 오픈해 주시면 좋을 것 같아요. 그
나저나 진짜 오랜만이에요.

네. 오랜만에 뵙네요. 진짜, 진짜, 진짜. 십몇 년 만이죠.

— 세월이 많이 느껴지죠?

저도 그렇게 보일 것 같긴 한데, 시원 피디님은 대담회 때 만
났을 때, 입사하신 지 얼마 안 됐던 느낌이었어요.

— 전 SBS에 2008년에 입사했어요.

그쵸? 오기 전에 잠깐 찾아봤는데 〈꼬리에 꼬리를 무는 그
날 이야기〉(이하, 〈꼬꼬무〉) 지금 하고 계시죠?

— 네, 지금 〈꼬꼬무〉 팀장이에요.

저 〈꼬꼬무〉 너무 좋아해요. 요새 일이 많아 본방송을 못 챙

겨 봐서 아쉬워요. 〈꼬꼬무〉가 감정선을 쌓아가다 막판에 이러잖아요(손으로 소용돌이를 치는 시늉). 이번 주에는 이미 모두가 울고 있을 때 보기 시작해서 아쉬웠어요. 저걸 처음부터 봐야 하는데…. 교양 프로그램은 그런 게 좋아요. 사람들의 타임라인이랑 맞아떨어지는 작품을 한다는 거요.

요즘 드라마는 특히나 사전 제작 기간이나 반사전 제작 기간이 길어서 항상 그런 생각을 해요. '이 드라마가 1년 뒤에 나갈 때 사람들이 좋아할까?' 동시대성이 별로 없기 때문에…. 심지어 겨울에 촬영했던 걸 여름에 내보내고, 여름에 촬영했던 걸 겨울에 내보내니까요. 겨울옷 입은 걸, 여름에 보기만 해도 더운데 봐줄까? 요새는 그런 고민을 항상 하는 것 같아요.

—— 지상파도 예전보다 사전 제작[1]을 많이 하죠?

그렇죠. 아무래도 노동 시간의 영향이 있으니까요. 요새는 스태프들도 주 52시간에 맞춰서 일을 하니까. 지금 준비하고 있는 〈정년이〉는 (2023년) 9월 촬영 목표로 준비 중이에요.[2] 후반 작업을 고려했을 때 방송은 내년(2024년) 하반기나 되지 않을까 싶어요. 처음 그 작품을 제안받았던 건 추석쯤(2022년 가을)이었던 것 같아요.

---

1) 드라마의 촬영을 마친 후 릴리즈 혹은 방송하는 것을 '사전제작'이라고 한다. 2020년대 이전에는 대부분의 드라마들이 방영하면서 동시에 촬영을 했다.

2) 인터뷰는 2023년 4월에 진행했다.

── 전체 제작 기간이 2년 정도 걸리는 거네요.

그렇죠. 사실 기획이 완전히 돼 있고 캐스팅까지 싹 다 돼 있는 작품에 들어가면 제작 기간은 훨씬 줄어들긴 하죠. 그런 작품도 제안을 받긴 했는데 어쩌다 보니까 이번에도 준비 기간이 긴 작품을 하게 됐어요.

── 그 얘기는 잠시 후에 다시 여쭤볼게요. 약간 타임 슬립을 해서… 시간 순서대로 여쭤보려고요. 피디님이 처음 입사하실 때로 돌아가 볼게요.

진짜 엄청난 타임 슬립이다! (웃음)

── 피디 시험을 보신 때가 2005년 전후였을 것 같은데, 제가 알기로는 당시 다른 회사를 다니다가 옮기셨다고요.

다른 회사[3]를 1년 정도 다녔어요. 영화 잡지사에 1년 정도 있었죠. 그게 2004년일 거예요. 엄청난 타임 슬립이네요.

── 드라마 피디가 꼭 되어야겠다고 생각하셨던 건 혹시 언제쯤이세요?

어렸을 때는 당연히 그런 것까지 생각 못 했죠. 피디라는 직업이 있다는 건 중학교 들어가서 알았어요. 제가 신문방송을 전

---

3) 정지인 피디는 영화잡지 〈무비위크〉의 기자였다.

공하긴 했는데, 그때만 해도 영상 관련 작업을 할 거라고는 생각 안 했던 것 같아요. 한다고 해도 뭐 기자나 저널리스트나 이런 걸 생각했죠. 그러다가 학교에 들어가서 보니 공연 같은 것에도 관심이 있었어요. 또 영화는 언제나 좋아했어요. 이것저것 좀 깔짝대다가 사실은 영화 쪽 일을 하고 싶었는데, 그때만 해도 제가 감독이 아니라 마케팅이라든가 제작, 프로듀서 쪽에 더 관심이 있었던 것 같아요.

그런 걸 준비하고 있었는데 영화 잡지에 구인 공고가 떴어요. 어차피 당장 졸업해서 영화사에 갈 수도 없고 연극영화과 전공을 했던 상황도 아니고 해서 잡지사 기자로 시작했던 것 같아요. 사실 휴학도 하고 싶었는데, 그때 부모님이 정말 필사적으로 휴학하는 걸 반대했던 상황이어서 곧바로 취직을 했어요. 지금 생각해 보면 그럴 필요도 없었는데 말이죠.

진짜 스트레이트로 대학 4년 내내 딱 다니고 졸업했거든요.

—— 영화 잡지사의 기자 일은 어떠셨어요? 초반에는 주로 어떤 일을 하셨어요?

그때는 취재 기자였고, 처음으로 영화 촬영 현장에 가봤어요. 보면서 느꼈던 게 '아, 영화를 취재하거나 그거에 대해 평을 하는 작업보다 실제로 저 일을 하고 싶다'는 생각이 많이 들었어요. 이야기에는 언제나 관심이 많았으니까요. 근데 영화감독을 하려고 보니까 경로 자체가 불분명해 보이더라고요. 무엇보다 돈이 안 된다는 얘기를 주변에서 너무 많이 했어요.

사실 감독님들 인터뷰할 때 얼마나 힘들게 감독이 됐는지 너무 많이 들어서…. 돈을 못 받으면서 오래 버틸 자신도 없었어요. 차라리 어떻게든 드라마 피디를 준비하는 게 낫지 않을까 싶었어요. 그나마 신문방송학과를 다녔으니까요. 주변에서 준비하는 사람도 많았고. 저 루트가 내가 '이야기 장르'를 하는 데 조금이라도 더 빠른 길이 아닐까 해서 방송국 시험 준비를 했어요.

—— 어렸을 땐 어떤 영화를 좋아하셨어요?

딱히 장르에 대한 취향이 분명했던 건 아닌 것 같아요. 영화도 영화지만, 사실 집에서 늘 드라마를 봤어요. 집에서 부모님이 볼 때도 같이 보고. 중학교 때 미니 시리즈 시간대가 9시 반? 9시 50분이었는데 엄마가 못 보게 하는 게 그렇게 서러웠어요. 중학생이니까 일찍 자라고 하셨어요.

—— '공부해라'가 아니라 '일찍 자라'고 하셨다고요?

네, 일찍 자라고요. 아니, 늦게까지 공부하는 건 괜찮은데 공부 안 할 거면 차라리 일찍 자라고 하셨어요. 생각해 보면 제가 어렸을 때 드라마를 진짜 많이 봤더라고요. 주말 연속극 같은 것도 너무 좋아했고, KBS 대하 사극도 당연히 좋아했고. 고3 방학 때 보충수업을 하는데 그때 MBC에서 〈아들과 딸 – 명작극장〉을 방영했거든요. 그거 보느라 오전 보충수업을 안 갔어요. 엄마한테 거짓말을 했죠. 보충수업이 오후부터라고. 엄마가 그걸 믿었다는 게 진짜 신기한데….

—— 드라마를 보기 위해서 학교 수업을 빼졌다고요?

네. 그걸 보고 나서 점심 먹고 학교에 가면 선생님이 진짜 어이없어 했어요. 제가 (드라마를) 아주 좋아하긴 했던 것 같아요. 원래 한번 '덕질'하면 한도 끝도 없잖아요. 제가 좋아하면 푹 빠지는 스타일이라서. (웃음)

—— 특별히 어떤 작품을 좋아하셨는지 들을 수 있을까요?

어렸을 때는 당연히 〈아들과 딸〉[4]을 너무 좋아했는데….

입사 시험을 볼 때 입사 동기는 〈아들과 딸〉, 그 드라마를 본다고 본고사였나, 논술고사를 빼먹었더라고요. 그래서 삼수했다는 얘기를 최종 면접장에서 했어요. 옆에서 그 이야기를 들으면서 '아, 나는 아무것도 아니었네'라고 생각했죠. (웃음)

—— 대단하시네요…. 그 정도로 드라마를 좋아하셨구나.

그때 같이 시험 본 최준배 피디[5]는 함께 입사했고, 지금도

---

4) 1992년부터 MBC에서 방송된 64부작 드라마로 최수종, 김희애, 한석규, 신애라 등 당대의 스타급 배우들이 출연했다. 남아선호사상이 뿌리 깊은 집안에서 태어난 이란성 쌍둥이에 관한 이야기다.

5) 〈스틸러〉, 〈마우스〉 등을 연출.

여전히 현장에서 함께 일하고 있어요.

—— 그해, 두 분이 같이 입사하셨어요?

두 명 더 있었어요. 김상혁[6], 이재진[7] 이렇게 넷이 입사 동기예요. 그해에 많이 뽑았어요. 운이 좋았던 것 같아요. 몇 년 만에 처음으로 드라마 피디랑 예능을 구분해서 뽑았거든요. 그때 교양이 셋이었나? 예능 셋, 드라마 넷 이렇게 들어간 것 같아요.

—— 그전에는 예능과 드라마 피디를 통합해서 뽑았나요?

선배들 때만 해도 통합해서 뽑다가 몇 년 뒤에 직종 구분해서 뽑았다고 하더라고요. 그래서 시험 방식이 좀 달랐어요, 그때는. 필기시험은 공통으로 봤고 1차 면접은 드라마 쪽 선배 피디들이 와서 봤어요. 그때만 해도 합숙 면접도 있어서 1박 2일 동안 시험을 봤죠. 드라마 피디 지망생들만 모아놓고서 1박 2일 동안 시험을 봤어요.

—— 피디님은 MBC에서 오랜만에 뽑은 여자 피디였죠?

그렇죠. 2000년에 입사했던 김경희[8] 선배가 있었는데 그 이후로 간만에 뽑혔죠. 제가 2005년 입사니까 5년 만이죠.

6) 〈7급 공무원〉 등 연출.

7) 〈세 번째 결혼〉, 〈별별 며느리〉 등 연출.

8) 〈운빨로맨스〉, 〈365 : 운명을 거스르는 1년〉 등 연출.

── 저희 회사랑 비슷하네요.

그렇죠? SBS는 (여자) 드라마 피디를 저희보다 더 늦게 뽑았던 걸로 알고 있어요.

── 2008년에 입사한 제 동기들이 SBS의 첫 여자 드라마 피디였어요.

그럴 거예요. KBS가 먼저 뽑기 시작했고, 이나정 피디님이 아마 저랑 비슷한 해에 입사하셨을 거예요. KBS는 그나마 김대중 정부, 노무현 정부 때 성 비율 할당제가 있어서 그랬던 걸로 기억해요.

요즘 같으면 남성을 몇 퍼센트 이상 뽑아야 하는 제도가 있어야 하지 않나 싶어요. 저희 조연출 스태프가 70퍼센트? 80퍼센트가 여성이니까요.

── 오, 드라마국도요?

계약직이나 정규직 합쳐도 그래요.

── 와, 진짜 많군요.

두 명 뽑으면 보통 남자 하나, 여자 하나인데 저희끼리는 그래요. "너 남자라서 특혜받은 거 아니냐?"고. 왜냐하면 계약직도 다섯 명 들어올 때 남자가 한 명이었고, 이번에 정규직 다섯 명이 들어왔는데 한 명만 남자였어요.

── 진짜 분위기가 바뀌었어요. 잘 기억이 안 나시겠지만, 피디님
  이 면접 볼 당시의 기억을 소환해 주세요.

  생생한 기억이 몇 개 있어요. 필기시험을 보러 들어가면 남
자 몇 명, 여자 몇 명인지 보이잖아요. 제가 아직도 기억나는 게
필기시험 볼 때만 해도 분명히 여자가 많았거든요. 1차 면접 하
러 갔더니 그때도 여자가 꽤 있었어요. 같은 과 선후배들도 있었
고 동기들도 있었는데, 1차 면접이 끝나니까 여자가 확 줄었어
요. 그걸 보면서 와….

  최종 면접 갔을 때 여덟 명이었던 것 같은데, 저 포함해서 여
자가 세 명이었어요.


── 세 명이나 여자가 있긴 있었네요. 그중에서 딱 한 명 뽑혔던 게
  정지인 피디님이고요. 그때 면접장에서 들었던 질문 혹시 기억
  나시나요? '여자인데 잘할 수 있겠느냐?' 이런 질문도 받았을
  것 같은데….

  그 질문은 1차 면접 때도 나왔어요. 최종 면접 때는 오히려
안 나왔던 것 같아요. 최종 면접은 사실은 '실무'였어요.

  합숙 면접에서는 피디를 수행할 수 있는 사람인지 확인하는
과정이라는 느낌(을 받았어요). 여성에 대한 질문은 없었고, 뭐
그냥 빤한 질문이죠. "이 배우를 섭외하려면 어떻게 해야겠냐?"
그런 거 물어봤죠. 그런데 그때 무섭다고 느꼈던 게 최종 면접에
세 명이 들어갔는데, 저랑 최준배, 저희 두 명한테는 질문을 하는

데 한 명한테는 질문을 하나도 안 했어요. 그때 느꼈어요. 아, 이전 면접에서 실무진이 정리해 놓은 걸 웬만하면 틀진 않겠구나.

── 저한테는 그런 거 많이 물어보셨어요. 아기를 낳을 생각이 있냐….

지금 같으면 국가인권위원회에 보내야 할 질문 아니에요? 그래서 뭐라고 하셨어요?

── 가정을 이룰 예정이지만 다 방법이 있다, 부모님이 열심히 도와주실 거다, 이런 얘기를 했던 것 같아요. 그걸 정말 여러 번 물어보셨어요. 최종 면접에서도 물어보시고. 결혼 생각이 있냐? 아기 낳을 생각이 있냐?

교양국인데도 그랬던 거잖아요. 그 당시만 해도 MBC 교양국에는 그래도 여자 피디가 꽤 있었어요.

MBC가 그때 학력 제한을 없애서 고등학교만 졸업하면 시험을 볼 수 있게 했어요. 그렇다고 실제로 고등학교 졸업자가 입사하진 못했던 것 같지만, 대학교 재학생인데 붙은 사람들이 있었어요. 제 동기 아나운서 중에 전종환이라고 있는데, 졸업을 두 학기 정도 앞두고 입사했다고 들었어요.

── 방송국에 입사했을 때 여자 선배가 몇 분 계셨나요?

딱 두 명 계셨어요. 이윤정 선배랑 김경희 선배.

—— 이윤정 피디님이 1세대 여성 드라마 피디시잖아요.

그렇죠. 우리 회사에서도 거의 1세대, 드라마 세계에서도 1세대죠.

—— 어느 정도 차이가 나세요?

윤정 언니가 97 사번이니까 저랑 8년 정도 차이가 나요. 그때가 처음 여자 피디를 뽑았던 시기 같아요. KBS는 조금 더 앞섰다고 들었거든요.[9]

—— 처음엔 어떤 프로그램을 맡으셨는지요?

동기들과 마찬가지로 〈베스트극장〉 조연출로 OJT(직장 내 훈련)를 했어요. 그러다가 보통 2부작이나 4부작으로 OJT를 하거나 연속극이나 미니(시리즈)를 했어요. 여자라고 딱히 배제되는 분위기는 아니었어요. 근데 조연출을 배정할 때 사극이나 시대극에는 여자 조연출을 배정하지 않았던 것 같아요. 그래서 〈에덴의 동쪽〉이라는 프로그램 조연출을 할 때 저를 (조연출로) 넣을지 말지 고민했다고 들었어요. 연차나 순번상으로는 제가 들어가는 게 맞았거든요. 제 동기들은 다 다른 거 하고 있었어요. 그때 제가 "무슨 소리냐, 할 수 있다"라고 했어요. 그래 놓고 엄

---

9) 1990년대까지 지상파 3사 기준으로 드라마를 연출한 여성 피디는 1981년 〈한국방송(KBS)〉에 입사한 박영주 피디가 유일했다. 〈문화방송(MBC)〉에선 2005년에야 여성 드라마 피디 이윤정의 연출작이 등장했다. 2008년 기준으로 여성 드라마 피디는 지상파 3사를 합쳐 4명뿐이었다. 출처: 한겨레 신문. 〈장르물, 여성 드라마 피디가 주름잡다〉

청 후회했죠. "이걸 내가 왜 했지? 너무 싫다. 편한 거 할 수 있었는데." 그 프로그램이 너무 길었거든요. 19개월 했어요.

── 와…. 진짜 힘드셨겠어요.

2007년 겨울부터 시작해서 19개월 동안, 정말 길었어요. 2009년 4월엔가 끝났으니까요.

── 그 정도 길이의 드라마면 1년 넘게 어떤 생활을 하시나요?

거의 드라마에 저당 잡힌 인생?

── 그 드라마를 꼭 해야겠다는 오기 같은 게 혹시 있으셨어요?

처음에는 그렇게 시작했는데…. 하, (한숨) 오기가 무슨 소용이에요. 조연출 시절을 조금이라도 편하게 보내는 게 낫지 않을까요. 어차피 입봉하면 힘들어지는데…. (웃음)

한편으로 그런 생각은 했던 것 같아요. '동기인 남자들은 성별과 상관없이 배정을 탁탁 받는데 왜 나는 여자라서 배제가 되지?' 지나고 보니 굳이 그런 게 있었으면 (배제된 상황을) 누렸어야 했나 이런 생각을 했죠. (웃음)

── 너무 힘든 프로그램에는 여자를 안 보내니, 일부러 가셨군요.

근데 저 뒤로 확실히 그런 건(힘든 드라마에 여성 피디를 배제하는 분위기) 없어진 것 같아요. 왜냐하면 제 기수 뒤로 매년 여자 후배들이 들어왔거든요. 2006년에 김희원이 들어왔고, 2007년에 김지현이 들어왔고, 2008년에 강인 들어왔어요. 이런 식으로 매년 한 명씩 들어오고, 2015년에는 처음으로 여자 조연출만 입사했어요. 이수연, 송연아 이렇게 두 명이요. 그래서 그때 "와, 진짜 획기적이다" 그런 얘기가 돌았요. 한 십 년 걸렸네요, 그렇게 되기까지.

—— 맞아요. 십 년 걸린 것 같아요. 저희도 비슷해요.
   요새 여자들이 훨씬 많이 입사하지 않나요?

—— 여자들이 너무 많아서 남자도 있어야 하지 않나? 이런 생각이
   들 정도예요. 피디님이 예전 인터뷰[10]에서도 잠깐 언급하셨는
   데, 특히 화장실 문제가 힘드셨다고요. 10년이 지났는데, 변화
   가 있었나요?

   화장실은 여전히 불편하죠. 저만 불편한 게 아니라 사실은
남자 스태프들도 불편한 건 마찬가지죠. 남자라고 해서 노상에
서 무식하게 해결하는 게 괜찮을 거라는 생각은 안 해요. 그렇잖
아도 이번에 〈옷소매 붉은 끝동〉(이하 〈옷소매〉) 진행하면서 섭
외팀한테 부탁했던 게, 스태프도 그렇고 배우들도 그렇고 화장

---

10) 산이나 바다 갔을 땐 제일 힘든 게 생리 현상 해결하는 거야. '짝패'에 들어간 신입 여
    자 후배가 살짝 물어보더라고. 현장에서 어떻게 해결해야 되냐고. 해줄 말이 없어서
    '케이스 바이 케이스'라고 했어. 어떤 선배는 우산과 월남치마로 해결했대. [출처 〈피
    디저널〉, "넌 여자라 달라"〈정지인 피디 인터뷰 중〉]

실 가기 편한 환경이 꼭 조성됐으면 좋겠다고 요청했어요.

— 저는 생각보다, 화장실이 없는 곳에서는 촬영을 많이 안 해봤어요. 예컨대 산에 가서 하루 종일 찍으면 갈 데가 없는 상황인 거죠?

"어차피 우리가 산속에 가서 촬영을 하나, 화장실이 있는 곳에서 산 느낌을 내면서 촬영을 하나 똑같은 거 아니야?" 이런 얘기를 했어요. 사실 〈옷소매〉를 하면서 화장실이 없는 환경에서 촬영한 적은 없었던 것 같아요. 우리나라가 좋은 게 산속에서 찍어도 화장실은 잘 돼 있어요.

요즘은 여성 스태프들이 훨씬 많아지니까 오지 같은 곳에서 촬영할 때 스태프 복지 차원에서 이동 화장실 같은 것도 다 구비한다고 들었거든요.

사실 할리우드는 그런 걸 마련한 지 꽤 오래됐는데, 우리나라는 그런 생각 자체를 아예 안 했던 것 같아요. 근데 이제는 화장실을 가기 힘든 환경이라고 하면 적어도 제작사나 제작부 쪽에서 화장실 같은 걸 어떻게 마련할지 미리 다 계획을 세워요.

— 옛날에는 그런 게 없었다는 게 더 충격적이긴 해요.

그렇죠. 자연 다큐 찍는 것도 아닌데 말이에요.

— 그러니까요. 오지에서 다큐 찍는 제 후배들 보면 여자들은 기

저귀를 차고 가기도 해요.

〈옷소매〉 같이 찍었던 김화영 촬영감독님이 MBC에서 〈곰〉 특집을 했는데, 그 얘기를 해주더라고요. 본인도 곰이 동면하는 동굴 속에서 같이 대기해야 했다고요. 생리현상을 오래 참아가면서 촬영했대요. 스태프들의 생활 사이클도 곰의 생활 사이클에 맞춰서 세팅했다가 곰이 잠깐 떠나면 그제야 자기들도 겨우 나왔다고 하시더라고요. 그래서 '아, 자연 다큐도 사람이 할 게 못 되는구나!' 하고 생각했어요.

—— 진짜 그렇더라고요. 인터뷰를 준비하면서 어제 피디님이 처음 연출하셨던 단막극 〈소년, 소녀를 다시 만나다〉를 다시 봤어요. 드라마가 너무 귀여웠어요. 잘 봤어요.

아, 완전 부끄럽다. 그거 좀 부끄러워요. 잘 봐주셔서 감사합니다.

—— 이 드라마를 보고 나서 〈옷소매〉랑 정서가 묘하게 통한다는 느낌을 받았어요. 단막극은 이루어지지 않은 사랑, 하지만 사랑에 대한 기억을 가진 어른들의 이야기인 것 같았어요. 〈옷소매〉에서도 사랑하는 사람이 떠나갔지만 남아 있는 기억과 그 시절이 갖고 있는 소중함을 잊지 말자는 얘기라는 생각이 들더라고요.

아, 그렇게 볼 수 있구나. 그렇게 봐주시니까 고마운 걸요.

— 그런 코드를 좋아하시는 건가요?

그 생각은 한번도 못 해봤어요. 좋아하긴 하는 것 같아요. 그런 슬픈 사랑 이야기를요. 사실 로맨스 소설이나 할리퀸 이런 것도 어렸을 때부터 너무 좋아했어요.

— 어떤 작품들을 좋아하셨어요?

어렸을 때 너무 좋아했던 만화들이 있어요. 뭐 〈불의 검〉이라든가 〈테르미도르〉라든가, 아니면 〈아르미안의 네 딸들〉 〈별빛 속에〉. 거기에는 항상 비극의 정서가 있었어요. 그런 걸 좋아하는 것 같아요. 이루어지지 않은, 이루어졌으나 결국 한 명이 떠나고 마는 그런 얘기들을.

— 사랑을 확인했으나, 결국 헤어질 수밖에 없는 이야기를 좋아하시는군요.

결국 한 명이 죽고야 마는 그런 스토리를 좋아하는 것 같아요. 한번도 그런 취향을 진지하게 생각해 보지 않았는데 좋아하긴 진짜 좋아하네요.

슬픈 얘기 중독인가 봐요. 웃긴 얘기도 너무 좋아하지만 보고 나서 막 울게 되는 그런 얘기를 언제나 좋아하긴 하네요. 그래서 〈꼬꼬무〉를 좋아해요. 결국 울고 있으니까요. 왜냐하면 결국 '엉엉' 이렇게(실제로 손을 갖다 대고 우는 시늉을 하는 중) 울고 있으니까요. 갑자기 그저게 (봤던 〈꼬꼬무〉 방송) 생각하니까 눈물이 나요. 왜냐하면 앞부분을 제대로 안 봤는데도 보다가 '어쩌지? 앞부분을 봐야지 더 슬픈데…(하면서 울었어요).' 이미 슬퍼, 어떻게 해. (실제로 정지인 피디는 눈가가 촉촉해졌다.) 저 원래도 잘 울어요.

── **잘 우세요? 어렸을 때부터 그러셨어요?**

원래 잘 울어요. 슬픈 얘기 중독이 맞는 것 같아요, 생각해보니까요. 드라마든 책이든, 보고 나서 우는 얘기 너무 좋아해요.

── **지금도 약간 글썽글썽하시는데….**

아, 〈꼬꼬무〉 생각하다가. 피디님도 보다가 울지 않으세요?

── **저도 시사[11]하면서 울어요. 녹화장에서도 막 울어요.**

그렇죠? 제가 몇 달 전에 〈수프와 이데올로기〉를 봤거든요. 양영희 감독님 거. 근데 하필 그거를 생각하고 〈꼬꼬무〉[12]를 봤더니…. 그것도 보다가 막 울었어요.

── **우리나라 현대사가 참 슬퍼요.**

그렇죠? 진짜 우는 얘기에 중독인가 봐. 저 사실 집에서 뭐

---

11) 완성된 편집본을 보면서 코멘트하는 제작 과정.

12) 정지인 피디는 인터뷰 전에, 4.3사건을 다룬 〈꼬꼬무〉의 '백골과 시멘트' 편을 보고 왔다고 했다.

보다가 울고 있으면 남편이 "어휴, 또 운다, 또 울어" 이래요. 특히 〈꼬꼬무〉 보다가 울고 있으면 맨날 뭐라 그래요. 울 건데 왜 보냐고. (웃음)

—— 같이 슬퍼하고 공감할 수 있는 이야기는 힘이 세니까요.

〈옷소매〉는 제가 했던 작품 중에서 가장 많이 울었던 작품이에요. 촬영하면서도 자주 우는 편이거든요. 언제나 클라이막스에 가서 우는데 이번엔 아니었어요.

〈내일도 승리〉[13] 때, 연속극의 특성상 막판에 나쁜 사람은 죽게 되어 있거든요. 그런데 악인이지만 나름의 페이소스가 있는 상황이었어요. 대본을 볼 때는 항상 그런 생각을 하죠. '아휴, 죽는데 왜 이렇게 말이 많아?' 뭐, "미안했어요" "죄송합니다" "사랑합니다" 이런 얘기 다 하면서 죽으니까. 그런데 그것도 찍으면서 울었던 것 같아요.

—— 눈앞에서 배우들이 살아 숨 쉬고 있으면, 아무리 이야기라도 감정이입이 되니까요.

그렇죠. 대본으로 볼 때도 울컥하는 순간들이 당연히 있지만 막상 배우가 그걸 눈앞에서 하고 있으면 더 와닿아요. 더 절절하

---

13) MBC에서 방영한 130부작 연속극으로 정지인 피디가 연출. 주인공 '한승리'의 유쾌한 인간 갱생 프로젝트와 간장 종가의 가업을 잇기 위한 치열한 고군분투기를 다룬 한 여자의 성장 스토리

게 느껴지고. 사실 찍을 땐 생각보다 감정이 드라이한데 막상 편집실 가서 붙여보면 또 감정이 올라올 때가 있어요. 앞의 전사랑 이어 붙이다 보니까요. 근데 〈꼬꼬무〉도 약간 그렇잖아요. 처음에는 그냥 일상 이야기처럼 시작하다가 감정이 쌓이면서 어느 순간에 (감정이) 훅 올라오는 그런 지점이 있잖아요. 내레이터들(MC)이 배우는 아니지만 점점 이야기가 쌓이면서 확 터지는 순간들이 있죠.

— 맞아요. 저도 녹화용 대본 보면서 가끔 울 때 있어요.

그렇죠? 드라마든 교양이든 사실 비슷하지 않을까요? 화면으로 구현되는 게 신기하기도 하고요.


## 원작과 드라마
## 사이에서

— 드라마 같은 경우엔 호흡이 더 길죠. 16부작의 경우 스토리의 흐름은 작가님이 기본적으로 짜놓으시지만, 피디는 선장 역할을 해야 하잖아요. 최근에 하셨던 작품, 〈옷소매 붉은 끝동〉도 소설 원작이 있었어요. 원작을 드라마화하는 과정에서 어떤 방향으로 갈지, 원작에서 무엇을 버리고, 가져갈 것인지 고민이 많으셨을 것 같아요.

지금도 원작을 베이스로 하는 작품(《정년이》)을 하다 보니 항상 고민이 있어요. 일단 작가님이랑 얘기하면서 정했던 원칙은 "이 드라마는 원작을 안 본 사람도 이해를 해야 된다"였어요.

그리고 슬픈 엔딩 중독자인 저는 원작 엔딩이 좋았어요. 결국 사랑을 한 것 같지만, 현대인이 보기에는 참 희한한 상황들 때문에 이루어지지 못하는 상황이니까요. 이것도 그 시대의 사랑의 형태라고 이해했어요. 그래도 끝이 너무 씁쓸하잖아요. 물론 정조 시대에 남겨진 기록으로 소설이 쓰인 거지만, 최대한 그 시절 사람이라면 이렇게 느끼지 않았을까 하고 고민했어요. 원작 작가님의 마음이 담긴 엔딩이라고 생각해서 무조건 이 엔딩으로 가자고 결정했죠.

또 고민인 지점은 정조가 사람들이 너무 좋아하는 왕 중 하나라는 거죠. 새로운 해석을 많이 덧붙이면 사람들의 기대치를 벗어나게 될까 봐 조심해야겠다고 생각했어요. (《정년이》를 준비하는) 지금도 마찬가지예요. 웹툰 원작을 안 본 사람도 충분히 이해하게 만들어야 해요. 또 원작에서 어떤 부분을 중요하게 생각하는지, 그 부분을 어떻게 살릴 것인지, 그 시절의 모습을 구현하는 데 있어서 사람들이 기대하는 게 무엇인지, 우리가 새롭게 보여줄 부분은 무엇인지? 그 생각을 많이 하게 돼요. 어쩌다 보니 두 작품 다 원작이 있고, 시대극이네요.

— 피디님은 작품을 접했을 때 직감을 믿는 편이세요?

믿긴 해요. 근데 귀가 얇은 편이라서 주변에서 아니라고 하면 금방 듣긴 들어요.

물론 직관적으로 내가 느낀 게 맞다는 믿음은 있는데, 주변에 같이 준비하는 사람들이 그건 아니라고 얘기하면 들을 수밖에 없는 것 같아요. 이 사람들도 다 프로고, 자기 일을 열심히 하는 사람들이니까요. 그게 스태프든 배우든….

— 작업하실 때는 누구의 의견을 많이 참고하세요?

현장 나가기 전에는 작가님, 같이 준비하는 연출부 스태프들 얘기를 계속 듣는 편이에요. 촬영할 때는 아무래도 배우들과의 의사소통을 제일 중요하게 생각해요. 저는 대본을 이렇게 해석했는데, 배우는 자기 캐릭터를 더 파고들기 때문에 제가 생각하지 못한 부분을 해석해서 던져주거든요. 저는 전체적인 관점에서 보느라 세세하게 파고들진 못하고요. 제가 생각한 거시적인 관점과 배우의 미시적인 관점을 어떤 식으로 조화를 시켜야 될까 고민해요. 어떨 때는 배우의 판단이 맞는 것 같아요. 작품을 하는 동안은 배우가 그 역할을 직접 살아내고 있는 거니까요.

— 혹시 〈옷소매〉에서 이세영 배우와 이준호 배우가 갖고 있던 미시적인 관점, 그리고 감독님이 그리셨던 거시적인 관점이 부딪쳤던 부분, 달랐던 부분들이 있었나요? 의견을 어떻게 조율하셨는지 궁금하네요. 제가 봤을 때 드라마의 덕임이 캐릭터는 원

작보다 좀 더 유머러스해지고 동적으로 변한 것 같았거든요.

맞아요. 그 캐릭터는 확실히 세영 씨랑 상의하면서 만들어낸 것 같긴 해요. 이 드라마의 경우엔 끝이 비극이에요. 그런데 엔딩이 비극이라고 해서 처음부터 슬플 준비를 할 필요는 없으니까 초반의 캐릭터를 밝게 찍었어요. 이 캐릭터가 온전히 그 시절 사람으로서 어떤 식으로 살았을지 얘기를 많이 했어요. 세영 씨는 원작을 되게 꼼꼼하게 봤거든요. 그래서 이런 부분은 좋았고, 이런 부분은 좀 다르게 살리고 싶다는 얘기를 많이 했어요. 그리고 준비하는 과정에서 세영 씨가 덕임이의 '타임 라인'을 만들어달라고 했어요. 드라마상에서 어떤 감정을 갖고 가야 할지, 감독님이 생각하는 덕임이는 어떤 식의 감정 변화가 있을지 궁금하다고 하더라고요.

—— 타임 라인이라면 어떤 걸 얘기하는 걸까요?

몇 회부터 몇 회까지는 덕임이가 어떤 감정선을 가져가고, 몇 회부터 몇 회까지는 어떤 식으로 하면 좋을까에 대한 게 있었으면 했어요. 감정이 시간의 흐름에 따라 어떻게 변하면 좋을지 A4 한 장 정도로 정리해서 세영 씨랑 공유했어요.

—— 어떤 느낌일지 궁금해요.

잠깐만요. 있을 거예요, 지금.

(정지인 피디는 곡선처럼 생긴 정교한 감정 곡선표를 보여

췄다.)

세영 씨는 드라마 할 때마다 이런 작업을 꼭 한다고 하더라고요. 감탄했어요. 이런 걸 감독한테 시킬 수 있다니!

즉흥적으로 연기하는 게 아니라 철저하게 계산을 해서 처음부터 끝까지 어떤 방향성이라든가 계획을 세우고 하는 사람이더라고요. 애드리브 같은 것도 철저하게 준비를 해서 현장에서 괜찮냐고 물어봐요. 즉흥적으로 하는 건 사실은 없어요. 리허설할 때 어떤 식으로 할지 동선도 꼼꼼하게 체크하고요.

—— 연기 버전을 여러 개 준비해 온다든가 하는 스타일이에요?

네. 그런 것도 있어요. 그리고 현장에 오면 세트나 자기가 연기할 공간을 철저하게 확인하더라고요. 그래서 촬영 초반에 제가 즉흥적인 요구를 하면 당황해요. 아무래도 본인이 계산해 왔던 거랑 다르니까. 그래서 최대한 준비해 온 걸 상황에 맞추려고 했어요. 심지어 자기는 촬영 전날에도 괜찮으니까 혹시 더 요청할 게 생각나면 미리 알려달라고 했어요. 그럼 연기 계산을 더 해오겠다고요.

—— 계획을 많이 하는 스타일의 배우군요.

네. 대본에다가 써서 표시해 놓은 게 진짜 많아요. 어떤 배우들은 아이패드로도 대본을 보는데, 세영 씨는 책 대본을 누구보다도 꼼꼼하게 보는 사람이에요.

── 이세영 배우가 맡은 성덕임 캐릭터는 (이전에 맡았던 배역들과 비교해) 똑 부러지고 씩씩한 면에서 비슷한 것 같기는 한데, 다르기도 하죠. 무엇보다 성장하는 과정이 드라마틱하기도 하고, 인물 자체도 말괄량이 보스 같으면서 자아가 강한 캐릭터인데 이세영 배우와 캐릭터를 어떻게 만드셨는지 궁금해요.

세영 씨를 〈왕이 된 남자〉에서 봤을 때 단아하고 한복이 잘 어울리는 지고지순한 이미지였어요. 그런 이미지에다가 중전과는 다르게 더 현실적인 사람이었으면 좋겠다고 생각했어요. 조선시대에 살고 있지만 현대인도 현실적으로 공감할 수 있는 느낌? 방금 얘기한 말괄량이 같은 부분도 초반에 마음껏 보여주자, 그래야 후반부에서 더 대비가 될 것 같았어요. 물론 역사에 기록된 여성의 생각은 시대적인 한계에서 크게 벗어날 수 없죠. 그래도 드라마니까 과감하게 보여주자, 라는 마음이 있었어요.


── 예를 들면 어떤 걸까요?

서고에서 (이산한테) 소금 던지는 신이요.[14] 대본 지문 속에는 빗자루로 내쫓는 건 없었어요. 그냥 '밀어낸다'고만 돼 있었는데 고민을 했던 것 같아요. 아무리 성덕임(이세영 배우)이 왈가닥이긴 해도 (당시 기준으로 보면) 사내의 몸에 손을 대는 건 있

---

14) 극 중 성덕임(이세영)이 청소를 하던 중 임금인 정조(이준호)를 서고에서 내보내기 위해 빗자루로 내쫓고, 소금을 뿌리는 장면이 있다. 당시로서 궁녀가 임금을 내쫓는 건 상상할 수 없는 상황이다.

을 수 없는 일이죠. '그럼, 덕임이라면 어떻게 할까' 그 얘기를 세영 씨랑 많이 했어요. 하필 그 서고 신은 세트가 완성되기 전에 야외에서 쫓겨나는 연결 신[15]을 먼저 찍어야 했거든요. 나중에 한 달 뒤인가 서고에서 바로 앞 상황을 찍어야 했죠. 그래서 미리 생각했어요. '책으로 밀어낼까 아니면 우악스럽게 해볼까, 손으로 밀어낼까?' 고민했는데 결국에는 "그래, 빗자루로 청소를 하고 있었을 테니까 빗자루로 내쫓자."

── 성덕임은 궁녀임에도 드라마 안에서 굉장히 동적인 장면이 많았어요. 엽전을 던지는 장면도 그렇고, 궁궐 안에서 달리기 선수처럼 열심히 뛰어다니는 장면도 많았고요.

덕임이(이세영 배우)를 최대한 뛰게 하고 싶었어요. 생동감을 표현하는 게 중요하니까. 이병훈[16] 국장님이 하신 얘기인데, 〈대장금〉 할 때 장금이가 뛸 때마다 시청률이 올랐다고 해요. 그래서 뛰는 장면을 나중에도 계속 넣었다고, 항상 그 얘기를 하신대요. 그걸 듣고 "덕임이도 뛰어야겠다"라고 생각했어요. 사람들이 옛날 그 시절의 여성이 그 복장으로 뛰는 걸 좋아하는구나. 화면에 담아보니까 확실히 생동감 있더라고요. 정말 많이 뛰었

---

15) 드라마 촬영 시, 외부와 내부의 세트가 다른 경우 동일한 장면 안에서도 여러 개의 로케이션으로 나뉘는 경우가 있다. 이 경우 각각 다른 장소에서 연기한 장면을 합쳐서 하나의 장면처럼 보이게 만든다.

16) MBC 피디로 〈이산〉, 〈허준〉, 〈대장금〉, 〈서동요〉 등을 연출, 사극 전문 피디로 알려져 있다.

어요. 대본에 있는 지문은 딱 한 줄, '뛰어간다'였는데 1부 오프
닝 신에서 장소를 세 군데 바꿔가며 뛰었어요. 창덕궁이랑 선암
사 근처였나? 창덕궁 안에서도 두 군데 장소에서 뛰었구나.

— 선암사까지 가셔서 따로 또 찍으셨던 거예요?

예. 절 앞쪽 길이 예쁘거든요. 거기 밑에서 월혜랑 소풍하는
신을 찍는 걸로 정해뒀는데 그 길을 보니까 너무 예뻐서 여기서

도 한번 뛰자고 했죠.

뛰는 것도 종류별로 찍었어요. 1부에 나오는 뛰는 신도 거기서 찍었고, 나중에 이산(이준호 배우)이 금족령에서 풀렸다고 했을 때 덕임이가 서고로 뛰어가는 신도 거기서 찍었어요.

—— 전부 창경궁에서 찍으셨다고 생각했어요.

덕임이가 고생을 좀 많이 했죠. 생각시 복장을 하고도 찍고, 책 들고 찍은 버전이 있었고, 궁녀복 버전으로 정식 나인이 된 이후 옷을 갈아입고 또 뛰었죠.

—— 뛰는 버전이 여러 장면이 있었군요.

네, 찍은 건 다 썼어요.

—— 그 장면들이 인상적이긴 하더라고요. 영화 〈작은 아씨들〉에서 주인공인 조가 출판사에 원고를 팔고 좋아서 집으로 막 뛰어가는 장면이 연상되기도 했어요.

저도 그 작품 너무너무 좋아해요.

—— 작품에 전체적으로 코믹한 톤이 약간 깔려 있어요. 확실히 원작이랑 조금 다른 부분인 것 같은데, 어떻게 바뀌게 된 걸까요?

원작에 그런 뉘앙스는 없었어요. 하지만 덕임이의 개구진 성격에 대한 표현은 있었거든요. 예를 들어 덕임이가 생각시나 나인 시절에 장난을 많이 쳤다든가 하는 부분들요. 그 분위기를 대본에 다 살릴 수 없었죠. 그래도 중간중간 해볼 수 있는 건 다 해보자 해서 대본에 없는 것도 리허설하다가 누가 아이디어를 내면 마음껏 했던 것 같아요. 서상궁 마마로 나온 장혜진 선배님도 그렇고 나머지 나인들 덕임, 경희, 영희, 복연이 네 친구들이 그런 걸 꽤 좋아했어요. 자기들끼리 재밌는 거 짜올 때도 있었고요.

생동감을 주려면 웃긴 것만큼 좋은 게 없으니까. 웃전들이라고 해야 하나? 왕이라든가 제조상궁 마마라든가 높은 사람 앞에서는 이 사람들(나인들)의 생활감 있는 모습을 보일 수 없지만, 자기들끼리 있을 때는 그런 걸 충분히 표현할 수 있도록 독려했어요. 워낙 자기들끼리 시끄러웠죠. 평소에 촬영 안 할 때도요. 엄청 친했죠.


—— 원래 친한 관계라면 작품에서 드러날 수밖에 없을 것 같아요.

금방 친해지더라고요. 그리고 시끄러웠고. (함께 웃음) 정말 시끄러웠어요. 그래서 찍다가 깔깔거리는 장면은 충분히 살려보자, 싶어서 많이 살리려고 했어요.


—— 피디님 전작에도 기본적으로 코믹함이 깔려 있어요. 〈자체 발광 오피스〉에서 본격적으로 시작되고, 〈옷소매〉에서는 더 확장된 듯한 느낌이에요.

제가 우는 것, 슬픈 것도 좋아하는데 코믹도 좋아해요.

예전 이병훈 국장님표 사극 보면 임현식 선생님이라든가 감초들이 항상 등장하거든요. 그런 코드를 좋아해요. 찍어놓고 보니까 배우들한테 최대한 이런 걸 살릴 수 있으면 해보라고 했어요. 세영 씨도 그렇고 준호 씨도 그렇고 생각보다 개그 욕심이 있었어요. 더 하고 싶은데 해도 되냐고 물어보기도 하고요. 어떤 건 OK(수용)를 했는데 준호 씨한테 그 얘기 많이 했던 것 같아요. "너는 왕이고, 세손인데 이건 좀 그렇다(과하다)."

—— **준호 씨가 웃기는 걸 좋아하는군요. 단정하고 위엄 있는 역할이라 그런지 웃길 때는 정말 웃기더라고요.**

사실 준호 씨 같은 경우는 (원작 속 캐릭터에 영향을 받을까 봐) 원작도 안 보겠다고 그랬어요. 조금 읽어봤는데, 원작 속 이미지가 자기가 대본을 보고 생각한 것과 다른 것 같다고 하더라고요. 세영 씨는 원작을 꼼꼼하게 봤고, 준호 씨는 아마 한 번인가 봤을 거예요. 준호 씨가 읽고 난 뒤 "어떻게 가야 될까요?" 하고 물어봤어요. 사실 원작은 남자 주인공 역할에 이름도 없거든요. '왕'이라고 돼 있거나 '세손'이라고 되어 있어요. 인물이 대상화돼 있어요. 드라마에서는 그럴 수 없어서 각색 과정에서 대상화했던 대상에서 스스로 생각하는 인물이 되는 과정이 있었어요. 저는 역사적인 기록이라든가 준호 씨의 해석이 더 중요하겠다고 생각했어요. 그래서 왕이자 세손이 가져야 될 '로열패밀리의 자세란 무엇인가?'에 대해서 본인이 생각을 많이 해왔죠. 자세도 항상 반듯하게 하려고 노력하고요. 목소리라든가 위엄 있는 느낌을 내는 데 좀 더 중점을 뒀어요. 사실 본인도 가끔 풀어지고 싶은 순간들이 있잖아요. 옆에 호위 무사로 나오는 오대환 배우도 워낙 개그를 잘하니까요. 선배가 저러고 있으니까 자기도 저런 걸 할 수 있다고 하더라고요. 그래서 어떤 건 같이 해보고, 어떤 건 캐릭터 붕괴 위험이 있겠다 싶으면, 하지 말자고 제지했어요.

—— 캐붕(캐릭터 붕괴)이 오면 시청자들이 혼란스러워하니까요.

준호 씨 아이디어였던 것 같아요. 5부에서 계례식을 하기 위해 나인들이 왔다 갔다 하고 있는데, 덕임이가 승은을 입었다고 생각하고 화들짝 놀라서 갔다가 다시 뛰어가는 장면이 있어요. 민망하고, 부끄러우니까 자기가 뛰어가고 싶다고 하더라고요. 그런데 세손은 뛸 수 없어요. 궁 안에서 뛰는 느낌이 아예 없어요. 멋있게 말을 탄다거나 액션을 할 때 뛰는 거 말고는 그런 순간이 없었으니까요. 그때 그 아이디어가 너무 괜찮다고 했죠.

—— 그 장면 생각나요. 준호 씨 아이디어였군요!

그런 것 같아요. 두 배우뿐만 아니라 많은 배우들이 아이디어를 내고 대본에 있는 내용을 더 풍성하게 하기 위해서 고민을 많이 해왔어요. 배우가 그렇게 열심히 하면 사실 연출자 입장에서는 그걸 최대한 받아서 찍고 싶어요.

—— 드라마 메이킹 필름을 보고 있으면 피디님과 얘기하는 배우들 표정이 편해 보여요. 지금 이렇게 만나서 얘기를 해봐도 권위적인 스타일은 아닌 것 같다는 느낌이 있거든요.

원래 권위가 없기 때문에 권위적으로 할 수가 없어요. 저도 권위 있는 사람들이 부러워요, 사실.

—— 감독님은 배우들과 어떻게 소통하시나요?

리허설을 오래 꼼꼼하게 하는 걸 좋아해요. 여러 번 해볼수록 (대사가) 더 입에 붙어요. 촬영 들어가면 거의 실수 없이 그대로 쭉 할 수 있으니까요. 기본적으로 배우들이 대본을 읽고 해석해 온 걸 듣는 과정이 재밌는 것 같아요. 아주 재밌어요.

—— 수용을 많이 해주시기 때문에 배우들이 열심히 준비하는 것도 있을 것 같아요.

그런 것도 있죠. 뭐가 정답이라고 할 수 없을 것 같아요. 어떤 감독님은 철저하게 계산을 해서 본인이 생각한 걸 배우들에게 설득해서 그대로 쭉 가는 분도 있어요. 배우만 계산을 해오는 게 아니라 감독도 정확하게 계산을 해오는 분들이 있거든. 한 치의 오차도 없이 본인이 그린 그림을 정확하게 만드시는 분들이 있어요. 저도 계산해 오는 건 있지만, 웬만하면 배우들이 해오는 걸 서로 맞춰보는 게 더 잘 맞는 거 같아요.

── 좀 더 민주적인 방식이군요.

배우의 생각을 듣고 '그럼 이렇게 찍으면 되겠다'라는 생각을 많이 하게 되더라고요. 노동 시간이 52시간으로 줄어든 것도 영향이 있는 것 같아요. 노동 시간 제약이 없었을 때는 하루하루 소화해야 하는 스케줄 때문에 리허설을 많이 해볼 수 없었어요. 무조건 스케줄 소화가 더 우선이었던 것 같아요. 노동 시간 제약이 있는데도 불구하고 리허설을 더 꼼꼼히 해야 되는 이유는 촬영 시간을 더 단축할 수 있기 때문이에요.

── 실제로 그런가요?

네. 리허설을 꼼꼼하게 해서 어떤 식으로 찍을지 기술 스태프들, 카메라팀이라든가 조명 스태프, 장비 스태프들이랑 충분히 상의해요. 막상 숏 들어가면 찍을 것들을 빨리빨리 정리할 수 있어요. 리허설을 하면 할수록 계산이 정확해지니까요.

── 보통 리허설을 몇 번 정도 하세요?

긴 신 같은 경우에는 솔직히 길게 못 해요. 한두 번 정도? 처음부터 끝까지 두 번 정도 해도 꽤 길어지니까요. 필요할 때는 서너 번도 했던 것 같아요.

<br />

—— 테이크[17]는 얼마나 가는 편이세요?

어떤 신은 많이 가요. 필요한 커트[18]를 많이 따야 하는 순간
에. 사실은 테이크를 많이 가는 게 배우 입장에서 좋은지 안 좋

---

17) 한 장면을 촬영하는 횟수.

18) 촬영의 단위로, 한 번에 촬영된 화면, 즉 카메라가 녹화를 시작하고 끝기 전까지의
촬영분을 지칭한다.

<br />

<br />

은지 잘 생각해 봐야 해요. 어떤 배우들은 할 때마다 달라지기 때문에…. 사실 뒤로 갈수록 좋아지는 배우도 있는가 하면 처음 갔던 테이크가 제일 좋은 경우도 많고요. 이건 초반에 한두 달 촬영하면서 확인을 해봐야 나오는 것들이니까. 보통 신인이라든가 경험이 부족한 분들은 테이크를 가면서 점점 더 좋아지는 경우가 많거든요. 익숙해지고, 더 긴장이 풀어지니까요. 그런데 경험이 많은 배우들은 웬만하면 첫 번째나 두 번째 테이크에 금방 금방 결과물이 나오는 것 같아요. 대신 본인이 아쉬우면 또 가보자고 하죠.

── 메이킹 필름을 보니 이세영 배우는 여러 번 가는 스타일인 것 같더라고요.

네, 세영 씨는 하면서 더 잘 풀리는 게 있었어요. 본인이 이런 걸 더 해보고 싶다고 요구해요. 준호 씨는 첫 번째나 두 번째 테이크 안에서 거의 완성되는 것 같아요.

── 준비를 철저히 해와서 그런 걸까요?

희한한 게 둘 다 준비를 철저히 해오는데 한 명은 현장에서 대본을 계속 보면서 끊임없이 확인하고, 준호 씨 같은 경우엔 현장에서 대본을 보지 않아요. 머릿속에서 계속 시뮬레이션을 하는 느낌이에요.

— 매번 하시는 작품이 다 그러겠지만 작품이 끝나고 나면 무엇을 얻었는지 돌이켜 보잖아요. 〈옷소매〉를 통해서는 무엇을 얻으신 것 같으세요?

성공? 성공의 경험[19]? (웃음)

— 안 그래도 성공의 경험을 이야기해 보고 싶었어요. 〈옷소매〉를 만들면서 '이번에는 잘될 것 같은데?' 하는 예감이 있으셨나요? (웃음)

편집실에서 그림들(촬영본)을 확인하면서…. 그런데 전작들도 분위기는 다 좋았어요. 심지어 결과가 안 좋은 작품도 항상 팀 분위기는 좋았거든요. (웃음)

(전작인) 〈손 꼭 잡고, 지는 석양을 바라보자〉는 사실 시청률도 좋지 않았어요. 근데 시청률과 상관없이 화내지 않고 분위기를 깨지 않으려고 노력하는 게 중요한 것 같아요. 신기한 게, 피디가 인상을 쓰고 있거나 기분이 다운되어 있으면 모든 곳에 영향을 미치더라고요. 제가 조연출 하면서 경험했던 것들이었어요. 화가 나거나 속상한 순간이 있어도 '현장에서 티를 내지 말자' 이런 다짐은 늘 했죠.

— 연출이 되면 이렇게 해야지, 그런 다짐 같은 거군요.

---

19) 〈옷소매 붉은 끝동〉은 최고 시청률 17.4퍼센트라는 기록적인 시청률을 세우고, 그해 대부분의 작품상을 휩쓸었다.

연출이나 주인공 배우가 현장에 미치는 영향이 정말 크구나, 기분 상태라든가 감정 상태가…. 속상하거나 화나는 일이 있어도 현장에서 그 감정을 풀면 안 되겠다는 생각을 많이 했어요. 대신 제 주변의 가까운 사람을 힘들게 했죠.

〈옷소매〉 하면서는 여러 부분에서 합이 잘 맞아떨어진다고 느꼈어요. 이 순간에 저도 최선을 다하고 있지만, 배우들도 너무 최선을 다하고 있고, 스태프들도 그런 느낌이었어요. 그동안 만났던 스태프나 배우들은 항상 최선을 다하는 사람들이 대부분이었죠. 이번에는 그 최선을 다하는 지점들이 정확하게 맞아떨어진 순간들이 많았어요.

—— 그런 합은 우연히 생겼을 수도 있지만 피디님이 내공이 쌓여서 더 그런 걸 수도 있잖아요.

그런가요? 그럴 수도 있을 것 같긴 한데.

—— 그동안 전작을 통해서 나름의 노하우와 여유가 생기셨을 것 같기도 해요.

사실 이 작품이 처음엔 편성도 안 되고, 어려웠어요.

—— **한 번 엎어졌었나요?**[20]

---

20) 드라마 제작이 들어가기 전 편성이 되지 않거나, 제작이 중단되었을 때 '엎어졌다'라는 말을 쓴다. 편성 불발, 배우 캐스팅 불발, 각종 사고 등 다양한 이유가 있다.

중간에 한 번…. 2020년에 편성이 될 뻔 하다가 제작비 문제라든가 투자 때문에 회사에서 미루자고 했어요. 하지 말자는 뉘앙스였어요. 아마 그때가 제작비를 절감해야 되는 상황이었고, 회사 입장에서는 사극에 돈 쓰기가 부담스러운 때였죠. 그래서 다시 기회가 왔을 때 어떻게든 살려야겠다고 생각했어요. 어렵게 편성 확정이 됐으니까요.

—— 다시 제작이 될 수 있었던 건 어떤 상황일까요?

언제나 그렇지만 경영진의 변화랑 맞물리면서요. 사극을 간만에 제대로 해보자는 분위기가 생겼어요. 그리고 마침 두 주인공 배우를 잘 만나게 된 거죠. 대부분 주인공 중에 한 명만 캐스팅이 되면, 나머지 한 명은 캐스팅이 잘 안 돼서 엎어지는 상황이 생기죠. 이런 상황은 드라마를 만드는 누구나 공감할 수밖에 없을 거예요. 정확히 그 배역과 어울리는 사람을 동시에 만날 수 있다는 건 정말 큰 행운이에요. 준호 씨가 제대하던 타이밍이랑 제작 시기가 맞았죠. (타이밍이) 진짜 좋았던 것 같아요.

—— 편성과 배우 캐스팅도 좋았지만, 성공에는 다른 요인들도 분명 있었을 것 같아요.

그 요인이 뭐였을까요? 사실 이 드라마가 잘될 거라는 자신감은 작가님이 갖고 계셨어요. 이런 사극은 그래도 기본 이상은 할 거라는 믿음이요.

—— 작가님은 왜 그렇게 생각하셨을까요?

사극을 계속 해오셨기 때문에 경험이 있었겠죠. 최근에 이런 사극이 안 나왔다는 거에 대한 남다른 자신감. 작가님[21]은 계속 사극을 써오던 사람이기 때문에 사극을 보는 시청자층이 좋아할 만한 얘기라고 생각하셨어요. 사극에 젊은 층이 좋아하는 멜로가 결합된 스토리잖아요. 자신 있다고 늘 이야기했죠. 만날 때마다 작가님한테 "정말요?" "진짜?"라고 물어봤어요. 물론 저도 그런 사극을 좋아하긴 했지만요.

—— 사극을 좋아하는 시청자는 어떤 사극을 좋아하나요?

작가님이 보기에 최근에 퓨전 사극이 많이 나왔대요. KBS 대하 사극이 오랫동안 안 나왔으니까 이런 정통 사극에 대한 시청자들의 목마름이 있을 거라고 이야기하셨죠.

—— 더 역사적 사실에 근거한 이야기를 기다릴 거라는 말씀인 거죠?

네. 그래서 시청자들의 기대를 배반하지 않기 위해서 (궁중) 예절 교육도 했으면 좋겠고 고증도 잘했으면 좋겠다고 했어요. 미술이나 여러 가지 행동 양식도 그렇죠.

대본 작업할 때 자문해 주신 조경란 박사님[22] 역할이 컸어

21) 정혜리 작가. 〈군주〉, 〈계백〉 등의 작품을 썼다.

22) 국학연구원 HK 연구교수로 재직 중이다.

요. 촬영 중에도 박사님한테 도움을 많이 받았어요. 소품이라든가, 사람들의 행동 양식, 심지어 상석이나 하석을 어떻게 나눌지에 대해서도 자문을 구했죠.

박사님이 제일 원하셨던 것 중 하나가 편전이나 대전에서 신하들의 위치였어요. 예전 기록을 보니 사각형으로 배치가 돼 있더라고요. 근데 저희는 카메라 때문에 왕이나 세손을 중간에 놓고 일렬, 좌우로만 배치가 가능했는데 박사님이 그걸 안타까워하셨어요. 저도 사실 안타깝긴 해요. 박사님이 실제 배치도도 보여주셨거든요. 그 배치는 카메라 워킹에 불리한 조건이었기 때문에 이런 식으로 컷을 따는 건(촬영하는 건) 쉽지 않더라고요. 불필요한 컷을 많이 따게 되니까 이건 할 수 없을 것 같다고 이야기했어요. 대신 다른 부분에서 상석이라든가 하석은 무조건 맞추려고 했고요.

그런 얘기도 하셨어요. 높은 사람을 기준으로 봤을 때 왼쪽이 상석이라는 거예요. 오른쪽이 하석이고. 그런 건 맞추려고 했죠. 박사님을 만났을 때 저한테 좌의정과 우의정 중에 누가 높은 사람일 것 같냐고 물으시더라고요.

—— 저는 전혀 모르겠어요.

그렇죠. 현대인의 기준에서 내가 오른손잡이니까 우의정이 높나? 이렇게 생각했어요. 박사님이 왕을 기준으로 무조건 좌의정이 높은 거라고 하시더라고요. 그걸 항상 염두에 두고 자리 배치할 때 신경을 썼어요.

— 이전에 사극을 한 번도 안 해보셨는데 힘들지 않으셨어요? 안
　해봤던 장르라서 망설여지는 부분도 있었을 것 같아요.

　힘들었어요. 근데 이때 아니면 또 언제 해보겠나 하고 생각
했어요. 사실 딱 그 부분 때문에 초반에 편성이나 캐스팅이 쉽지
않았던 것 같아요. 사극을 해보지 않은 피디가 하는 작품을 어떻
게 믿고 편성과 제작 투자를 할 수 있겠어요. 쉽지 않았던 것 같
아요.

— 뭐라고 설득하셨는지 궁금하네요.

　'누구에게나 처음은 있다.' 하지만 그쪽에서 솔직히 저를 믿
지 못하겠다고 하니까 할 말이 없더라고요. 어쩔 수 없지. 그러면
나를 믿는 사람들이랑 할 수밖에. 그렇게 대명제가 설정되어 있
으면 설득의 여지가 없어요.

— 힘드셨을 것 같아요.

　그때가 제일 힘들었어요. 작가님한테 몇 번이나 미안하다고
그랬어요. 어떡하냐고. "사극을 한 번도 안 해본 감독이랑 하니
까 안 겪어도 될 고초를 겪네요" 했더니 작가님도 "그러네요"라
고 쿨하게 말하셨어요. "근데 어쩔 수 없죠, 뭐" 하고.
　작가님이 보조 작가 시절이나 세컨드 작가 시절엔 사극을

해봤던 사람들이랑 계속해 왔으니까요. 사람들이 그런 편견을 가지고 있을 줄 몰랐다고 하시더라고요.

—— 이 드라마를 찍으면서 공부하는 마음으로 하셨겠어요.

거의 그랬던 것 같아요. 그때 작가님이 추천해 줬던 책 중에서 도움이 됐던 게 김영사에서 나왔던 시리즈가 있어요. 『조선시대 왕실 사람들은 어떻게 살았을까?』, 『조선시대 환관들은 어떻게 살았을까』, 『조선시대 궁녀들은 어떻게 살았을까?』 그 시리즈가 쭉 있거든요. 그 책을 열심히 봤어요. 조연출들도 야외 조연출은 사극을 해봤지만, 본사 쪽에서 오는 내부 조연출들은 사극을 한 번도 안 해봤던 친구들이었기 때문에 같이 책을 읽었어요. (자문해 주시던) 박사님이 조연출들을 데리고 고궁박물관에 가서 어떤 것이 중요한지 교육도 해주셨죠.

—— 박사님이 엄청난 도움을 주셨네요.

역사 프로그램을 할 때 자문 교수님은 필수인 것 같아요.

이분이 여성 분이시고 전공은 삼국시대거든요. 그런데도 조선시대에 대해 많이 아시는 분이에요. 박사님이 지금 MBC에서 〈연인〉도 자문하고 계세요.

# 이 시대를 사는 사람들을
# 설득시킬 수 있는 서사

── 여성 캐릭터와 여성 서사에 대한 얘기를 여쭤보고 싶어요. 이
   업계에 계시니까 변화를 느끼실 것 같은데, 예전과 비교했을 때
   드라마에서 여성 서사는 어떻게 달라지고 있을까요?

확실히 여성 원톱 드라마가 많아졌어요. 영화랑 다르게 드라
마는 언제나 여성 서사가 중심이 될 수밖에 없었던 것 같아요.
안 그런 것처럼 보여도 사실은 여자들이 주인공이에요. 제가 좋
아했던 〈아들과 딸〉만 해도 사실은 귀남이(최수종 배우)보다 호
남이(김희애 배우) 얘기가 더 중심에 있었잖아요.

영화 쪽보다 드라마 쪽에서 아무래도 여성 작가님들이 훨씬
더 많이 기반을 다졌고, 활발하게 활약해 오셨어요. OTT에 영화
쪽 작가님들이 유입되면서 약간 달라지긴 했는데 드라마는 여전
히 여성 작가님 비율이 높아요.

그런데 예전에는 여성 작가님들조차 지금 기준으로 봤을 때
구시대적인 여성 캐릭터를 만드셨어요. 요즘은 기존 작가님들도
여성 캐릭터가 훨씬 더 진일보하는 느낌이에요. 더 다양해지고
요. 개인적으로는 〈미스티〉라는 드라마가 정말 획기적이었던 것
같아요. 〈미스티〉에서 주인공(김남주 배우)은 엄청난 페이소스
가 있잖아요. 악행도 서슴지 않고, 욕망도 발산하고. 이전에 보기
쉽지 않았던 여성 주인공이죠. 근데 지금은 빌런 역할도 여성이

하는 경우가 많아졌어요.

— 맞아요. 요 몇 년 사이에요.

여성 캐릭터가 훨씬 다변화된 느낌이죠.

— 피디님이 이번에 만든 멜로에서 여자 주인공의 역할을 봐도 조
금씩 변한 것 같아요.

그렇죠. 예전보다 적극적이고 의사 표현을 과감하게 하죠.
그래도 사극과 원작의 틀이 있었기 때문에 고민을 많이 했던 것
같아요.

— 어떤 점에서 고민을 하셨는지 구체적으로 듣고 싶어요.

현대인의 관점에서 봤을 때 '승은'이라는 건 폭력적인 과정
이 아닌가 싶어요. 책으로 볼 때는 아무렇지 않던 게 막상 대본
으로 보니까 이상하더라고요. 물론 덕임이가 사랑을 선택하는
거라고 계속 밑밥을 깔았고, 결국 '승은'도 선택의 과정이 돼야
하는 건데[23]. 내 안에 현대인과 이걸 읽는 독자로서의 충돌이 일
어났죠. 아무리 봐도 왕이 내 여자가 되어 달라고 무릎 꿇고 애
원하는 게 역사적으로 말이 안 되니까요. 원작은 사실에 기반을
뒀기 때문에 덕임이의 동의 같은 건 필요 없었어요. 그런데 드라

---

23) 덕임이 '승은'을 선택한다고 묘사되어 있지만, 실제로는 왕이 '승은'을 입을 대상을 선
택하기 때문에 현대적인 관점에서는 여성의 수동성이 더욱 도드라져 보일 수 있다.

마는 그렇게 찍으면 이상할 것 같더라고요.

옛날 사극을 레퍼런스 삼아서 봤는데 거기에 나오는 '승은'이라는 과정이 폭력적이라고 느껴졌어요. 어렸을 때 그런 걸 봤을 때는 아무 생각이 없었는데…. 나도 이렇게 폭력적이라고 느끼는데 이걸 보는 지금의 시청자들도 그렇게 느끼겠구나 싶었어요. 그래서 역사적 사실과 맞지 않아도, 산이 덕임에게 구애하는 과정 후에, 최대한 덕임이 스스로 사랑을 선택하는 걸로 바꿔야겠다고 생각했어요. 그 과정에서 작가님이랑 고민을 많이 했죠.

— 작가님은 그때 어떻게 얘기하셨나요?

작가님도 예전에 썼던 사극이라면 '승은을 입는다'라고 썼을 것 같은데, 막상 써놓고 보니까 그동안 그려왔던 (적극적인 여성 주인공이 등장하는) 드라마 톤이 있는데 그렇게 (수동적으로 보이게) 쓸 수 없다고 인정하시더라고요.

— 그래서 '승은'을 입기 전 부분이 길게 늘어난 거군요.

앞부분도 앞부분이지만 승은을 입은 직후, 두 사람의 알콩달콩한 순간이 회차 여건상 짧게 표현될 수밖에 없었어요. 그래서 그 순간만큼은 최대한 사랑스럽고 달달하게 가자고 주문했어요. 세영 씨랑 준호 씨한테 내일이 없는 것처럼 사랑하는 느낌으로 가자고 했죠. 진짜 오만 가지 장면을 다 연습했던 것 같아요.

── 시청자들도 애타게 기다리잖아요. 언제 둘이 사랑하게 될지,
 키스하게 될지.

그러니까요. 사실 현대극 미니 시리즈 같은 경우에, 요즘 8
부 안으로 다 키스를 하거든요. 〈옷소매〉는 키스가 나올 때까지
13부나 기다려야 하니까.

── 그런 룰이 있군요. 어느 회차에 어떤 장면이 나와야 한다는 룰
 이요.

요새 더 빨라진 것 같아요. 왜냐하면 사람들이 인내심을 갖
고 콘텐츠를 기다려주지 않아요. 요새 몇 배속으로 보는 분들도
너무 많고, 유튜브 요약본으로 보는 분들도 많아서 그런지…. 예
전에는 8부 안쪽으로는 키스 엔딩이 한 번씩 있어야 한다는 저희
만의 룰이 있었는데, 요즘은 4부 안에 해야 한다는 얘기도 많아
요. 그런 얘길 들으면 옛날 사람으로서 '아, 왜 이렇게 빠르지?'
하고 생각해요. (웃음)

── 작업하고 계신 〈정년이〉[24] 드라마 이야기를 여쭤봐도 될까요?
 해방 이후의 여성 국극에 관한 이야기죠. 웹툰 원작도 있고요.
 〈정년이〉는 웹툰을 봤어요. 네이버에서 제작하는 건가요?

---

24) 네이버 웹툰 〈정년이〉를 원작으로 1950년대 한국전쟁 직후, 소리 하나만큼은 타고
난 소녀 정년의 여성 국극단 입성과 성장기를 그린 드라마. 2024년 방영 예정으로,
2023년 인터뷰 당시에 정지인 피디는 드라마를 준비하고 있었다.

네, 스튜디오N이랑 엔피오, 그리고 mmm 이렇게 세 회사가 공동 제작으로 들어와 있어요.

─── 여성 국극단에 관한 이야기인데, 어떻게 이 드라마를 맡게 되셨는지 궁금해요.

대본이 2022년 가을 즈음 저한테 왔는데, 고민이 많았어요. 사실 웬만하면 사극 종류는 피하려고 했거든요. 원래부터 사극을 하던 사람도 아니고, 당연히 현대물을 해야 한다고 생각했어요. '좀 가벼운 걸 해야겠다' 이런 마음이었거든요. 그런데 한번 사극을 하고 나니까 진한 이야기에 아무래도 더 눈길이 간 하는 것 같아요. '현대인들은 왜 이렇게 재미없이 살까?' 막 이런 느낌? (웃음) '현대인은 낭만이 없어' 이런 생각이 들었나 봐요. 그래서 제 안의 두 자아가 충돌하면서 정신 차리라고 했죠.

─── 사극이 너무 힘들어서요?

'언제까지 사극을 하게?'(라는 생각을 했죠) 확실히 사극을 하고 나니까 그런 작품이 계속 저에게 들어와요. 그래서 '악당을 했던 배우가 계속 그런 역할을 제안받는 거랑 비슷한 걸까?'라는 생각도 들었어요.

─── 피디님 얘기를 들으니까 깊고 진한 얘기라는 게 어떤 느낌인지 확 오네요.

그렇죠? 시대의 흐름에 개인은 따라갈 수밖에 없고, 나의 운명을 컨트롤할 수 없는 그 거대한 흐름….

—— 큰 얘기를 한번 해보셨으면, 사랑에 외부의 거대한 장벽이 없는 현대인들의 사랑이 얕게 느껴질 수도 있겠어요.

그러니까요. 그래도 〈정년이〉는 배경이 1950년대라는 지점에서 흥미가 있었어요. '쉽게 구현할 수 없는 시대구나'라고 생각했어요. '이렇게 온전하게 완벽한 여성 서사를 언제 해보겠나?'라는 생각을 했어요. 저희가 남자 주인공이 없거든요. 아예 없어요, 원작처럼.[25]

—— 엄청나네요. 남자가 한 명도 없나요?

네, 없어요. 지금 조연들 세팅하는 중인데 '보는 재미를 어떤 식으로 다양하게 줄 수 있을까?' 그걸 고민 중이에요. 저도 여성만 나오는 드라마는 처음 해보니까. 확실히 남성, 여성이 섞여 있을 때는 성적인 긴장감이라든가 다양성에서 오는 조합이 있는데…. 온전히 처음부터 끝까지 여성들만 있는 이야기이다 보니까 어떤 식으로 개개인의 관계성을 재미있게 보여줄 수 있을까? 이런 고민을 해요.

---

25) 드라마 〈정년이〉에는 김태리, 신예은, 라미란, 문소리, 정은채 등이 출연한다.

── 너무 궁금해요. 근데, 잘될 것 같아요.

잘돼야 하는데…. 가상 캐스팅이 돌고 있는데, 거기에 구애받지 않겠다고 생각했어요. 확실히 소설과 다르게 웹툰은 그림체가 있고, 또 소설과 다른 팬층이 있다 보니 가상 캐스팅이 팬들 사이에서 많이 도는 걸로 알고 있어요. 저도 봤고요. 그래도 '웹툰의 그림체에 너무 구애받으면 안 되겠다'는 생각이 들었어요. 웹툰을 그대로 화면에 옮겨놓는 건 애니메이션이지 드라마가 아니니까요.

── 소설을 드라마로 각본화하는 작업은 한 번 해보셨잖아요. 웹툰은 완전히 다른 작업일 것 같은데 어떠세요?

소설은 글자라는 텍스트가 갖고 있는 해석을 보는 작업이에요. 웹툰은 원작이 갖고 있는 분위기 자체가 글과 그림이 같이 있는 거라 어렵더라고요. (웹툰에) 갇히지 않겠다는 얘기를 왜 했냐면, 저까지 원작에 갇혀 있을까 봐 걱정돼서 그래요. 저도 원작을 알고 있었고, 좋아했거든요.

── 드라마로 제안받기 전에 웹툰을 보셨던 건가요?

네. 유명한 원작이고, 주변에 보는 분들이 많았으니까요. 그래서 원작이 갖고 있는 분위기는 해치지 않되 또 그것만 구현하는 데 중점을 두면 안 된다는 생각을 하게 되었죠. 무엇보다 (웹툰 속 그림체가) 너무 예쁘잖아요. 예쁘고, 단아하고, 정갈하고.

──  디테일하게 그린 작품들일수록 드라마로 만들기 힘들 것 같아
요. 어떤 작품은 눈만 이렇게 콕콕 찍고, 단순화시킨 것도 있는
데…. 장그래[26]는 그나마 단순화시켰잖아요.

장그래! (웃음)


──  작업은 어느 정도 끝내셨나요?

조연들 캐스팅하고 있어요. 12부작 예정인데 앞부분은 아직
도 수정하고 있고요. 공연 부분을 영상으로 구현하는 게 가장 큰
과제일 것 같아요.


──  국극에 관한 영상 자료가 별로 없을까요?

거의 없죠. 있어도 옛날 사진 자료랑 90년대 초반에서 2000
년대 초반에 그걸 다시 구현한 자료들? 생각보다 여성 국극이라
는 게 뭔지 모르는 분들도 너무 많고요. 창극조차 낯선데 여성
국극은 더 낯선 느낌?

아직까지 공연을 하고 있다면 대본을 구하기도 쉽고 자료들
이 있을 텐데, 남아 있는 자료가 거의 없어요. 예를 들어 원작에
는 안 나오지만 〈햇님과 달님〉이라든가…. 〈투란도트〉를 원작으
로 해서 번안극을 올렸던 〈햇님과 달님〉이라는 작품이 있다고
하더라고요. 이런 건 기록으로만 짧게 있을 뿐, 어떤 식으로 올렸

26) 〈미생〉의 주인공으로 원작의 그림체는 다른 만화에 비해 단순한 편이다.

는지 자료가 없어요. 정말 상상을 해야 하는 상황이에요.

── 힘드시겠어요.

그 얘기를 제일 많이 하는 것 같아요. "내가 이걸 왜 한다고 했지?" 그랬더니 김태리 배우가 그러라고요. "우리는 지금 망망대해. 우리는 서로밖에 붙잡을 게 없다"고. "잘 버티자"고. 정말 대단한 사람이라고 생각해요.

── 김태리 배우랑 일해보니까 어떠세요?

이 배우와 같이 일할 수 있다는 게 영광이다. 지금도 대단한 배우이지만 더 대단한 배우가 될 것 같아요. 이제 30대 초반인데 이 배우가 40대, 50대가 되면 메릴 스트립보다 더 대단해져 있을 것 같아요.

── 그 정도의 포스와 기운이 느껴지나요?

물론 만나면서 더 친숙해지는 느낌은 있는데…. 촬영할 때 어떤 느낌일지 너무 기대가 돼요.

## 결혼과 삶,
## 그 밸런스에 대해

── 피디님은 결혼하셨죠? 일과 삶의 균형은 어떻게 맞추고 계세요?

사실 결혼을 할 거라고 생각을 안 했기 때문에. 여자 드라마 피디들이 대부분 그럴 것 같아요. 결혼이 목표인 사람이 별로 없죠. MBC에도 결혼한 분은 있지만 자녀가 있는 분이 없어요.

── 아, 한 명도 없나요?

농담이지만 다음 달에 〈일당백집사〉 했던 심소연 피디가 카메라 감독이랑 결혼을 하거든요, 사내에서. 저희끼리 그 얘기했어요. "빨리 애 낳아라. MBC도 드라마국 여자 피디가 결혼하고 애 낳았다는 얘기 좀 들어보자."

── 남자 감독들은 다 낳으시잖아요.

남자 피디들은 결혼을 늦게 하기는 해도 커리어에 있어서 출산이 엄청난 제약이 되지 않으니까요. 여자 피디들은 사실 결혼하기가 쉬운 환경도 아니고, 만나도 내부 사람과 만나는 경우가 훨씬 많아요.

── 저희 본부에도 출산한 여자 피디가 저밖에 없어요.

왜 이렇게 적죠, SBS는? MBC 교양국 여성 피디들은 출산하는 분 많아요. 국장급도 꽤 있으니까, MBC에는.

—— 저희 본부에서는 여자 중에 제가 제일 나이가 많아요.

진짜요? 그러면 CP[27]나 국장급엔 여자가 없는 거예요?

—— 없어요. 여자 CP가 없어요.

(기가 막힌 표정)

—— 아직도 다 남자예요. 저희 회사가 제일 후져요. (웃음)
—— 이 책의 독자들이 드라마 피디 지망생이거나 아니면 젊은 영상 창작자 지망생일 수 있어요. 이 직업을 선택하라고 자신 있게 얘기해 주실 수 있나요?

이런 질문 들으면 저도 모르게 항상 "하지 마세요"라고 이야기해요.

—— 드라마 피디, 하지 말라고 이야기하고 다니시는 거죠?

피디님은 그렇게 얘기 안 하세요? 근데 이제는 저도 그만둘 수 없으니까. (웃음)

2020년에 〈옷소매〉가 편성이 엎어졌을 때 처음으로 그만둬

---

27) Chief Producer의 준말로 선임 피디, 혹은 팀장과 평피디를 관리하는 관리자 역할을 한다.

야겠다고 생각했어요. 아예 이 직종을 하지 말아야겠다. 근데 십몇 년을 드라마 피디로 살아왔더니 다른 일 할 수 있는 게 아무것도 없어요. 차라리 뭔가 아예 다른 일을 하고 살았으면 어땠을까 하는 후회가 있었던 것 같아요. 어찌 이렇게도 현실적인 것과 거리가 먼 직업을 갖고 살았을까 싶더라고요.

뒤늦게 다른 곳에 이력서를 넣어볼까 하고 열심히 찾아봤는데, 경력 없이 지원할 수 있는 직종이 생각보다 없더라고요.

— 그러게요. 드라마 피디를 그만두고 할 수 있는 직업이 많지 않은 것 같아요.

친한 동기들이 드라마 피디 제외하면 교양국에 한 명, 예능국에 한 명 있어요. 라디오 피디였던 친구는 그만두고 다른 일을 하러 떠났어요. 셋이서 그런 얘기를 한참 했죠. "우리가 그만두고 뭘 할 수 있을까?" 재밌는 게 교양국은 웬만하면 그만둘 생각이 없는 것 같고, 예능은 "이러다 CP 해야지, 뭐" 이러는데 드라마 피디는 사실 그만두면 진짜 할 게 없어요.

— 개인적인 질문이 하나 있어요. 드라마국에서, 혹은 회사 차원에서 좋은 작가를 붙여주고 밀어주는 작품이 있고, 반대로 개인이 어떻게든 맨땅에서 발굴해서 스스로 만들어내야 하는 작품들이 있잖아요. 〈옷소매〉 같은 경우에는 피디님이 원작도 발굴하고, 많은 부분을 피디님 스스로 진행한 작품이죠?

그렇게 했다고 얘기하고 싶어요. 물론 회사는 안 좋아하겠지만. (웃음)

── 회사에서는 큰 기회를 줬다, 이렇게 생각하실까요?

네, 그렇게 얘기할 것 같아요. 사실 제작비가 사극 치곤 적은 편이었어요. 그건 여기서 확실하게 명시하고 갈게요.

── 스스로 기획하고, 원작을 발굴하고 각본으로 만든 경험이 커리어에 큰 도움이 되셨을 것 같아요.

〈옷소매〉도 기대를 한다고 했지만, 회사가 저희 팀에게 '돈 마음껏 써'라고 하진 않았으니까요. 예산 책정 과정에서 적은 예산을 받아들이고 시작했던 작품이었어요. 해주면 좋은데, 그렇다고 딱히 큰 기대도 없는 상황이었어요. 항상 그렇게 시작하는 것 같아요. 너무 시니컬한가?

── 저는 그런 이야기들이 크게 다가와요. 제작비는 한정되어 있기 때문에 많은 조직에서는 특정 피디들한테만 인력과 자원을 몰아주잖아요. 그래서 어떤 면에서는 커리어가 조금씩 벌어지기도 하죠.

맞아요. 시작점이 다르니까.

── 이 작품이 성공한 게, (피디님의) 첫 번째 작품이 아니라 세 번

째 작품이었다는 게 의미가 있는 것 같아요.

다른 인터뷰에서도 비슷한 질문을 하셔서 그런 얘기를 했어요. 처음부터 너무 잘되는 작품을 했으면 오히려 독이 되지 않았을까? 항상 어떻게든 그냥 꾸역꾸역 해나가는 기분으로 하고 있었는데, 열심히 하다 보면 언젠가는 보상이 있긴 하다는 느낌이 들었어요.

어떤 후배가 그런 얘기를 하더라고요. 처음부터 잘된 사람보다 선배 같은 사람을 보니까 희망이 생긴다고. 그래서 제가 "이녀석, 조용히 해. 이거 칭찬이야? 욕이야?" 이랬어요. (웃음)

—— 후배님이 굉장히 솔직하네요.

네. 저랑 친하니까 그렇게 말한 거긴 하죠. 근데 그런 길도 있다는 걸 후배들한테 보여줄 수 있어서 좋아요. 사실은 그런 분들 많잖아요. 처음부터 좋은 성적을 받는 사람들, 반짝반짝거리는 사람들. 저는 절대 그런 쪽은 아니었어요. 하면서 시행착오도 많았고. 여전히 시행착오를 겪는 중이에요. 새 작품을 준비하면서 느끼는 건데, 경험이 쌓인 건 좋은데 다른 작품을 시작하면 아무것도 없는 맨땅에서 헤딩하는 것 같아요. 특히 (국극) 공연 준비를 하면서 한 번도 해본 적 없는 음악이나 춤이 들어오고, '극 속의 극(드라마 속의 국극)'이라는 장르가 결합되니까요. (한숨)

그렇지만 열심히 해야지요, 뭐. (웃음)

— 평소에 '열심히…' 그런 생각 많이 하세요?

'그냥 열심히 해야지, 뭐 어쩌겠냐?' 매일 이런 생각해요.

— 피디님이랑 그 말 참 잘 어울려요. 열심히 하실 것 같아요.

다 똑같지 않을까요? 사실 시청자들은 열심히 했던 걸 보지 않고 결과물만 보는 거니까요. 모든 스태프와 배우가 정말 다 열심히 하고 있어요. 결과는 우리가 예상했던 것과 다른 경우도 많죠. 그래도 이때까지 제 주변을 보면, 최선을 다하지 않는 사람은 별로 없더라고요.

— 최선을 다해도 성공하지 않는 경우는 사실, 너무 많지요.

너무 많아요. 그래도 최선을 다할 수밖에 없는 것 같아요.

— 마지막으로 드라마 피디를 준비하는 후배들에게 해주고 싶으신 얘기가 있을까요?

후배들이 어떤 얘기를 좋아할까요? 약간 먼 산을 보게 되는 것 같아요. (웃음)

— 아니면 여자 조연출분들한테 실질적인 조언을 많이 하시잖아요. 그럴 때 어떤 얘기를 주로 하세요?

성희롱당했을 때 주변에 재빨리 알려라. 참지 마라. 뭐 이런 얘기들?

── 현실적인 조언이네요.

왜냐하면 정말 그건 안 되는 일이에요, 진짜. 참았다가 결국
에는 상황이 더 나빠지니까요. 이건 저도 경험해 봤어요. 내가 참
았더니 후배가 똑같은 일을 당했을 때 제가 할 말이 없어지더라
고요.

── 중요한 얘기네요.

피디님도 그런 거 느끼지 않으셨나요? 비슷한 세대로서 그
과정을 거쳐왔으니까.

── 맞아요. 사내에서 '파이터'[28]로 살아야 해서 너무 힘들어요.

저도 그래요. 몇 년 전에 또 성희롱 사건이 발생해서 화가 났
던 일이 있었어요. 〈옷소매〉 촬영이 한창이었던 시기였거든요.
엄청나게 큰 사건은 아니었어요. 그래도 마무리가 잘된 편이었
지만, 그 과정에서 듣고 화났던 얘기가 '지인이(본인)는 모르게
하라'는 얘기였어요.

── 정말요?

내가 국장실 가서 뒤엎을까 봐 그랬을까요? 다행히 잘 마무
리됐어요. 피디님도 파이터로 살아오셨으면 너무나도 공감할 수

---

28) 성 비위 사건이 일어날 경우 회사에서 여자 피디들이 좀 더 적극적으로 나서야 하는
경우가 더러 있다.

밖에 없을 것 같은데.

— 전 파이터를 하고 싶지 않은데 해야 할 때가 있어서 힘든 것 같아요.

하고 싶지 않은데 할 수밖에 없으니까 해야 하는 것들… 그런 게 분명 있죠.

— 저희 같은 경우엔 (여성 피디가) 회사에 너무 없으니까 그런 것 같아요.

하필 며칠 전에 본부장이 바뀌어서 본부장님과 부서별로 회의하는 시간이 있었어요. 그 자리에서 제가 했던 얘기가 딱 이거였어요. "최근에 우리가 성희롱 예방 교육을 하기로 한 지 몇 년 됐고, 정착이 됐다고 생각했는데 여전히 안 한 팀이 있다고 들었다. 내가 왜 이 연차가 돼서, 이 얘기를 하고 있어야 하냐?" 그분이 전에 본부장을 한 번 하셨던 분인데 이번에 다시 되셨거든요. 5, 6년 전에 분명히 성희롱 예방 교육을 정착시키겠다고 얘기했던 분이세요. 그래서 "본부장님이 예전에 이걸 정착시키자고 했던 건데, 같은 본부장님께 이 얘기를 내가 또 해야 하는 게 너무 화가 난다"고 강하게 말했어요.

— MBC는 성희롱 예방 교육을 잘하고 있나요?

2017년, 제가 〈자체 발광 오피스〉 할 때 미니 시리즈에서는 처음으로 스태프들에게 성희롱 예방 교육을 했어요.

제일 처음으로 이 교육을 했던 팀은 단막극 〈빙구〉 팀이었거든요. 제 후배 이강인 피디이고, 여성 피디의 입봉작이었어요. 이 피디가 드라마를 하기 전에 스태프들과 배우들에게 성희롱 예방 교육을 하고 싶다고 해서 제일 처음 진행했던 거였어요. 그다음에 제가 했는데 어쩌다 보니 미니 시리즈 중에서는 처음으로 스태프들한테 성희롱 예방 교육을 했던 거죠.

—— **생각해 보면, 의미 있는 첫 시작이었네요.**

아이러니한 게 처음에 강인 피디와 둘이서 드라마국 회의 때, 그걸 건의했어요. 그때 다들 왜 하냐는 분위기였어요. 2015년, 16년 그쯤이었던 것 같아요. 그러면 성희롱 예방 교육은 좀 앞서 나가는 부분이 있으니 최소한 대본에다가 (성희롱 예방에 관한 내용을) 박아달라고 요청했어요. 그 뒤로 MBC에서 나오는 모든 대본에는 앞에 '이게' 있거든요. (정지인 피디는 대본을 펼쳐 가장 앞 페이지를 보여줬다.)

이걸 처음으로 했어요. 그 뒤로 모든 대본 첫 페이지에 무조건 이게(성폭력 규약) 실리게 됐어요.

—— **굉장히 앞서간 행동이었던 것 같아요. 당시만 해도 다른 회사는 (그런 게) 없었던 걸로 알고 있어요.**

저희가 처음이었을 거예요. 심지어 그때 불미스러운 사건들

이 있었고 해고자도 발생했어요. 시니컬하게 반응하면 안 되는데 저도 모르게 시니컬하게 반응했어요. (사고가 발생하니) 회사에서 '우리는 성희롱 예방 교육을 하고 있다'는 걸 방패막이로 삼았거든요. 속으로 '안 했으면 어쩔 뻔했어?'라는 생각이 들더라고요.

—— 진짜 안 했으면 어쩔 뻔했어요. 대단하신 것 같아요. 어떤 방식으로 하셨나요? 외부 강사를 모셨나요?

처음에 그렇게 했고 코로나19 시기를 거치면서 동영상으로 대체했어요. 지금은 스태프들이 동영상을 봤다고 서명하고 가게끔 운영하죠. 짧게, 금방 진행할 수 있게.

사실 우리는 직원이니까 회사에서 하는 성희롱 예방 교육 동영상 강의를 보는데, 스태프와 배우들은 대부분 프리랜서에요. 우리와 같이 일하는 사람들이 이런 환경에 노출됐을 때를 대비해 미리 예방 교육을 해야 하지 않을까 생각했어요. 그때 영화 쪽에서 미투 이슈가 생겼죠. 〈걷기왕〉이라는 영화에서 그런 교육을 처음으로 했다고 들었어요. 그래서 그쪽 제작진을 만나서 (성희롱 예방 교육에 관한) 양식을 하나 받았어요. 드라마 현장에 맞게 저희가 수정해서 올렸지요.

—— 적극적이었군요.

그때 "그런 거 왜 신경 써?" "드라마 연출은 그런 걸 중요시하면 안 된다." "우린 예술 하는 사람이지." 이런 얘기를 저랑 강인 피디에게 자꾸 해서 힘들었어요.

—— 힘드셨을 것 같아요. 그런 얘기 들으면.

피디님도 비슷한 얘기 많이 듣지 않으세요?

—— 이런 얘기를 들은 적은 없는데, 성폭력 사건이 발생하면 윗분들이 저한테 의사를 물어보실 때가 많아요. 어떻게 처벌해야 할

지 물어보세요. 그러면 부담스럽죠.

어떻게 처벌하긴. 인사위원회에 올라가서 회사 규약대로 하면 되잖아요. 그걸 왜 개인에게 묻는지 이해가 안 되네요. 정확하게 회사라는 틀이 있고, 회사가 없으면 조언을 구할 외부 단체들이 있잖아요. 왜 한낱 개인에게 그 책임을 넘길까요. 마치 내가 무슨 단죄자인 것처럼.

—— 저희 국 내부에는 그런 분위기가 있어요.

초반에 그런 사건들 발생하면 사람들이 묻죠. "여사원 협의회에서 뭐래?" MBC에는 2005년부터 〈여사원 협의회〉가 있다가 지금 〈성평등 위원회〉로 이름이 바뀌었어요. 여성 사원 협의회는 사실 활동비를 내는 단체도 아니고 그냥 MBC 내의 모든 여성 회원이 참여하는 조직이에요. 그래서 '그런 거(성폭력 사건)에 대해 얘기할 수 있지만 사실 처벌의 주체는 아니다'라고 얘기해요. 성희롱이나 성평등에 관한 문제를 해결할 방식은 분명히 사규에 있잖아요. 그걸 그대로 적용하면 되는데 왜 개인이나 여사원 협의회에 의견을 구하는지 모르겠어요.

—— 피디님이 방금 하신 얘기들이 중요한 얘기인 것 같아요.

근데 그 생각은 했어요. 왜 우리가 만든 드라마가 성공하지 못했다는 이유로, 이런 사건에 대한 발언권조차 없는 걸까? 그게 맞는 걸까?

── 이번에 성공하셨으니까, 피디님의 발언권에 힘이 실린다고 느껴지셨나요?

〈옷소매〉가 성공한 뒤에 본부장님한테 얘기할 때 힘이 좀 실렸을 수도 있죠. 회의 전에 성희롱 예방 교육 안 한 드라마가 어디인지 파악하느라고 후배들한테 좀 물어봤는데, 남성 후배들조차도 "선배가 발언권이 생겼으니까 이때 세게 얘기하라"고…. 그래서 "알겠다"고 했어요. 그러고 나서 보니까 '뭐야, 드라마 성공했다고 발언권이 세지는 거야'라는 생각이 들어서 웃기더라고요. 사실 그게 무슨 상관이에요. 이런 거 상관없이 무조건 얘기해야 하는 건데!

혹시 나중에 입사하거나 이 일을 시작하는 사람이 있으면 정말 성폭력이나 성희롱처럼 부당한 일이 생기면 참을 필요가 없다고 말하고 싶어요. 이런 걸 다 겪어왔던 사람들이 있으니까 꼭 얘기하는 게 중요한 것 같아요.

── 후배들에게 전하기 너무 좋은 얘기인 것 같습니다. 진짜로.

제 이야기가 도움이 됐나요? (웃음)

"설령 사소한 거라도 좋아.
선택이란 걸 하며 살고 싶어."


〈옷소매 붉은 끝동〉 중에서

The Drama must go on.

# 여자들이 진짜로
# 원하는 것

# # 여자들이 진짜로 원하는 것

종종 부암동에 산책하러 간다. 제일 좋아하는 코스는 부암동 계열사 치킨집을 기점으로 편의점을 지나 북악산 뒤쪽의 백사실 계곡으로 가는 길이다. 이 길이 좋은 이유는, 인적이 드물기 때문이다. 그런데 어느 날부터 이 길을 걷다 보면 종종 예상치 못했던 무리와 마주친다. 바로 중년의 일본 아주머니들이다. 대개는 연갈색 파마머리를 하고 삼삼오오, 심지어 열댓 명씩 우르르 몰려다니며 두리번거린다. 안 그래도 인적이 드문 길에서 은인을 만난 표정으로 나에게 달려와 묻는다. "코히… 후린스…?" 그렇다. 이들은 드라마 〈커피프린스 1호점〉의 촬영지를 보러온 것이다(극 중 한성의 집이 현재 부암동에서 카페로 운영되고 있다).

솔직히 고백하겠다. 이윤정 피디가 연출한 작품들 중 최근작을 찾아본 건 인터뷰 직전이었다. 특히 〈골든 타임〉과 〈치즈 인 더 트랩〉은 인터뷰 직전 부랴부랴 챙겨서 봤다. 하지만 〈커피프린스 1호점〉은 무려 세 번이나 봤다. 아직도 기억이 난다. 피디 시험을 준비하던 그 시절, 내 또래 이십 대 여성들은 이 드라마를 보고 열렬히 환호했다. '어쩌면 이렇게 우리 마음을 정확히 아는 드라마가 있냐'고 '우리의 로망이 뭔지 너무 잘 아는 것 같다'고 (커피숍에서 커피 마실 돈은 없으니 자판기 커피를 마시며) 열을 올렸다. 그야말로 최고였다. 무려 15년이 지난 지금까지도 일본 아주머니들을 이 머나먼 산속으로 오게 할 정도로.

인터뷰를 준비하면서 〈커피 프린스 1호점〉이라는 메가 히트작을 만든 이윤정 피디의 세계를 자세히 들여다볼 수 있었다. 20년 가까이 지난 지금도 수많은 마니아가 기억하는 〈태릉선수촌〉, 인상적인 단막극 데뷔작 〈매직파워 알콜¹⁾〉, 캐릭터들이 살아 숨 쉬는 〈치즈 인 더 트랩〉, '살짝 시대를 앞서갔었구나'라는 아쉬움까지 들게 만드는 〈트리플〉까지. 다 보고 나서 많은 여성이 왜 이윤정표 드라마에 열광했는지 의문이 살짝, 풀렸다. 이윤정 유니버스 안에는 'What women really want?(여성들이 진짜로 원하는 게 뭐야?)'라는 질문이 살아 있기 때문이다.

---

1) 한글 맞춤법상 알코올이 표준어이나 드라마 원제목인 '알콜'로 표기함.

이런 시기가 있었다. 사랑이 모든 걸 압도하고, 이를 위해서 목숨까지 바칠 수 있는 시대. 하지만 2000년대는 좀 달라져야 했다. 드라마 속 캐릭터들은 청년 실업도 겪었고, 취향도 분명해졌고, 달라진 시대상에 맞는 연애도 해야 했다. 하지만 당시만 해도 한국 드라마 속 남자들은 "나랑 살래! 아니면 같이 죽을래!"라는, 1920년대 일제강점기에 이상 시인이 했을 법한 대사들을 울부짖고 있었다. (비하하려는 건 전혀 아니다. 다만 요즘 이 대사를 했다면 분명 다른 맥락으로 해석되지 않았을까.)

이윤정 피디의 드라마에 등장하는 여성 캐릭터들은 확실히 달랐다. 〈커피프린스〉의 여자주인공 은찬은 굳이 남장 여자일 때가 아니더라도 늘 보이시하다. 그녀의 매력은 외모 뒤에 가려진 순수함과 사랑스러움이 '외모를 뚫고 나올 때' 비로소 빛을 발한다. 덥수룩한 빨간 폭탄 머리를 한 〈치즈 인더 트랩〉의 김고은도, 노 메이크업에 몇 개 안 되는 옷을 돌려 입는 〈아무것도 하고 싶지 않아〉 속 설현도. '멜로라인이 납득되는' 화려한 외모를 자랑하기보다는 배우의 외연이 아니라 내면에서 만들어지는 목소리에 귀를 기울이게 만든다. 그게 대부분의 '보통 여자'에게 더 와닿았던 것 아닐까.

이 피디에게 'What women really want?'를 어떻게 캐치했는지 직접적으로 묻지는 못했다. 다만, 인터뷰가 끝난 뒤 짐작할 수 있었다. 이 피디는 '여성인 자신이 무엇을 원하는지' 잘 알고 있는 사람이다. 그래서 〈태릉선수촌〉이라는 희대의 데뷔작, 〈커피프린스 1호점〉이라는 메가 히트작, 그리고 최근작인 〈아무것도하고 싶지 않아〉에는 '이윤정이 좋아하는 것'들이 마구 담겨 있다. 사실 1세대 여자 피디로서 그걸 카메라에 담는 과정은 쉽지 않았다. '그게 왜 좋은 거야?'라는 질문을 뚫고 나가야만 했다.

　그래서 다시 한번 느낀다. 좋은 창작자는 대중이 원하는 게 무엇인지 귀 기울이는 동시에, 궁극적으로는 '자신이 무엇을 원하는지에 귀 기울이는 사람'이다. 그래서 자신이 좋아하는 것을 뚝심 있고, 성실하게 드라마에 녹여 대중을 설득해 낸 이윤정의 비법이 궁금했다. 이 인터뷰에는 연신 특유의 주름 잡힌 웃음으로 답해준 이윤정 피디의 '비법'이 들어 있다.

— 피디님, 인터뷰하게 되어서 너무 기뻐요. 뵙게 되기를 정말, 고
대했거든요. 여러 번 연락을 드렸었는데, 드디어…! 드라마 이
야기 하기 전에 옛날이야기를 잠깐 해볼까 해요. 방송국에 오시
기 전 얘기가 궁금하거든요. 학교에서는 어떤 학생이셨나요?

저희 자랄 땐 지금처럼 영화나 드라마에 대한 정보가 많이
없었어요. 중학교 2학년 때, 드라마를 너무 좋아했는데 그중에서
도 베스트 극장을 좋아했어요. 스크롤이 올라가는 걸 보면서 황
인뢰, 주찬옥이라는 이름을 보고 저 사람들처럼 되려면 어떻게
해야 하나 생각했어요. '황인뢰[1]라는 사람처럼 되고 싶다.' 그분
이 너무 훌륭해 보여서요.

학교에 가서 담임 선생님한테 여쭤봤죠. 드라마 만들고 싶으
면 어떻게 해야 하나 했더니 신문방송학과를 가면 된대요. 그때
정한 거예요. '신문방송학과를 가야겠다.' 신방과를 가면 드라마
에 관한 공부를 하는 줄 알았어요. 그런데 막상 가보니 완전히
달랐어요. 한국 언론학 이런 거 배우고…. 졸업을 앞두고 영화를
하려면 현장으로 가야 되고, 방송사를 가고 싶다면 시험을 봐야

---

1) 전 MBC 드라마 피디. 〈궁〉〈꽃을 든 남자〉 등 연출.

해요. 고민하고 있었어요. 그랬더니 후배가 지나가면서 "누나, 짜장면 먹을지 짬뽕 먹을지는 언제나 고민하게 돼. 일단 찍을 수 있는 걸 먼저 찍고, 필요한 건 나중에 다시 찍으면 되지. 그러니 일단 찍고 싶은 거, 쉬운 걸 먼저 해" 그러는 거예요.

영화를 배울 거면 NYU(뉴욕대학교)로 가고 싶었어요. 유학을 가야겠다고 생각했어요. 신방과에서는 배운 게 없으니까. 서점에 가서 GRE 책(대학원 유학을 위한 교재)하고 상식 책(언론고시 준비용 교재)을 딱 비교했어요. 그런데 상식 책이 더 쉬운 거예요. (웃음) 그날, 저의 운명이 드라마 피디로 정해졌지요. 그래서 방송국 시험을 보고 들어오게 되었네요.


—— 유학 준비를 하시기도 했군요. 당시에 안판석 피디님, 황인뢰 피디님을 좋아하신 거죠. 이유가 궁금해요.

중학교 2학년의 눈으로 봤을 때도 작품이 굉장히 고급스러웠어요. 어린 나이에도 제가 봤던 다른 드라마나 영화에 비해 수준이 높다고 생각했던 것 같아요. 황인뢰 피디의 드라마를 보면 억지 설정 같은 게 없어요. 굉장히 자연스럽게 사람 이야기를 풀어내서 세련됐다고 생각했어요. 그때 봤던 드라마 이름이… 그때 박순애 씨였나, 지금은 연기를 하지 않으시는 분인데 피아니스트로 나왔고, 이효정 아저씨가 일본 기자로 나왔어요. 그 둘의 사랑 이야기를 그린 드라마였어요.[2]

6.10 항쟁 때문에 사회가 어수선해지면서 둘이 헤어졌다가

이효정 씨는 기사를 쓰고 학교로 돌아가요. 저는 둘이 아이 낳고 행복하게 사는 엔딩으로 기억하고 있었어요. 근데 입사하자마자 왠지 잘못 기억하는 것 같다는 의심이 들더라고요. 자료실에서 테이프를 찾아 다시 보니까 둘이 헤어졌더라고요. 그 드라마의 엔딩을 바꿔서 기억하고 있었던 거예요. 그만큼 그 작품을 좋아했어요. 스토리를 다르게 만들어서 기억할 만큼 좋아했던 거죠.

MBC 안에 황인뢰 선배님이나 안판석 선배의 계보를 잇는 선배들이 있어요. 쉽게 말해 스케일이 큰 〈여명의 눈동자〉(김종학 연출) 같은 장르를 만드시는 분, 아주 한국적인 작품을 하시거나, 〈그대 그리고 나〉(강효헌 연출) 같은 걸 하시거나, 〈서울의 달〉(정인 연출) 하시거나…. 이렇게 연출 색깔이 다양하게 있었어요. 〈마지막 승부〉(장두익 연출)도 있었죠. 한편으로 황인뢰 선배님과 같은 류의 드라마를 하시는 선배님들이 있었어요.

제가 조연출 할 때, 만 7년을 해야 해서 이 사람 저 사람을 다 겪어봤어요. 반면교사였어요. 건방지게 말하면 '이렇게 찍으면 안 되는구나, 드라마는 저렇게 하면 안 되는구나'라고 생각했어요. 조연출 하면서요. 근데 딱 한 사람, 안판석 선배님 조연출 할 때는 '이래서 이렇게 찍는구나, 이래서 이렇게 이야기를 만드는구나'를 아무것도 모르는 저도 파악할 수 있었죠. 연출이 되고 나서 보니까 선배님들을 무시했던 것도 일정 부분 제가 갖고 있

2)  1988년에 베스트극장으로 방송된 〈서울특파원〉으로 추정된다.

는 취향하고 안 맞아서였던 것 같아요. 또 그분들이 했던 연출이 이렇게 어려운 거라는 걸 몰라서 그랬죠. 어쨌건 취향은 그런 쪽 (황인뢰, 안판석)이었어요.

—— 안판석 피디님 조연출은 언제 하셨어요?

〈현정아 사랑해〉라는 미니 시리즈를 했어요. 시청률은 높지 않았어요. 속상했는데 그때 수목이었고 월화가 〈네 멋대로 해라〉였거든요. 완전히 묻힌 거예요. 개인적으로 속상했어요.

—— 그때 안판석 피디님한테 '이런 건 배울 만하다'라고 느끼셨던 게 어떤 것들이었을까요?

드라마를 찍으면 풀숏, 미디엄숏, 버스트숏(bust shot) 이런 개념이 있잖아요. 신을 찍을 때 숏 사이즈나 모양은 일정해요. 그런데 (안판석 피디는) 왜 여기서 풀숏을 찍는지 딱 알겠더라고요. 왜 여기서 바스트를 찍는지 알겠고요. 예를 들면 배우들이 일어서면 풀숏, 앉으면 바스트숏으로 붙이는 분도 계세요. '동선'에 따라 찍는 거죠. 근데 안판석 피디는 '감정'에 따라 찍어요. 이 감정을 왜 풀로 찍는지, 이 감정을 왜 사이드 투숏으로 찍는지, 그분하고 같이 일해보니 감정적으로 알겠더라고요. 제가 대본을 읽고서 생각했던 감정하고 맞는 부분이 있었고요.

똑같은 대본이라도 열 명이 들고 나가면 다 다르게 찍어오고, 배우 열 명이 연기를 하면 다 다르게 나오는 것처럼 어떤 게

중요하다는 걸 이성적으로도 파악하고 있어야 해요. 본능적으로
파악하게 되는 거죠. 힘을 배우는 거예요. 그러려면 스스로 낮아
져야 하고요. 아는 척, 혹은 알아야 한다는 숙제를 벗어던져야 해
요. 피디가 그 순간에 살아 있어야 해요. 그런 부분을 많이 배웠
어요.

—— 피디님은 어떤 조연출이셨어요?

제가 이나정 피디랑 친하거든요. 이런저런 얘기해 보면 저랑
비슷한 부분이 많아요. 저는 조연출을 정말 못했어요. 좋게 말하
면 반반이었어요. 방송국엔 절 싫어하는 사람들이 대부분이었
고, 절 예뻐해 주는 몇몇 선배가 있었어요. 일단 현장 진행을 너
무 못했어요. 7년 내내 마지막 날까지도 현장에서 머리를 쥐어뜯
으면서 '그다음에 어떻게 해야 하지?' 이런 생각이 들어서 너무
힘들었어요. 그 당시에는 조연출 한 명이 다했거든요. 야외랑 스
튜디오 촬영을 혼자서 다 했죠.

—— 실내 스튜디오 연출이랑 야외 전부요?

네. 야외 촬영도 다 하고, 예고 만드는 것도 저희가 했고, 타
이틀도 만들었고. 이걸 다 해야 했어요. 잠을 거의 못 잤어요. 예
를 들면 야외 촬영하다 (지하철에서 내려야 하는 상황이 있으
면) "지하철에서 다 내리세요. 빨리!" 하면 갈아타는 시간에 빨
리 찍고 내려야 하잖아요. "빨리 내리세요. 차량 여기서 내려야

합니다" 하고 막 소리 지르고 보면, 저만 거기서 안 내리고 소리 지르고 있어요. 그러면 누가 "조감독님만 내리면 돼요!" 해요. 현장이 이런 식이야, 항상. (웃음)

— 너무 웃긴 상황이네요.

그런 일이 너무 많았어요. 제주도 출장을 가면 촬영팀, 연출팀 (비행기) 티켓도 조연출이 관리하거든요. 그런데 티켓이 있는 가방을 공항에 안 갖고 가요. 그러면 제 돈으로 다시 다 끊어서 사고 나중에 수습하고···. 이런 사건이 너무 많았죠. 현장 진행은 진짜 젬병이었어요. 늘 뛰어다니는데 실수를 해서 한 번 뛸걸, 세 번씩 뛰어다니는 거예요. 그래서 항상 힘들었어요.

전 편집실에 있는 걸 좋아했어요. 예고랑 타이틀 만드는 걸 정말 좋아했어요. 그걸 잘해서 선배가 예뻐해 주셨죠. 그다음에 작가를 만나러 갈 때 옆에 꼽사리 끼고 있다가 한두 마디 피드백해 드리는 것도 좋아해 준 선배들이 있었어요. 그런 역할은 굉장히 좋아했거든요.

— 어떻게 보면 피디의 본 업무는 잘하셨는데 그걸 서포트하는 일이 어려우셨던 거 같네요.

굳이 미화하면 그렇죠. 힘들었어요, 조연출 시절이. 딱 연출 입봉하고 나서 사람들은 장이 다 꼬인다고 그러더라고요. 혼자 다 해야 하니까요. 그런데 저는 좋았어요. 이렇게 재밌는 걸 애들끼리만 하고 있었네, 싶더라고요. 회사에서 저 혼자 여자였기 때문에 처음에 겁을 많이 주셨어요. 물론 스트레스를 많이 받긴 했는데 그래도 재밌었어요. 그렇게 어렵지 않았어요.

## 누구도 만들어보지 않은 드라마를 만든다는 것

── 첫 현장이 기억나세요? 저라면 엄청나게 두근거릴 것 같아요.

글쎄요. 안 그랬던 것 같아요. 비슷했던 것 같아요.

── 피디님 필모그래피 살펴보면서 초기작 위주로 많이 봤어요. 〈매직파워 알콜〉도 다시 봤어요.

저도 다시 못 본 작품이네요.

── 피디님들은 본인의 입봉작은 절대로 다시 안 보시더라고요. 다른 피디님들도 왜 초기작을 봤냐고 뭐라 하세요. 저는 그걸 보고서 피디님이 '이런 부류의 드라마를 처음에는 만들고 싶어 하셨구나' 하고 느꼈어요. 사람과 사람 사이에 있을 법한 작은 이야기를 섬세하게 표현하고 싶으셨구나 하고 느꼈어요.

그때 영화보다 드라마가 더 재밌다고 생각했어요. 실제로 해보니까 디테일한 얘기들을 충분히 할 수 있는, 그러니까 큰 구조에 갇혀서 임팩트 있는 사건을 중심으로 기승전결, 드라마성이 강한 걸 담아내기보다 사람이 느낄 수 있는 소소하지만, 깊은 이야기를 할 수 있는 게 드라마라서 재밌다고 생각했죠. 제가 그런 드라마를 좋아하니까 그렇게 해석했던 것 같아요. 그 입봉작, 사실 제가 쓴 거예요.

— (놀라며) 직접 쓰셨어요?

그때 당시에는 다른 사람 이름으로 나갔어요. 아는 동생 이름으로 나갔는데, 당시에 회의를 열었어요. 피디가 쓴 걸 피디 이름으로 내보낼 수 있냐? 그 당시만 해도 안 된다, 원칙적으로 안 된다, 이거는. 작가들은 상처를 받을 거고, 제가 잘난 척하는 걸로 보이기 때문에 절대 안 된다고 하더라고요. 그래서 이름을 못 내보냈죠.

— 최종적으로 그 회의에서 이윤정 이름으로 내지 말고 가명을 쓰자고 결정해서 그렇게 나온 거군요?

국장님이 결정해 주셨어요. 원래 성향도 그랬지만 조연출 하면서 드라마가 작위적인 설정을 하고, 자꾸 없는 갈등을 일으켜서 기승전결을 이끌어가는 건 굉장히 재미가 없었어요. 이게 16부로 따지면 1부에서 터져야 하고 2부에서 끌어줘야 하고, 3부 지나고 4부에서 한 번 더 반전이고… 이런 구조가 있어요. 이렇게 조악한, 어디서 본 듯한 억지 드라마의 조연출을 많이 했거든요. 조연출을 하면서 '이건 아니다. 내가 하면 이렇게는 안 한다. 지금 시대가 어느 땐데 이렇게 드라마를 만드냐?' 그런 생각을 했어요. 그래서 (스토리는) 기승전결이 없고 에피소드 식으로 가야 한다고 생각했어요.

제가 회사에서 문제를 많이 일으키는 사람이었어요. 〈태릉 선수촌〉은 원래 4부작으로 나가는 거였는데… 제가 쪼개서 8부작으로 만들었어요. 그걸 편성에 물어봐야 하는지 몰랐어요.

—— 왜 문제가 됐는데요?

이 드라마를 30분씩 에피소드 식으로 해보고 싶었어요. 어렸을 때 〈케빈은 열두 살〉이라는 드라마를 좋아했어요. 그런 드라마를 하고 싶다고 생각했죠. 청춘에 대한 드라마. 작가님이랑 여행을 갔는데 첫날 팥빙수를 먹으면서 이거 어때, 저거 어때 하다가 "혹시 태릉에서 운동하는 애들 얘기 어때?" 이 말이 작가님 입에서 나왔어요. 그때 '기획은 끝'이라는 느낌이 들었죠. "이제 끝났어! 놀아, 놀아!" 그러고 나서 2박 3일을 놀았어요.

—— 그 얘기가 나온 뒤에 대본을 쓴 건가요?

너무 재미 있을 거 같잖아요. 태릉? 진짜 뜨겁다. 진짜 만들고 싶다. 출장지에서 태릉(선수촌)에 전화해서 인터뷰 일정을 잡아놓고, 서울에 오자마자 취재하러 다니기 시작했어요. 태릉이 그때는 오픈되어 있었고, 드라마를 찍어본 적이 없었거든요.

태릉에 가보면, 오래된 곳이기 때문에 고층이 없고 거의 1, 2층이에요. 오래된 나무들이 있고 조용해요. 근데 체육관 문을 열면 유도하고 있고, 문을 열면 막 활을 쏘고 있고, 이런 게 너무 신기했어요. 어떻게 사람들이 이럴 수가 있을까? 그 에너지에 대한 탐구였죠.

이 이야기는 기승전결 구조로 만들지 말자고 정했어요. 내레이션을 넣어 포맷을 만드는 걸로 정했어요. 주인공을 네 명의 인물로 가고, 인물의 에피소드를 넣어서 8부작으로 가는 거죠.

방송을 보냈는데 밤 열두 시에 나갔기 때문에 아무도 안 봤을 거라고 생각했어요. 그런데 편성에서 누군가 뒤늦게 봤더라고요. (편성에서) "아니 어떻게 상의도 없이 4부작을 갑자기 8부작으로 만들 수가 있냐?"라고 항의가 왔어요. 이게 광고와도 관련이 있는 거잖아요.

— 엄청 큰 사고 아니에요? 그 정도면요.

네. 사고였어요. 다행히 밤이어서 그렇게까지 문제는 안 됐던 것 같아요. 하여튼 이런 식의 사고를 너무 많이 쳤어요. 제 마음대로 하는 거예요. 회사랑 상의도 안 하고.

— 그 방송 이후 반응이 뜨겁지 않았나요?

시청률이 전혀 없는 건 아니었어요. 반응은… 나쁘지 않았죠. 저도 하면서 즐거웠어요. 그때는 무조건 신인이랑 했거든요.

배우도, 작가도, 음악도, 편집도 안 해본 사람들끼리 모여서 했는데 그게 또 재밌었어요.

—— **특별한 경험이었겠어요. 저는 애초에 이걸 16부작 미니 시리즈로 기획했다가 8부작으로 줄어든 건가 했어요. 오히려 짧게 기획하셨던 건데 얘기가 풍성하게 늘어났던 거였네요?**

네. 4부작인데 혼자 결정을 해서…, 8부작으로 늘려서 만들었어요. (웃음)

—— **베스트 극장인데 8부작인 게 독특해요. 보통 하나 아니면 두 개 하시잖아요. 어쩌다가 길어진 걸까요?**

아무도 안 볼 거라고 생각하고 만들어서 그런 것 같아요. 근데 그 당시에 MBC나 SBS도 마찬가지였어요. 자유로운 분위기였거든요. 특히 드라마국에서는 (피디가) 바로 국장실로 가요. "왜요? 내가 한다는데 왜? 불만이야?" 신입 사원들도 (문제가 생기면) 거의 다 바로 달려가요. "국장실에 가면 다리부터 올려." 이런 걸 선배들이 가르쳐주거든요. (웃음)

—— **다리부터 올리라고요?**

실제로 그러진 않지만 약간 그런 분위기였어요. 편성 띠[3]를

---

3) 편성팀에서 정해주는 방송 요일과 시간대.

정해주면 어떻게든 책임질 수밖에 없다고 생각했어요. 지금은 (프로그램이) 편성되는 게 어렵잖아요. 근데 그 당시에는 그냥 이름을 쭉 박아놓고 "이 시간은 어떻게든 책임져" 이런 분위기였어요. "아무도 못 건드려" 이런 거죠. 제가 무슨 짓을 하든 아무도 못 건드리는 게 있었어요.

── 뭘로 채우든 내가 알아서 한다?

네. 기획안을 보여달라고 해도 안 보여주고 "나중에 보세요, 방송으로" 그렇게 했어요.

── 대단한데요? 20년 전엔 그랬군요. 〈태릉선수촌〉도 그냥 '제가 하겠습니다' 이렇게 하신 거죠? 위에 보고도 안 하고요?

보고를 안 했어요, 8부작이라는 걸. 방송을 보시고 안 거죠.

── 국장님이랑 본부장님은 드라마를 보셨을까요?

아마 못 보셨을 거예요. 끝까지 모르셨어요. 나중에 이게 화제가 되고 나서야 아셨을 거예요.

── 그때는 그랬군요.

〈커피프린스 1호점〉(이하 〈커피프린스〉)도 그냥 맡겨 놓으셨어요. 당시 작가님이 드라마를 한 번도 안 써본 작가분이었어요. 보통은 드라마 1부가 A4 용지로 30장 정도 되거든요. 그런데 몇 장이었더라? 거의 60장이 넘었던 것 같아요. 이분이 소설을 쓰시는 분이라 '은찬이가 태권도 학원에 올라간다'라고 하면, 벽에 붙어 있는 사진 설명이 대본에 자세하게 다 있었어요.

—— 아, 지문을 길게 쓰셨군요.

지문이 굉장히 길었어요. 지금의 대본 형식이 아니었어요. 근데 고칠 필요가 없다고 생각했어요. 읽으면서 그림이 너무 잘 떠올라서 훨씬 좋았어요. 그래서 이걸 국장님한테 보여드리는 게 낫겠다고 생각했어요. 보여드리고 그 방에서 나오는데, 안쪽에서 대본을 패대기치는 소리가 나면서 "지금 뭐 하자는 거야?! 이걸 대본이라고!" 이러면서 난리가 난 거예요. 그래도 저는 무심하게 얼른 편성해 달라고 했죠.

—— 초반에는 거절을 당하셨던 거네요, 그때는.

아예 못하게 하셨어요. 내용도 싫어하셨죠. 갈등이 앞에 있고, (주인공 은찬이가) 남자인 걸 알게 해야 하는데, 너 어쩌려고 이러냐? 이걸(주인공의 정체가 밝혀지는 것) 어떻게 뒤로 가져가냐고 이러면서….

—— 거의 12부인가 되어서 (은찬이가) 여자인 게 밝혀지니까요.

그때까지의 드라마에서는 있을 수 없는 일이죠.

―― 어떻게 설득하셨어요?

설득은 못 했어요. 그냥 '네 마음대로 해' 이런 분위기였어요. 그런데 저는 알고 있었어요. '이거 찍을 수 있는 사람, 나밖에 없을 텐데?' 왜냐하면 그때 (편성을) 메꿀 수 있는 작품이 없었기 때문에 울며 겨자 먹기로 이 드라마를 그 시간에 내보내야 된다는 걸 알고 있었거든요.

―― 이 얘기를 궁금해하실 분들이 많을 것 같아요. 배우(공유, 윤은혜)분들 섭외는 어떻게 하셨는지 궁금해요.

제가 정확하게 기억하는 건지 모르겠어요. 아마 배우들이 저랑 다르게 기억하고 있으면 배우들 기억이 맞을 거예요. 공유 씨랑 은혜 양 중에 누가 먼저 섭외가 됐지? 은혜 양이 먼저 됐던 것 같아요. 만나서 (다른 드라마) 얘기를 하는데 첫 만남에 왈칵 눈물을 쏟더라고요. 순수하다고 느꼈어요. 자기 속을 온전히 드러내더라고요. 사실은 제가 배우를 찾을 때 장막 없이 이야기가 가능한 사람을 굉장히 좋아하는 편이에요. 드라마에 맞는 액팅(연기)을 할 수 있게 도와주려면요.

자유롭게 연기할 수 있게 해주는 게 디렉팅(연출)이에요. 동작이나 대사를 알려주는 게 아니라 이때 이 사람이 어떻게 느껴야 하는지 도와주는 거거든요. '화를 낸다'도 여러 가지 방식이 있는데 배우 스스로가 왜 화가 나는 건지 알고 있어야 진짜 화를 내는 연기가 가능해요. 안 그러면 어디서 본 걸 갖고 와요.

배우가 자기 속을 꺼내놔야 제 속과 맞닿거든요. 그래야 진짜 감정이 생겨나요. 배우와 배우끼리도 그래야 되고요. 서로에 대한 믿음 없이 불가능해요.

그래서 디렉팅이 가능한 배우를 찾아요. 은혜 양 만났을 때도, 공유 씨 만났을 때도 그랬고 나머지 배우들도 비슷해요.

동욱 씨는 한예종 졸업 작품이었나? 그걸 보고 '이렇게 연기하는 사람이 있다니…' 하는 생각이 들어서 바로 캐스팅했어요. 아이돌 중에서 잘생긴 사람 찾다가 연기를 딱 보고 너무 매력 있다고 생각했죠.

— 김동욱 배우는 완전히 신인이었네요.

황인뢰 선배님이 가수였던 사람, 신인, 날 것인 사람들을 그대로 데려다 썼던 것 같아요. 그래서 두렵지 않았어요. 그리고 신인들이 가지고 있는 표정이 있거든요. 만들지 않은 표정인데 그게 그 역에 맞을 때 쓰면 돼요.

— 너무 궁금해요. 이런 분들한테 어떻게 디렉션을 주셨는지요?

배우들은 이미 첫 신부터 마지막 신까지 다 알고 있어요. 대사를 달달 외워 와서 내 대사뿐만 아니라 상대의 대사 감정까지 알고 있어요. 그걸 현장에 와서는 처음 겪는 것처럼 테이크마다 새롭게 해야 하는 게 어려운 숙제거든요.

── 분위기를 편안하게 만들어주시는 게 감독님 역할인가요?

크게 보자면 그렇죠. 리허설을 하면서 본인들이 마음껏 해도 된다는 확신을 갖게끔 해야죠. 본인의 감정을 스스로 믿어도 되겠다, 상대를 믿어도 되겠다고 안심시켜 주는 과정이 필요해요. 답안지가 정해져 있는 연기를 하는 게 아니라, 준비된 걸 갖고 와서 내 안에서 새로이 만들어가야죠. 대본에 쓰인 대로만 하면 감독이 필요 없어요. 그냥 감정을 그대로 복사하면 되는 거니까. 근데 그렇지가 않거든요. 현장에서 계속해서 '제2의 창작'이 되는 거죠.

처음에 1~4부 정도까지 찍다 보면 아무래도 제가 느끼는 감정보다 배우가 느끼는 감정이 늦어요. 그렇지만 5, 6부 넘어가면 이 사람은 자기감정에 깊게 빠지기 때문에 오히려 저보다 감정을 더 잘 느껴요. 더 깊게 보고 새롭게 볼 때가 있어요. 그때부터는 이제 이 사람(드라마 속의 인물)이 되는 거예요.

── 자동으로 굴러가는군요.

네. 잘 맞으니까요. 근데 끝까지 이 벽을 안 내려놓는 사람도 있어요.

── 그래요? 그럴 때는 어떻게 하세요?

그럴 때는 울며불며 하여튼 별짓을 다 해야 해요. 힘들어요.

── 〈커피프린스〉는 그런 면에서 윤은혜 배우가 1화부터 그걸 잘 잡아준 것 같아요.

첫 컷부터요. 정말 1화부터 잘했어요.

── 피디님이 그런 인터뷰도 하셨더라고요. 1화가 나간 뒤엔 '시청자들이 과연 공유를 좋아할 수 있을까?' 그 걱정을 하다가 2화를 보면서 이제 '아, 괜찮다'라고 생각하셨다고요. 그래서 다시 보니까 공유 배우가 1화에서 좀 싸가지 없게 나와요. 정이 안 가요. 그런데 2화부터는 귀엽다는 느낌이 들더라고요.

── 2화에 싹 풀린 표정이 나오는 순간 귀엽다, 할머니한테 막 애교 부리는 그 표정부터 '어? 귀여운데' 이러면서 마음이 가더라고요. 그런 걸 얘기하신 건가? 반면 윤은혜 배우는 진짜 너무 잘하더라고요. 완전히 다른 사람이 된 것처럼요.

그 사람이 역할에 녹아 들어가서 그래요. 윤은혜 배우가 남자 역할(남장여자 역할)이니까 실제로 자기 동생 바지를 입고 다녔어요. 남자 바지의 느낌은 여자 바지랑 다르잖아요. 이 드라마 촬영 시작하기 전부터 체화하려고 노력을 많이 했어요. 사실 옷의 느낌이 중요한 게 아니라 마음가짐이 중요한 거잖아요. 윤은혜 배우는 재능이⋯ 굉장해요. 똘똘해요. 진짜 너무 아까워요.

── 〈커피프린스〉는 첫 기획부터 피디님이 하셨던 걸까요?

아니요. 원작이 있는 걸 해야겠다고 생각했어요. 동네 헌책

방에 가서 책을 보기 시작했어요. 그렇게 찾아낸 작품이에요.

— 드라마로 만들어도 괜찮겠다고 생각한 이유가 있으셨나요?

그때는 감을 믿을 때였어요. 지금도 그런 편이지만. 제가 하이틴 로맨스를 한 번도 안 읽어봤어요. 근데 그런 장르를 해야 할 것 같더라고요. 읽기 싫어 죽겠는데 책방 가서 빌려보면 두 페이지가 안 넘어가요. 설정과 묘사가 너무 재미없었어요. 그런데 그중 한 권이 술술 넘어가는 거예요. 『모던 걸의 귀향』이라는 작품이었는데 '이 작가님 누구지?' 하고 몇 개를 읽어봤어요. 문장이 좋더라고요. 그때 「커피프린스」를 읽었던 건 아니고 출판사에 물어보고 (이선미) 작가님께 전화했더니 대구에 계시더라고요. 그래서 다음 날인가 내려갔어요. "우리 먼 훗날 드라마를 한번 해보자"라고 했죠. 그러고 나서 작가님이 점점 마음에 드는 거예요.

글을 엄청 빠르게 쓰세요. 일주일 뒤에 "시놉시스를 한번 써보세요" 그러면 딱 써서 보내시고 이렇게 하다가 "작가님 원작 뭐 뭐 있어요?"하고 물어봤어요. 「커피프린스」 은찬이 캐릭터를 얘기해 주시는데, '이건 된다'는 확신이 들었어요. 그때 용기가 났죠. '너무 재밌겠다, 이건.' 그 순간부터 쭉 간 거예요. 책을 읽고 정한 것도 아니고.

— 시나리오를 써보지 않은 분하고 드라마를 하는 건 어떻게 보면

모험이잖아요.

그 당시에는 신인 작가 등용이 지금처럼 많지 않아서 16부작 미니시리즈같이 중요한 거는 두 개 이상 해본 작가랑 해야 했어요. 한 개 해본 사람도 안 시켜주는 분위기죠. 제가 또 신인 피디니까 두 개 정도는 해봐야 그 작가를 믿고 시켜주거든요. 이번에도 아까처럼 구겨 밀어서 그냥 들어간 거였어요.

── 피디님들 인터뷰를 하다 보면 잘된 작품들 이야기를 할 때 모두의 지지를 받으면서 시작한 작품이 의외로 없더라고요. 그래서 신기했어요.

── 피디님 드라마에서는 공간이 굉장히 돋보였어요. 은찬의 집, 한결의 집, 한성의 집 다 특색이 있고요. 〈커피프린스〉의 내부도 신기해요. 미리 구상하시고 만드셨어요?

섭외하러 다니는 걸 좋아해요. 공간은 아무리 작게 나오는 장소라도 꼭 가요. 보통 드라마는 촬영하러 도착해서 버스에서 내리면 (연출자가) "어디서 찍는 거야?" 이러면서 시작할 때가 많거든요.

── (연출자가) 촬영 공간이 어딘지도 모르는 상태에서 바로 가서 찍나요?

네네. 작은 장소들 같은 경우에요. 단발성 장소도 웬만하면 다 보려고 해요. 기본적으로 공간이랑 빛을 좋아하는데 이런 건

황인뢰 선배님 영향을 받은 것 같아요. 그때는 장비 자체를 많이 쓸 때가 아니었어요.

예를 들면, 컨트라스트가 강한 깊은 숲의 그늘에서 팬(카메라 PAN-옆으로 이동)을 살짝 하면 빛이 환하게 쏟아지는 톤이 나와요. 이런 식의 화면 구현을 굉장히 잘하셨어요. 공간을 정확하게 이해하고 카메라 움직임을 극도로 자제하는데, 아주 작은 움직임으로 큰 공간의 변화를 만들어낼 수 있는 거죠. 천재예요.

그때는 달리로[4] 트레킹하는 게[5] 기본 장비였거든요. 아니면 크레인 위에 타고 올라갔다 내려오는 거라든가. 이런 걸 쓸 때는 뭔가 멋있거나 큰 풀숏을 담아내는 등의 쓰임이 정해져 있었어요. 무빙을 할 때는 배우가 걸어갈 때 따라가야 한다든가, 이런 쓰임이 정해져 있었죠. 스테디캠 같은 건 좁은 골목에서 쫓는 장면을 찍고. 근데 전 그런 게 촌스럽다고 생각해요.

세트는 '디귿'[6] 자로 정해져 있어서 한쪽은 열려 있어요. (배우들이) 식탁에서 밥 먹을 때 한쪽에는 안 앉고, 이렇게 '디귿' 자로 밥을 먹잖아요. 그리고 앉는 장소도 책상 아니면 침대, 동선이 똑같죠. 바닥에 앉는 사람이 없어요. 조연출 하면서 이런 건 후지다고 생각했어요. '세트를 지어놓고 왜 공간을 이렇게밖에

---

4) 카메라를 장착한 채 이동하면서 촬영할 수 있도록 설계된 이동차.

5) 촬영 시 이동 수단을 통해 카메라를 움직이면서 촬영하는 것.

6) 세트는 촬영을 하기 위해 ㄷ자로 막혀 있고, 한쪽만 뚫려 있어서 뚫린 쪽에 카메라를 배치한다.

못 쓰지?'

그래서 〈커피프린스〉는 야외로 나가서 찍고 싶었어요. 조명을 아무리 써도 자연광을 당할 수 없었어요. 당시만 해도 공간을 카메라로 한 바퀴 훑는 건 있을 수 없는 일이었어요. 근데 스테디캠 할 줄 아는 카메라맨을 뽑아서, 스테디캠을 세트에서 메고 있게 했어요. 그때는 (카메라맨이) 이렇게 작은 움직임을 왜 달리를 안 쓰고 스테디캠으로 찍냐고 항의했죠. "왜? 내가 왜 이렇게 해야 해?"

—— 이 무거운 거를 매달고….

그 당시에 외국 드라마나 영화를 보면서 '저 움직임을 어떻게 찍은 거지?' 싶어서 보고 또 보고 또 봤어요. 보니까 '스테디캠을 수시로 쓰는구나. 작은 움직임에도 요걸 쓰는구나' 하고 알게 됐어요.

일단 동선을 다 풀어놓자고 생각했어요. 보통은 배우들이 연기할 때 '컷' 하는 지점을 정해줘요. 여기서부터 여기까지는 '풀 숏' 안에서 연기하고 중간에 끊어요. 다시 '바스트 사이즈'로 잡아서 그다음 대사를 시작하고…. 이러면 연기가 부자연스러울 수밖에 없죠. 중간에서 다시 해야 하니까. 심지어 화나는 감정부터 다시 하고 그러니까. 전 무조건 처음부터 끝까지 한 호흡으로 움직일 수 있게 만들었어요. 스태프들한테 배우들의 동선을 다 따라가라고 했어요. 마이크를 들고 있는 동시팀이 거의 돌아버렸어요. 배우들이 너무 움직여버리니까. 배우를 중심으로 카메라가 움직였지, 카메라를 중심으로 배우를 움직이게 하지 않았거든요. 다른 카메라맨이라면 "바스트니까 고개 많이 흔들지 마" 이렇게 주문하거든요, 보통.

── 프레임 밖으로 벗어나지 말라?

네. 그런데 우리는 배우한테 "눈치 보지 마. 그 누구의 눈치도 보면 안 돼. 우리가 따라가 줄 거야." 이게 핵심이었어요. 제 세트의 핵심이 그거예요.

── 완전히 다른 방식이네요.

지금은 다 그렇게 찍어요.

── 어떻게 보면 카메라 감독님과 갈등이 좀 있었겠어요.

갈등이 많았어요. 겨우 따라주긴 했지만, 그분들이 나를 미워했어요. 몸이 너무 힘드니까.

── 그런 비하인드가 있었군요. 공간 인테리어나 소품도 인상적으로 봤어요. 예를 들면, 잠깐 나오는 장면이지만 부암동 집에 있는 재즈가 나오는 조그마한 장난감 같은 것도 그렇고…. 옥상에 있는 공유 씨 집도 너무 새롭다고 느꼈어요. 그때 당시만 하더라도 약간 로망을 장악하는 공간들이었어요.

외국 잡지 같은 거 보면 이태리였던 것 같은데, 옥상에 미니멀 박스가 하나 놓여 있었어요. 옥탑방이고 '개늑시'[7)]에 빌딩들이 뒤로 보이는 컷이었어요. 그걸 오려서 미술감독님한테 주고 "이렇게 가자"고 했죠. 미술감독님은 당황했죠. "예에?" (웃음)

—— 레퍼런스를 받은 분이 놀라셨을 거 같아요.

재미있어하셨어요.

—— 제작하시면서 큰 사고가 날 뻔했다거나 아니면 기억나는 에피소드 같은 게 있을까요?

저는 기억을 잘 못 해요. 아, 맞다. 카메라 부순 거? 액션캠…. 이렇게 가다가 넘어져서 카메라가 아예 박살 난 정도? 그리고 은혜 양이 그때 오토바이를 못 탔어요. 근데 연습을 시켰죠, 한강에서. 지금 생각해 보면 절대 하면 안 되는 건데, 그냥 태웠어요. 보통은 위험하니까 레커[8)] 태워서 촬영해요. 게다가 초보잖아요. 만약에 여배우가 크게 항의했으면 저는 감옥에 잡혀갔을 텐데, "괜찮아, 잘 타던데 뭐" 하고 그냥 넘어갔어요.

—— 그때 현장 분위기가 그랬으니까요.

---

7) 개와 늑대의 시간. 빛이 저물어가는 아름다운 저녁을 이르는 말.

8) 드라마에서 차량 운전 신을 찍거나 자동차 신을 찍을 때 사용하는 차량으로 견인차 위에 카메라를 설치해서 사용한다. Wrecker-견인차에서 유래된 말인 듯하다.

은혜 양이 현장을 너무 좋아했어요. 그때는 52시간 근무 이런 게 아니라 거의 꼴딱 밤새워서 촬영했어요. 저희가 백 며칠을 한 번도 안 쉬고 찍었다고 하더라고요. 전체 촬영 횟수가 130일인가 140일을, 여튼 100일 넘게 쭉 갔는데 하루 세 시간도 못 잤어요. 근데 딱 하루인가 이틀 정도 은찬이가 빠지는 날이 있었어요. 그것도 풀로 쉬는 게 아니라 잠깐 오전에요. 근데 현장에 나타나요. 도시락 싸서. 스태프들 도시락, 배우들 도시락 이렇게요. 잠시도 떠나고 싶지 않은 거예요, 현장을.

— 현장을 정말 좋아하셨네요. 근데 어떻게 견디셨어요? 하루에 세 시간씩 주무시면서?

그때는 다 그래야 하는 줄 알았던 것 같아요. 차에서 자고 이동하면서 자고요.

한 번도 등이 세 시간 이상 붙어 있었던 적이 없었던 것 같아요. 그땐 그게 너무 당연한 거라고 생각했어요.

— 피디님들한테 그때 얘기를 들어보면 52시간 근무 시행 전에는 대체 어떻게 사신 거지, 싶은 생각이 들어요.

다들 그렇게 찍잖아요.

— 그때 자전거 타셨다는 인터뷰를 봤어요. 체력 단련하려고 거의 매일 자전거 타고 다니셨다고요.

버스나 택시 안 타고 자전거로 다녔어요, 어디든지. 배우들 만나러 갈 때 자전거 타고 다니고요.

── 피디님의 삶이 드라마 주인공 같네요. (웃음)

사실 그때, 노희경 작가님이 저희 뒤에서 도와주셨어요. 그 때는 비밀이어서 얘기하지 말라고 하셨죠.

── 앗, 자문을 받으셨어요?

선생님이 회의에 같이 참여해 주셨어요. 원작 작가님 혼자서 는 불가능하니까, 다른 신인 작가를 뽑으라고 하셨어요. 노 작가 님이 추천해 주셔서 둘을 붙였고, 다 같이 회의했어요. 노 작가님 저 이렇게 네 명이서. 다 같이 초고를 나눠 쓰고 바꿔서 수정하 고 리뷰하고요. 그때 서면 리뷰를 했거든요. 서로 수정하고 또 수 정하고 파이널 대본은 노 작가님이 봐주셨어요.

── 이렇게 작업했던 건 여기서 처음 얘기하시는 거죠?

네. 그때 많이 배웠죠. 만약 노희경 작가님이 저희 뒤에 안 계셨으면 많이 힘들었을 거예요.

── 전체적으로 노희경 작가님이 방향 제시를 해주셨던 건가요?

많이 해주셨죠. 노희경 작가님 지금도 굉장히 그런 걸 잘하 시고, 신인들 데리고 잘하세요. 본인이 하나하나 구체적인 예까지도 금방금방 아이디어를 다 생각해 내세요. 그러면서도 우리가 가야 할 길을⋯(잘 알려주시고요). 진짜 감정을 잘 잡아요. 그럼 우리는 '우와' 감탄하고 그랬죠.

게다가 선생님이 이 드라마는 본인 게 아니라고 생각하셨어요. 자기를 숨기고 회의만 도와주셨어요. 선생님 취향에 전혀 안 맞는 종류의 드라마였는데, 제가 개인적으로 부탁드려서 봐주시는 거였거든요. 오히려 한 발 뒤에서 보셨기 때문에 더 정확하게 보신 것 같아요. 만약에 선생님이 깊게 참여하셨으면 이런 드라마가 안 나왔을 거 같아요.

── 맞아요. 이렇게 발랄한 느낌의 드라마가 안 나왔을 것 같네요.

너무 싫어하셨거든요. 한성과 유주 라인[9]을 좋아하셨어요.

── 아, 진지한 라인을 좋아하셨군요.

그 라인을 좋아하셨어요. 원작이 유치하다고 생각하셨거든요. 그래도 큰 결정을 할 때 우리가 믿고 갈 수 있는 방향타가 되어주셨죠.

── 그렇게 성공적으로 데뷔하고 두 번째 작품 〈트리플〉을 하셨어요. 〈트리플〉은 어떻게 기획하게 되셨는지 궁금해요.

9) 고 이선균 배우, 채정안 배우가 맡은 커플의 이야기.

그때도 이선미 작가님하고 했어요. 이선미 작가님이랑 저는 기획을 어렵게 하진 않아요. 〈태릉선수촌〉 때도 그랬고 작가님하고 자주 만나서 놀면서 그냥 이런저런 쓰잘머리 없는 얘기하다가 "그, 발레하는 사람 얘기 어때?" 하고 작가님이 먼저 이야기하신 거예요.

『끝에서 두 번째 사랑』인가 하는 일본 소설이 있었는데, 그 소설을 보고 이런 드라마를 하고 싶다고 생각했어요. 일본에서 현재 살고 있는 30대 남자 세 명의 얘기예요. 세 명의 서로 다른 커플 얘기, 일본에 한 번도 안 가봤는데 (책만 읽어도) 어떤지 알겠고 얘네가 어떻게 자랐는지 알겠고, 무슨 고민하는지 알겠고, 너무 이야기가 재밌는 거예요. 그래서 "30대가 살아가는 현재의 서울을 파보자" 이렇게 된 거죠. 서로 다른 사랑의 양태와 사람들의 모습을 보여주고 싶다고 생각했어요. 그러다 광고회사 이야기랑, 발레리나에서 피겨스케이팅으로 가게 된 거죠.

── 어떻게 보면 시대를 앞서간 드라마였어요. 김연아 선수도 나오기 전이었고, 지금도 광고회사가 꽤 트렌디한 공간인데 드라마에서 처음 나왔던 것 같아요. 약간 생소하기도 하고 신선하기도 했던 것 같아요.

사실 극성이 없어서 고민했어요. 〈커피프린스〉 때는 여자주인공이 남자인 줄 알고 남자주인공이 좋아했다는 설정만 듣고도 '이거 된다' 이렇게 생각했는데, 이 드라마에는 그런 점이 없는

거죠. 물론 제가 『끝에서 두 번째 사랑』 같은 걸 하자고 했지만,
드라마가 극성 없이 끝까지 가기는 어렵거든요. 극성을 일단 깔
아주면 인물들이 그 밑에서 작동하게 돼 있어요. 그래서 주춧돌
이, 중심이, 이야기의 척추뼈가 필요하다고 생각해서 고민하다
가 '의남매 설정'을 넣자고 했죠. 근데 욕을 많이 먹었어요.

그것 때문에 굉장히 힘들었어요. 어떻게 보면 또 배움이죠.


—— 지금은 대배우가 되신 배우님들이 많이 나오시더라고요. 그때
는 이정재 배우만 보였는데 이성민 배우도 나오시더라고요. 윤
계상 배우도 거의 초창기였죠. 송중기 배우는 거의 신인이고요.
어떻게 섭외하셨어요?

당시만 해도 유명한 사람들은 오디션을 볼 수 없었고요. 계
상 씨는 그 전 드라마가 하나 있었는데 연기가 나쁘진 않았어요.
드라마가 잘 안 돼도 가장 즐거워한 사람이, 끝까지 즐거워한 사
람이 계상 씨였어요. 그래서 너무 좋았고 고마웠어요.

중기 씨는 실제로 스케이트 선수였거든요. 그래서 오디션을
봤는데, (대본) 리딩이 좋지 않았어요. 저는 리딩만 보고 뽑지는
않아요. 개선의 여지가 있나 이렇게 봤는데 너무 열심히 하는 거
예요. 그래서 제일 오래 보고, 또 보고 가장 자주 불렀던 것 같아
요. 너무 자주 부르니까 마지막에 중기 씨가 "더 이상 안 부르면
좋겠다"고 하더라고요. 중기 씨도 드라마 하면서는 재밌어했어
요. (웃음)

아, 그리고 오디션 보다가 끝내 탈락시킨 한 사람의 아까운 배우가 있어요, 장기용 씨.

— 진짜요?

너무 잘생긴 거예요, 너무. 아이유 뮤직비디오에서 보고 "이 사람 누구야?" 했죠.

그래서 〈하트 투 하트〉 드라마할 때 그 친구를 데려다가 오디션도 봤어요. 그 친구랑도 리딩을 오래 했어요. 진짜 오래 걸리긴 했는데 뒤에 뜨더라고요.

— 남자 배우님들 보는 눈이 진짜 좋으셔요.

그렇지 않아요. 운이 좋았고, 오디션을 보고 사람을 만나 보면 아마 금방 알아보실 거예요. 눈에 띄어요. 매력 있는 사람이.

근데 저도 갑자기 하나 궁금한 게 있어요. 이 책은 여자 피디님들만 인터뷰하는 건가요?

— 네, 다른 분야보다 드라마판에서 여자 연출자가 갖는 희소성이 있긴 하니까요. 그럼 그 얘기를 해볼까요. 당시에는 여자 드라마 피디가 거의 없었는데, 남자들만 가득했던 피디들 사이에서 일하시기는 어떠셨나요?

하루키가 남성의 시선일까 여성의 시선일까 생각해 보면 두 가지를 다 갖고 있다고 생각해요. 드라마 만들 때 현장이 군대 같아요. 그러지 않아도 되는데. 그런 현장 분위기에서 나오는 결과물들이 있어요. 배우 연기를 디렉팅하는 것도 그렇고, 편집 과정도, 음악도 그래요. 그래서 제 취향에 맞는 드라마가 나오기엔 조금 다른 분위기였던 것 같아요. 근데 그때 당시엔 '어떻게 되든 방송으로 나가서 호응만 있으면 되는 거 아냐?' 이렇게 생각했어요. 이 판이 좋은 건 아주 유명하든, 아주 꼬마든 어찌 됐든 누가 만들었는지도 모르고 방송 나간 뒤에 평가를 받아요. 그래서 공정한 판이라고 생각했던 것 같아요.

주인공을 시청자들한테 어떻게 공감시키느냐, 어떻게 감정 이입하게 하느냐의 문제가 있어요. 독자가 여성이고 작가가 여성인 경우가 많아요. 여성 감독만이 가진 장점이 있죠. 극을 바라보는 시선이나 소재를 짚는 시선 자체가 다르니까요.

만약 남자 피디였다면 〈커피프린스〉나 〈트리플〉에는 전혀 관심 없었을 거예요. 그런 부분이 시청자에게 새로워 보이거나 달라 보일 수 있었던 건, 저희(여성 피디)가 새로워서가 아니라 그때까지 이런 눈이 아예 없어서, 가능했던 것 같아요.

## 드라마라는 세계는
## 누가 만들까

—— 보통 사람들은 무 자르듯이 대본은 작가가 쓰고, 피디는 연출
해서 드라마를 만든다고 생각하지만 사실 피디의 역할이 생각
보다 많잖아요. 기획에 관여하기도 하고 대본의 방향을 끌어가
는 경우도 있고요. 신인을 발굴해서 원작을 드라마로 만드는 과
정에서 감독의 역할이 생각보다 크더라고요. 그래서 감독이 중
요하구나, 드라마 피디가 하는 역할이 생각보다 많구나, 하고
느꼈어요.

'기승전결'이라는 카페가 있어요. 드라마 작가들이 많이 모
여 있는 플랫폼이죠. 거기 가면 저 욕하는 글이 많아서 사람들이
캡처해서 저에게 보여줘요.

—— 왜 욕을 하나요?

〈골든타임〉 때 제가 B팀 피디였는데 제멋대로 찍었다, 대본
을 지멋대로 했다, 간 큰 애다, 이런 얘기가 많았어요. 그때 얘기
가 아직도 있더라고요. 감독이 드라마 작가 대본에 손댄다, 이런
걸로 비난이 올라와 있어요. 제가 대본에 손을 대면 '영화감독이
냐? 영화나 해라' 막 이래요. 근데 궁금해요. 영화는 되고 드라마
는 왜 안 된다고 생각하는 걸까요?

—— 타당한 지적이네요!

(드라마는) 분량이 많아서 선배들이 대본까지 관여를 안 한 게 아닐까 싶거든요. 지금 영화감독님들이 드라마 판에서 작가들 하고 같이 하면서도 자기 이름 걸고 하시잖아요. 사실 저희가 하는 정도로 일했으면 메인 작가 타이틀에 들어가도 손색없을 때도 있을 거예요. 어쨌건 풍토상 '네 이름 빼'라고 하죠. 이유는 '작가들 자존심이 상하니까'였어요. 아직도 이런 상황인 게 속상해요. 드라마 연출은 왜 대본에 손대면 안 된다고 생각하는 걸까? 이유가 뭘까?

—— 그런 면에서 영화는 감독의 권한이 센 것 같고, 드라마에서 연출의 역할은 그동안 존중을 못 받은 거 같아요. 조금 더 작가주의적인 연출도 있는 건데 그런 부분이 아쉽네요.

제가 너무 답답해서 〈트리플〉 끝나고 컬럼비아대 필름 스쿨로 유학을 갔어요. 거기는 크리에이티브 라이팅이라고 작가 중심의 필름 스쿨이에요. 원래 (수업을) 2년 들어야 되는데, 1년 듣고 회사에서 다시 들어오라고 해서 한국으로 들어왔거든요. 이 과정에서 들었던 수업의 선생님이 유명한 시나리오 작가세요. 그 할아버지 시나리오 작가가 제가 한국에서 디렉터를 했으니까 "너네 혹시 대본 받고 나서 그대로 찍니?"라고 물어봤어요. 차마 "네"라고 할 수는 없잖아요. "그렇지? 그렇게 하면 안 되는데 그렇게 찍는 사람들이 있더라" 이렇게 말해요.

흔히 미국 드라마라고 하면 프로듀서[10]가 모든 걸 다 좌우하고 디렉터(연출자)는 아무것도 안 한다고 생각하는데, 동부랑 서부가 다르더라고요. 동부 쪽은 오히려 지금 우리가 생각하는 (영화) 감독의 역할하고 같아요.

시나리오를 '스트럭처(구조)'라고 가르쳐요. 살을 붙여야 하는 구조물인 거죠. "이거 그대로 간다고? 그러면 진짜 말도 안 되는 거다"라고 가르쳐요. 미국 학교에서조차도 이렇게 가르치는데, 한국 드라마 환경은 연출이 한 줄도 손대면 안 된다고 하거든요.

—— 드라마 쪽에선 작가들 힘이 아무래도 더 세죠?

일반적으로 그래요. 유명세에 따라 다르긴 한데 편성에서 피디가 유명한 것보다 작가가 유명할 때 훨씬 파워가 있어요. 사실은 좋은 대본이 1번이에요. 제가 만약 제작사 대표라고 해도 좋은 대본이 먼저일 것 같아요. 근데 혼자 다 쓰는 작가님도 계시지만, 1인 작가 시스템으로 하기는 힘들죠. 요즘은 많이 바뀌었잖아요. 독재 체제의 대본은 진짜 후져요.

—— **이 얘기를 안 여쭤볼 수가 없을 것 같아요. MBC를 언제쯤 떠**

10) 당시만 해도 미국과 한국의 프로듀서 개념은 달랐다. 미국은 예산과 기획을 하는 프로듀서, 오로지 연출에 집중하는 디렉터가 구분된 반면 한국은 감독과 프로듀싱을 모두 하기에 '피디(프로듀서-디렉터)'라고 부른다.

나셨나요?

14년 차에 떠났죠.

—— 어떻게 떠나게 되셨어요? 제안을 받으셨나요?

MBC 상황이 안 좋았죠. 그때 SBS도 마찬가지였어요.

—— 아, 파업할 때…?

파업[11]도 많이 했고요. 분위기가 계속 안 좋을 때, 한 10년 동안 안 좋았잖아요. 그때 드라마 본부장님이 "이제 너는 작가가 네 이름을 부르면 그때 그 작가랑 파트너가 돼서 해. 네가 기획하지 말고" 이러는 거예요. 어떤 작가님이 저한테 같이 하자고했는데, 대본을 보고 나서 생각해 보니 못 하겠더라고요. 그래서 "저 못 해요" 그랬더니 "미친 거냐?" 이러는 거예요. 그러고 나서제가 기획한 걸 다시 들고 갔는데 "못 해" 그러시는 거예요. '어그래? 앞으로 내가 기획한 거 못 한다고? 나 안 해.' 그래서 나온거예요.

(회사에서 나오라는) 콜은 계속 있었어요. 그렇지만 MBC를나간다는 생각은 안 해봤던 것 같아요. 제가 좋아하는 회사였어요. 근데 10년의 시간이 지나는 동안 회사가 점점 안 좋아지고있었어요. 그 당시엔 일 잘하는 사람들은 한직에 있고 일 못하는

---

11) MB 정권 당시 MBC는 오랜 기간 파업을 했다.

사람들, 말 잘 듣는 사람만 앞에 나와 있었거든요.

— 결과적으로 좋은 선택 아니었나요?

시기적으로 그랬던 것 같아요. 회사를 나온 뒤에, 스튜디오
드래곤 최진희 대표님, 당시 CJ 예능 드라마 파트장이셨던 분과
얘기를 했어요. 어느덧 어렸을 때 얘기까지 다 하고 있더라고요.
그러니까 속이 확 풀렸어요. 좋은 분이었어요. 그분만 보고 왔던
것 같아요. 그때 CJ는 스튜디오드래곤이 생기기 전이었어요. 당
시 분위기는 〈커피프린스〉 만들 때, 제 마음대로 할 때, 그때랑
비슷했어요.

— 초창기라서 그랬을까요?

네. 연출에 대한 존중이 있었죠. 뭘 해도 다 가능한 분위기였
어요. 그 시절이 행복했어요. 그러다 스튜디오드래곤 생기고 조
직이 커지면서 피디들이 약간 힘들어했어요. 시절이 이렇게 바
뀌는 거 보면 신기해요. 짧은 시간에 지상파에서 케이블로 넘어
오고, 케이블에서 다시 OTT로 넘어오는 권력 구조가 정말 재밌
어요. 눈앞에서 휙휙 변해요.

— 어떻게 보면 감독님은 최전선에 계속 계셨잖아요.

지금은 스튜디오드래곤에서 나왔어요. 최진희 대표님이 회
사를 또 만드셨죠. 이제 그 밑에 레이블이라고 하는 작은 회사들

이 생겼어요. 이나정 피디하고 저하고 같은 회사예요.[12)]

— 인터뷰를 오랜 시간 했는데도 아직 물어볼 작품이 많이 남았
어요. 〈하트 투 하트〉는 그간 하셨던 드라마랑 어떻게 보면 같
은 맥락에 있었던 작품, 그 뒤에 했던 작품은 〈아르곤〉이나 〈모
두의 거짓말〉 같은 장르 드라마를 하셨어요.

질문에 감동받았어요. 사실 아무도 재미없어하는 얘기인데
그냥 말씀드리면 〈하트 투 하트〉를 만들고 나왔을 때 두려웠어
요. 주변에서 "네가 제일 잘하는 장르로 갔으면 좋겠다"라고 했
지만, 그걸 CJ에서는 얘기하지 않았어요. "피디님, 뭘 해도 상관
없다"라고 했고 MBC에서 저를 좋아해 주던 선배님들은 "네가
제일 잘하는 거 해"라고 조언하시더라고요. 그래서 이선미 작가
님이랑 머리를 맞대고 비슷한 성격의 드라마를 했죠.

그다음에 제가 유학을 갔다 왔잖아요. 그전에는 기승전결 스
토리 구조 이런 거 다 무시하고, 너무 싫어했어요. 학교에서 수업
을 듣고 있는데 (기승전결이) 너무 중요하고 재밌다는 걸 알았
어요. 구조, 이야기란 무엇인가부터 다시 생각하게 됐죠. 그동안
보지 않았던 장르를 해야겠다고 생각했어요.

〈브레이킹 배드〉 보고서 거의 기절했어요. 이렇게 만들 수 있
다니…? 〈섹스 앤 더 시티〉 이런 거 보다가 〈브레이킹 배드〉 보고

12)  2024년 기준, 이매지너스 산하 트리 스튜디오 소속이다.

눈이 뒤집힌 거죠. 그래서 장르물 해야겠다고 또 용산도서관을 다녔어요. 열심히 마쓰모토 세이치 이런 사람들을 막 섭렵하다가 장르물 두 개를 한 거예요.

장르물답지 않은 장르물을 하고 싶었어요. 제가 사랑 이야기에 갈등을 넣는 장치에 지쳤거든요. 사랑 안에 갈등을 넣으려면 어떻게든 비슷한 유형으로 가요. 제 안에서 답습하는 게 있어서 그러지 말자고 생각했죠. 해보지 않았던 이야기 구조를 가지고 해서 〈아르곤〉까지는 괜찮았어요. 대본도 굉장히 좋았죠.

—— 네, 좋더라고요. 대사나 이런 것도.

그 작가님이 대본 쓰시다가 사라지셨어요.

—— 네? (깜짝 놀람)

그 드라마는 사연이 있어요. 반은 작가님이 쓰고, 뒤쪽 반은 신인 작가들 모아놓고 제가 다시 만든 거예요. 그 사람이 전화도 안 받고 미싱(missing, 사라짐), 미싱. 이렇게 대작을, 명작을 남겨놓고 미싱이에요, 미싱. 아예 연락을 안 받으세요.

—— 그런 분이 가끔 계시더라고요. 그런 얘기 들으면 드라마가 끝까지 만들어지는 과정이 참 신기해요.

엊그제도 그 사람이 문득 떠올랐는데 게다가 저는 얼굴도 한번 못 봤어요.

── 얼굴을 못 보셨다고요? (더 놀람)

만나질 못했어요. 5부까지 있었고 뒤에는 신인 작가랑 만든 거예요. 〈모두의 거짓말〉이 그때 그 신인 작가를 데리고 와서 같이 만든 거예요.

── 엄청난 스토리네요. 5부까지는 대본이 완성돼 있고, 그걸로 투자가 시작되니까 작가는 그 틈에 사라지신 거고요.

한 번도 못 봤어요. 목소리도 못 들었어요.

── 전화도?

음성 메시지도 남기고 다 했는데 답을 안 하더라고요. 제가 사실 그분을 엄청 좋아했어요.

── 장르물을 해보니까 어떠셨어요?

제가 피를 못 보거든요. 그래서 장르물이어도 거의 피 없이 가요. 제가 무서워해요. 장르물을 본 적도 없고, 싫어하고 아예 안 봤는데 그놈의 '구조'에 빠져가지고…. 이성적으로 앞뒤 맞추고, 반전 맞추고, 함정 만들어놓고…. 이거 만드는 데 뼈가 빠져요. 그래서 주인공들의 감정을 놓쳤다고 생각해요. 구성 맞추다가 너무 힘이 빠져서. 찍을 때도 더 무섭게, 더 놀라게 하는 거에 관심이 없었어요. 공부하면서 했지, 그걸 즐거워하지 않았어요. 아, 난 이쪽에 재능이 없구나, 하고 알았죠.

—— 본인의 감정선이랑 안 맞는다고 느끼셨어요?

네. 어려웠어요. 그렇게까지 극악한 감정을 진심으로 잘 모르겠더라고요.

—— 그다음 드라마 〈하트 투 하트〉도 나름 팬이 많았잖아요.

재밌었어요. "왜 시청률이 안 나오지?" 이랬는데. (웃음)

—— 시청률 때문에 충격 안 받으셨어요? 지상파에서 케이블로 옮기고 채널이 갖는 한계가 어느 정도 있었던 거 같아요. 특히 초기에 tvN 드라마가요.

tvN을 사람들이 몰랐어요. 맨날 물어보더라고요. "어디서 방송해?" "tvN에." "어디?" 이랬어요. 그래도 그 앞에 〈미생〉이 있었어요.

—— 아, 〈미생〉 후속이었군요.

저희는 만들면서 재밌었어요. 다만, 13부 이후에 과거를 잘못 풀었다고 생각해요.

—— 어떤 부분에서 그렇게 느끼셨어요?

극도로 내성적이고 히키코모리 같은 여자가 얼굴 빨개지는 설정을 했어요. '사실은 이전에 어떠한 사연이 숨겨져 있다'는 거를 13부 이후에 풀면서 천정명의 과거를 푸는 거예요. 과거를 드라마 뒤쪽에 풀어놨거든요. 선물 꺼내듯이 짠! 하고.

그런데 시청자들이 충분히 공감하면서 주인공들의 사연이랑 같이 간 게 아니라, 하늘에서 떨어진 것처럼 과거 사연이 나오니까, 그래서 드라마가 잘 안됐다고 생각해요. 이걸 가지고 계속 갈등하고 뭔가 씨앗이 뿌려져 있었으면 같이 공감하면서 마음 아프고 그럴 수 있는데….

—— 그렇게 얘기하시니까 저도 그렇게 느낀 것 같기도 해요.

그때 리뷰에서 '이거 급하게 만들었나 보다.'(라고들 했어요) '처음부터 드라마 뒤쪽에 그런 갈등을 준비해 놓고 진행한 건데 사람들이 이렇게 느꼈구나, 제대로 못 만들어서 그랬구나!' 했어요.

—— 당시 의도는 사람들이 이걸 보고 충격과 이해를 한꺼번에 하기를 원하셨던 거죠?

여기까지 감정을 갖고 왔으면 뒤 이야기를 받아들일 거라고 생각했어요. 옛날에 지상파에서는 8부까지 재밌으면 그 뒤에는 배우들이 밥만 먹어도 끝까지 본다고 그랬는데 그렇게 쉽게 생각하지 않았나 싶어요. 어려워요. 사랑의 갈등을 만들어내는 게 어려워요.

## 배우가 직접 만질 수 있는
## 진짜 공간을 꿈꾸다

── 〈아무것도 하고 싶지 않아〉는 가장 최근작이니까 사람들이 관심이 많을 것 같고, 저도 사실 재밌게 봤어요. 직접 집필에 참여하셨던 건가요?

(제작사 대표) 최진희 대표님이 웹툰을 많이 보세요. 그리고 이 시스템에 특화된 어떤 장점이 있어요. 최진희 대표님이 굉장히 열려 있어서 CP나 프로듀서를 거치지 않고 다이렉트로 감독과 작가, 배우와 깊고 빠르게 소통하실 수 있는 분이에요. 그래서 어느 날 대표님을 찾아갔어요. 제가 찾아갈 때는 상담할 게 있어서 가잖아요. 얘기를 툭 하면 대표님이 그동안 평소에 제 생각을 하신 것 같은 느낌을 받아요. 그러지 않고선 제가 지금 하는 고민을 정확하게 이해할 수가 없거든요. "혹시 종종 제 생각을 하세요? 어떻게 이해할 수가 있어요?" 그랬더니 "어. 가끔 하지." 그러시는 거예요. 돌보는 사람이 수백 명일 텐데. 이게 정말 이럴 수 있나…. 한번 만나보세요. 놀라워요.

〈모두의 거짓말〉 끝나고 밥을 먹는데 대표님이 이런 얘기를 하셨어요. "내가 요새 재밌게 보는 웹툰이 있어. 어떤 여자애가 더 이상 이렇게 못 살겠다고 무작정 배낭 매고 바닷가로 놀러 갔는데 거기 도서관이 너무 좋은 거야. 여기서 살아야겠다 싶어서 그냥 거기서 사는 얘기인데 어떤 남자애랑 조금 친해져. 그 애가 사는 집이 당구장인데 거기에 뭔가 낙서를 해, 사람들이." 여기까지만 얘기했어요. 이게 메인 로그 라인[13]이거든요. 너무 재밌을 것 같은 거예요. "읽어보고 하고 싶으면 하자" 하셨어요. 하고 싶었는데 신인 작가를 찾아야 했어요. 제가 그때 많이 지쳐 있을 때라….

또 신인 작가 찾아야 해서 나 진짜 못 하겠다고 울고 싶은데, 고민하다가 전화를 했어요. 용기 내서. "혹시 저한테 한 달만 시간 주시면 안 될까요?" "왜?" "제가 시놉시스하고 1부를 쓸 수 있는지 한번 테스트하고 싶어요. 옛날에나 써봤지, 최근에는 안 써봤으니까 봐주세요." 근데 이건 제가 쓸 수 있는 장르였어요.

그래서 한 달 동안 강원도 가서 썼어요. 대표님께 보냈더니, "그냥 계속 써봐" 그래서 "네, 알겠습니다" 하고 쓰기 시작했어요. 같이 쓴 홍문표 씨는 〈모두의 거짓말〉 조연출이었어요. 영화팀 연출부를 오래 했죠. 영화팀 오래 한 사람들은 드라마 쪽하고 좀 달라요. 자기 시나리오를 늘 생각하는 사람들이라 대본을 굉장히 잘 봐요. 그래서 제가 이 사람을 좋아해요. 신인 작가하고 할 자신은 없고 이 사람 하고 한번 해보자. 그래서 둘이 시작한 거죠. 그렇게 끝까지 가게 된 거죠.

── 홍문표 감독님은 이게 연출 입봉작인 거고, 어떻게 보면 각본

---

13) 드라마의 내용을 간략하게 한 줄 정도로 표현한 방식.

입봉작이시기도 하네요. 피디님도 처음으로 본인 이름을 작가라고 정정당당하게 쓰신 작품이고요. 대본을 처음 제대로 써보신 건데 잘 써졌나요?

아니요. 1년 반을 앉아 있었는데, 처음에는 문장이 잘 안되더라고요. 오랜만에 쓰니까. 문장부터 다듬기 시작했어요. 둘이 얘기를 같이 하고 1부를 나눠서 쓰고, 그다음에 바꿔서 수정하고…. 계속 이렇게 하는 거예요. 최종 수정은 제가 하고. 이렇게 해서 배분을 만들어가는데 저는 초고를 굉장히 빨리 쓰더라고요. 이분은 굉장히 늦게 써요. 그것가지고 엄청나게 싸웠죠.

── 진짜 영화와 드라마 판 같네요. 영화 작업은 오래 걸리잖아요.

제 특징이 그렇대요. 저는 잘 모르겠는데 마음에 드는 신들은 그냥 찍지만 안 좋아하는 신은 날티가 난대요. 글도 그렇대요. 어떤 부분에 마음이 안 담기면 엄청 이상하고, 담기면 그나마 볼 만하고. 이런 편차가 심하다고 하더라고요. 저는 못 느껴요. 작가는 정말 힘들어요. 근데 재미도 있어요.

정말 어려운 건, 리뷰를 받아야 하잖아요. 연출은 만든 다음에 리뷰 안 받거든요. 편집실에 혼자 들어가 만들어서 내보내면 끝이에요. 사람들이 리뷰하고 욕해봐야 '댓글 그냥 안 보고 말지!' 이러면 되는데, 글을 쓰면 온 사방에서 리뷰가 와요. 돌아버리겠는 거예요. 왜 이렇게 고치라는 게 많지? 그것 때문에 힘들더라고요.

그 대본을 가지고 편성을 받는 거라서 힘들어요. 편성 안 준다고 그러면 힘들고. 무엇보다 사생활이 없더라고요.

— 작가가요?

하루 종일 갇혀 있어야 돼서. 일단 기본적으로 앉아 있는 시간이 여덟 시간 이상이에요. 그래서 허리 디스크도 오고, 목 디스크도 오고, 그거 하면서 온갖 병원을 다 다녔어요. 근데 어떻게 나았냐면…, 촬영장에 첫날 딱 나갔는데 하나도 안 아픈 거예요. (웃음) 그날 촬영 끝나면서 "어머머, 하나도 안 아파" 그랬어요. 현장 나가면 안 아파요. 근데 책상에 앉으면 아파요. (웃음)

— 천생 연출이셨군요. 촬영했던 그 마을에는 얼마나 가 계셨던 거예요?

석 달 가 있었어요. 시골 마을을 계속 본다고 사람들 만나서 취재를 많이 했어요.

— 취재는 어떻게 하셨어요?

그냥 시골에 사는 아는 사람 먼저 찾아가서 그 사람이 소개해 주는 사람들 계속 만나고, 얘기 듣고, 사는 거 보고 그랬죠.

— 확실히 잘 되는 드라마는 피디님들이나 작가님들이 취재를 잘 해두신 것 같아요. 저는 그 드라마가 힐링이 많이 됐어요. 너무

힘든 날 그거 보고 있으면 풍경도 좋고 설현 씨도 예쁘고 사람 편안하게 해주는 드라마잖아요. 최근에 본 것 중에서 끝까지 찾아봤던 몇 안 되는 드라마였던 것 같아요.

── 배우님께는 죄송하지만, 사실 그동안 설현 배우가 연기를 엄청나게 잘한다고 생각하지는 않았는데, 이 드라마에서는 편안하게 연기를 잘하시더라고요. 어떻게 저렇게 하나 생각했어요.

어떤 사람 만났을 때 자기를 솔직하게 내보일 수 있는 용기 있는 배우의 상태가 있어요. 다른 얘기지만 (〈커피프린스〉 때의) 공유 씨도 앞 드라마가 잘 안 풀렸을 때였어요. 그때 제가 윤은혜 씨도 신인에다가 아이돌 출신인데 괜찮겠냐고 이야기를 꺼냈어요. 그런데 공유 씨는 "내가 지금 연기가 잘 안된다. 문제는 나다"라고 하는 거예요. 사람이 바닥에 떨어졌을 때 자기를 돌아보는 능력이 있는 사람이 정말 좋은 배우예요. 연기 앞에서 오만하지 않아야, 자기를 드러낼 수 있어야 그게 가능해요. 두려워하지도 말아야 하고 오만하지도 말아야 해요. 그리고 순수해야 해요.

설현 씨가 그게 가능했던 때였어요. 그래서 이 프로젝트에 오랫동안 붙어 있었어요. 설현 씨가 자기는 편성이 어떻게 돼도 상관없다고 했어요. 처음부터 대본을 주지도 않았고요.

당사자한테 이런 얘기는 하지 않았지만 어디서 대본을 구해서 보고 하겠다는 배우들이 몇몇 있었어요. 그랬다가 편성이 잘 안 되면서 길어졌어요. 설현 씨가 1년 넘게 붙어 있었어요. 자기는 끝까지 있겠다, 그래서 용기 있다고 생각했어요.

　살짝 두려움이 있었어요. (설현이) 잘할까? 만나서 리딩을
시켜볼까 했지만, 사실 리딩은 그렇게 중요한 건 아니거든요. 그
사람 만나서 얘기를 해보고 '해도 되지 않을까? 그 사람 될 것 같
은데' 하는 불확실한 믿음만 가지고 나갔어요.

벚꽃 장면, 그 장면이 첫 카메라 테스트였어요. 카메라 테스트를 하는데 설현 배우가 자기도 스태프 차를 타고 같이 가겠대요. "그래? 그럼 가면서 찍자" 했죠. 딱 찍는데 설현 표정이 너무 자연스러워서 다들 찍다가 '미치겠다, 미치겠다' 이러면서 한 시간을 타고 왔어요. 찍기만 하면 대박이라고 생각했어요. 그 첫 순간이 엄청 좋았어요. 설현 씨도 그 순간을 제일 좋아해요.

— 배우가 예쁘기도 한데, 자연스러우니까 좋더라고요. CF 보는 맛이 아니라 그냥 편안하게 봤던 것 같아요.

저는 〈노멀 피플〉을 참고했어요. 스태프도 보게 하고, 설현 씨도 이거 보고 드라마에 참고했어요. 그걸 보면 기본적인 메이크업만 하더라고요. 드라마에서 남자 배우들 같은 경우에는 임시완 씨 빼고 분장한 사람이 아무도 없어요. 분장팀은 놀았어요.

— 임시완 씨만 분장했어요? 설현 씨는 안 했나요?

머리도 안 하고, 조연들도 하나도 안 하고, 옷도 거의 자기 옷 입었어요. 시장에서 구해 와서 주고요. 이런 디테일도 중요한데, 보통은 시골 나오면 할머니들 꽃무늬 입히고 막 이러잖아요. 절대 그거 못 하게 했어요.

이창동 감독님 연출부들이 그렇게 한대요. 예를 들면 녹음기 가져 가서 시골 동네 다니면서 녹음해요. 사진을 찍어요. 그 사람들이 실제로 밥 먹을 때 식당에서 어떻게 무슨 말투로 주문하고,

서로 무슨 얘기하는지 다 녹음해요. 다 찍고. 옷 입는 것부터 해서 상차림까지. 우리 연출부가 그렇게 했어요.

(하도 같은 옷만 입고 나오니까) 뒷부분에는 우리도 너무 질려서 "야, 이거 추가하자" 그랬죠.

—— 옷이 너무 질려서요?

우리가 봐도 더는 안 되겠다. 그 마더 티[14] 진짜. (웃음)

—— **마더 티를 매 회차에 입고 나오기에 놀랐어요. 저 티를 멜빵바지에도 입었다가 그냥 바지에도 입었다가 하더라고요.**

다큐멘터리 같은 방식으로 하고 싶었어요. 공감을 획득하는 게 스토리 안에서도 있는데 촬영 기법이나 미술에도 많이 오거든요. 〈노멀 피플〉 같은 경우가 그래요. 갖고 오고 싶었어요.

—— **날것의 느낌을 가져오려고 하셨던 거였나요?**

네. 조명이나 촬영 같은 것도…. 예를 들어 당구장이나 도서관이 야외라고 알고 있는 사람들이 꽤 많았어요.

—— **(놀람) 야외가 아니에요?**

네. 세트예요. (웃음)

---

14) 설현 배우는 드라마에서 'mother'라고 쓰인 티셔츠를 드라마 처음부터 끝까지 거의 매 회차마다 입고 나왔다.

── 당연히 야외인 줄 알았어요. 세트가 어떻게 가능하죠? 천장이
　　있었던 것 같은데?

　　네. 세트 천장을 지을 수 있어요. 드라마 감독님들이 몇 분
찾아오셨어요. 그 장소를 물어보세요. "그 장소 어디냐?" 세트인
지 모르시고요. 그게 재미있었어요.


── 그러니까요. 완전히 속았어요. 장소 외경은 어디서 찍으셨어
　　요?

　　도서관하고 당구장 있던 데가 구례고요, 봄이네 집은 남해
바닷가예요.


── 경상도와 전라도를 나눠서 찍으셨군요.

　　네네. 맞아요.


── 저는 감독님 작품을 쭉 보면서 비교했을 때, 초기가 감정이 약
　　간 하이하다면 지금은 차분해진 느낌을 많이 받았어요.

　　항상 파이팅 상태였죠.


── 감정 흐름이 지금은 자연스러워진 것 같아요.

　　늙어서 그런가 봐요.


── 감독님이요?

제가 글쓰기 테스트를 해봤는데 보니까 상상력이 좋은 사람들이 있어요. 홍문표 감독님이 그런 편이에요. 현실에 없는 걸 상상하는 걸 잘하고 좋아하는 사람들이 있어요. 그런데 저는 아닌 거 같아요. 저는 제가 느낀 생활 반경 안에서 글을 써요.

부암동 〈커피프린스〉 집은 어떤 글을 보고 섭외했어요. 제가 소속된 자전거 동호회 사람 중 한 명의 글을 보고요. "아는 사람이 부암동 사는데 와인 한번 마시러 가요. 거기가 이렇게 생겼어요" 하고 글로 묘사했어요. 당시에 드라마에 쓸 장소를 한참 찾으러 다니다 갑자기 섬광처럼 생각이 나는 거예요. 그 글을 올린 사람한테 전화해서 "그 집 주소 좀 알려주세요" 하고 가봤더니 글에서 묘사한 것처럼 생긴 집이에요. 그래서 섭외해서 찍었어요. (웃음)

저는 제가 겪은 것을 좋아하는 편이라서, 드라마 주제가 '성장'이 많은 것도 아마 제가 그 상태에 있었기 때문인 것 같아요. 지금 결혼하고 아이를 키우는 입장이 아니라 계속 이렇게 살고 있기 때문에 여전히 성장의 끝자락에 있는 이야기를 하고 있는 게 아닌가. 그런 걸 좋아하고 사랑스럽다고 생각했던 것 같아요.

애쓰는 거 있잖아요. 애쓰는, 초라해도 애쓰는…. 이게 좋았던 것 같아요.

── 그렇게 얘기하시니 거의 모든 드라마가 그러네요.

애쓰는 그 상태가 재밌어요.

── 젊은 여자가 주인공인 드라마를 많이 하셨잖아요. 대부분 다.

제 반경 안에서 상상할 수 있는 게 그런 것 같아요.

── 홍문표 감독님은 어떻게 알게 되셨어요?

〈문집〉이라는 단막극 때 만났어요. 제가 영화 연출부를 구해
달라고 했어요. 그때 영화팀들이 현장에 들어와서 처음 봤어요.
〈문집〉배우들이 충청도 사투리를 쓰는 애들이에요. 학교 구성
원을 그냥 엑스트라로 채우지 말고 진짜 그 지역에 사는 애들이
었으면 좋겠다고 생각했죠. 어느 날, (홍문표 감독이) 혼자 시외
버스를 타고 그 학교에 가서 애들 오디션을 보고 있더라고요. 너
무 대견하고 대단하고. 그 애들 데리고 연출했어요. 드라마 연출
부가 하는 방식이랑 너무 달랐죠.

── 그때부터 쭉 같이 하시나 봐요. 다음 작품은 조연출도 같이 하
　　시고, 최근에는 글도 같이 쓰시고. 〈문집〉도 너무 좋았어요. 저
　　는 개인적으로 가장 좋아하는 장면이 키스할 때 염소가 옆에 있
　　는…. '일부러 저렇게 하신 거겠지?' 하면서 봤어요.

── 그때도 생각해 보니 주인공들이 신인이더라고요. 정제원 배우
　　도 연기를 한 번도 안 해본 가수 출신이고, 서은수 배우도 많이
　　본 얼굴은 아니었어요.

네. 은수는 워낙 준비를 잘했어요. 정제원 배우는 얼굴 보고
뽑았고요. 강력한 라이벌로 송유빈 이런 친구들이 있었는데 그

냥 얼굴로 가자, 이건 안 되겠다, 하고 생각했죠.

—— 단막극은 우연한 기회에 하셨던 건가요?

오펜[15]에서 작가 양성한다고 단막극을 시켰어요. 그때는 회
사 안(CJ E&M)에 있는 감독들을 시킬 때였어요. 저도 하나 하
라고 해서 "네" 했어요. 하고 싶어서.

—— '감'을 유지하는 차원에서 하신 건가요?

그렇게 볼 수도 있고요. 기본적인 것부터 세밀하게 정성을
다해 뭔가를 만들어볼 수 있어요. 드라마를 하다 보면 아무래도
눈앞에서 놓칠 때가 많거든요. 그때 그 경험이 좋았어요.

—— 영화 스태프랑 해보니까 어떠셨어요?

장점이 훨씬 많았어요. 처음부터 기본을 꼭꼭 밟아서 하는
사람들이니까요. 예를 들어 드라마팀 미술감독은 현장에 잘 나
오지 않아요. 근데 영화팀은 미술감독이 나와서 소도구도 지정
하고 "저거 어떻게 할까요?" 물어보고 본인이 직접 해요. '그 인
물이 이걸 입었을까?' 혹은 '이렇게 손 뻗으면 여기에 뭐가 있을
까?' 이런 걸 상상 하죠. 그 인물이 돼서 상상하는 습관이나 공부
가 더 잘 되어 있어요. 드라마 찍을 때는 '그냥 했다 치고', 이런

15) CJ E&M에서 시나리오 작가를 양성하기 위한 창작자 발굴 사업.

게 많거든요. 드라마 세팅 공식이 있어요. 딱 보면 시계가 어디 걸려 있고, 쟁반 위에 물병이 있고, 컵 두 개 놓여 있고…. 이런 건 실제 생활과는 다른 세팅들이잖아요.

영화팀 사람들은 그렇게 안 하더라고요. 저는 그런 걸 워낙 싫어해요. 소도구 세팅, 미술 세팅을 중요하게 생각하거든요.

—— 진짜 그런 것 같았어요. 방 안의 모습, 주인공 의상 선택하시는 것도 신경을 많이 쓴 느낌이에요.

설현 의상도 미리 다 골라놓고, (최종적으로 입을 건) 같이 골랐어요. 방 꾸밀 때도 세트로 하면 '10년 동안 살았던 내 방'인데 너무 낯설게 보이잖아요. 그 낯섦을 줄이려고 미리 배우들하고 공간에 같이 가 있어요. 조금이라도 미리 가서 보고 진짜 자기 물건을 갖다 놓게 해요. 담요 한 장이라도, 뭐라도 조금이라도 자기 공간처럼 만들어줘요. 그렇게 만들면 여기저기 다 앉을 수 있고 만질 수 있거든요. 안 그러면 그 방이 무섭고 낯설어서 잘 앉지도 못하고 못 만져요. 배우가 자기 얼굴도 못 만져요. 여배우들은 메이크업이 되어 있으니까요. 근데 현장에서는 뭐든 만질 수 있는 상태가 연기에 있어 정말 중요하거든요.

—— 이야기를 듣고 있으니 감독님이 좋아하시는 안판석 감독님의 〈봄밤〉 드라마에서 주인공이 계단 올라가는 걸 직접적으로 보여주는 게 아니라 빌라 외관의 불이 1층부터 3층까지 탁탁 켜

지는, 그런 장면이 생각나네요.

취향의 부분에서 제 드라마와 비슷한 부분이 많죠.

— 감독님은 지금 다른 작품 준비하시나요? 어떤 작품인지 살짝
여쭤봐도 될까요?

아, 지금 준비하고 있어요. 아직은 말하기가…. 이번에 처음
으로 대작가님[16]이랑 같이 드라마 해요. 저는 늘 신인 작가하고
했는데, 이번에는 들으면 이름을 알 만한 그런 유명한 작가님과
해요. 그래서 작가님은 저한테 "네 마음대로 고치지 마라"그러
시고 "그럼 제 편집실에 들어오지 마시라" 이러면서 서로 지켜야
할 사항을 얘기하고 있어요.

— 지금까지 작업한 방법이랑 아예 다르죠?

다르죠. 달라서 기대도 되고 걱정도 되고.

— 아직은 초기 단계예요?

네, 완전 초기 단계.

---

16) 2024년 여름 기준, 이윤정 피디가 노희경 작가와 신작을 준비 중이라는 기사가 보도
되었다.

## 여자가 없던 세계에서
## 여자가 있는 세계로

—— 여쭤볼 수밖에 없는 질문이 있어요. 여자 피디가 거의 없을 때 방송국에 들어오셨죠? MBC에서 처음으로 뽑힌 여자 드라마 피디세요.

맞아요. 저희 뽑을 때는 한꺼번에 뽑았어요. 그러니까 시사, 예능, 드라마 이런 식으로 분야를 나누지 않고 뽑았어요. 여섯 명을 뽑아서 6개월 연수를 하고 나서 고르는 거죠. 저는 면접 볼 때 교양 피디 하겠다고 들어갔어요. 드라마 피디는 안 뽑는 거 알고 있었으니까.

—— 그러면 거짓말하신 거네요?

네. 말 그대로 뻥을 친 거죠. 연수받으면서 "드라마를 하고 싶은데 어떻게 하냐?" 그랬더니 "드라마 국장 한번 찾아가 봐" 누가 그러더라고요. "국장실이 어디예요?" 하고 찾아갔어요.

—— 배팅을 하신 거네요, 어떻게 보면.

네. 그때 엄청 유명한 국장님이셨어요. 카리스마 있었죠. 문을 열고 "안녕하세요, 신입 사원 누군데요. 여기 오고 싶어요" (라고 했더니) 국장님이 고개를 들어서 저를 보셨어요. "안녕하세요, 신입 사원 누굽니다" 그랬더니 다시 고개를 숙이고, 보던 걸 계속 보시더라고요. 제가 얘기할 때 끝까지 한 번도 안 보셨어요. "안녕히 계세요" 하고 나올 때까지도요. 그래서 '안 뽑겠구나' 생각했죠. 근데 나중에 절 뽑으셨어요. 얘기 들어보니까 나중에 예능하고 교양에서 "이제 (여자) 뽑을 때 안 됐냐?" 그랬대요.

─ 여섯 명 중에서도 혼자만 여자셨어요?

그 당시는 열 명 미만으로 뽑으면 여자 한 명이라는 암묵적인 T.O가 있었어요. 열 명 이상 뽑아야 여자 두 명이 되고요. 무조건 여자는 한 명이었어요. 뽑으면서 이제 드라마팀도 여자 뽑을 때 되지 않았냐, 해서 밀었다고 하더라고요.

─ 드라마국은 어떠셨어요? 저는 교양국에서 제 위에 딱 한 분 계셨거든요.

한 분밖에요?

─ 충격적이죠? 정확히 말하면 두 분인데 한 분은 잠깐 계시다가 다른 부서 가시고 나머지 한 분도 지금 다른 부서 가셨어요.

아, 놀랐네. 지금은요? (당황)

─ 지금은 여자 중에 제가 제일 나이가 많아요.

후배들 많이 들어왔어요?

── 엄청 많아요. 지금은 세 명 뽑으면 세 명 다 여자인 경우도 있고, 성비는 거의 반반 맞춰졌어요. 제가 처음 왔을 때 계셨던 고참 선배님이 피디님이랑 비슷한 연차세요.

입사하고 들었던 충격적인 이야기가 있어요. 그분은 부장님이셨나? 부국장님쯤 되는 높은 분이었는데 "항공모함 조종사 중에 여자가 있어?"라고 저한테 물어요. "없어요"라고 했더니 "너 나가" 그러시더라고요.

── (경악) 어, 진짜요?

"여기는 그런 거 운전하는 데야. 너, 나가." 진심으로 그랬어요. "아, 네 알겠습니다." 그냥 이렇게 대답했어요. 왜냐하면 그분은 계속 그러셨어요. 나머지 분들은 저한테 별 관심이(없었어요)…. 근데 예뻐해 주시는 선배, 절 신기해하시는 분들이 있었고, 현장에 나가면 안쓰러워하는 사람들이 있었어요.

하여튼 재밌었던 기억이 연수 때 저희가 분장팀, 미술팀, 중계차, 소도구, 세트팀을 다 돌았어요. MBC 세트팀이 할아버지들이신데 이분들이 옛날에는 스튜디오에서 드라마 세트 지었다 부수고, 예능 세트 지었다 부수고, 매일 밤새도록 지었다 부쉈다 지었다 부쉈다 해요. 그 세트 만드는 팀에도 하루 같이 있었어요. 밤새 지으시거든요. 그럼, 저도 못통이랑 망치 차고 같이 했는데, 그런 거 잘 못하지만. 같이 밥 먹고, 합숙소 같은 데서 자고 이러니까 처음에는 아예 아는 척을 안 하시다가 나중에 자기들끼리

합의를 하셨나 봐요. 그러곤 부르시기 시작했어요. "미스 리".

— 미스 리? (충격)

그때 당시만 해도, 미스 리.

— 아, 너무 충격적인데요, 미스 리는요….

저는 좋았어요. 귀여웠어요. 그 사람들의 정이 너무 좋았어요. 나에게 아주 공격적인 사람은 공격적이었지만, 대부분은 저를 보면서 신기해했죠. 제가 적응하기 힘들다기보단 그 사람들이 저한테 적응하기 바쁜 거예요. 버스 운전기사님도 그렇고, 현장에서 모두 제가 스크립터[17]인 줄 알아요, 처음에는.

— 다른 피디님들이 그런 얘기도 하시더라고요. 화장실 해결하는 게 너무 힘드셨다, 이런 얘기도 많이 하시고. 온갖 성추행….

회식을 가면, 진짜. "야, 빤스 벗어" 그거부터 해요, 뭐.

— 벗으라고요? 그럴 때 어떻게 하셨어요?

그때는 그런 언행이 아무렇지 않았으니까. 그냥 웃고 말아요. 상처는 안 받았어요.

---

17) 영화, 드라마, 예능 촬영 현장에서 출연자가 대본대로 하는지 확인해 주는 사람. 재촬영 시 잘못된 부분만 다시 찍을 수 있게 인지시켜 준다.

―― 상처를 안 받으셨다는 게 더 신기한 것 같아요. (놀람)

그렇죠. 폭력적으로 하진 않으셨어요. 원래 욕을 달고 사는 선배님이 "빤스 벗어" 하다가 "가슴 좀 만져 봐도 되냐?" 막 이러다가, 알고 보니까 저희 아빠랑 건너 건너 아시는 거예요. "형이 네 아부지였다니. 미안하다야." (하시더라고요.) 귀여웠어요.

저는 안판석, 이태곤 그 라인이었어요. 친 오라버니들 같아요. 저는 이분들하고만 친해서 같이 잘 지냈어요. 하루 종일 같이 있었어요. 밤새 드라마 얘기해요.


―― '다음에는 이런 얘기 해보고 싶다' 하는 아이템이 있으신가요? 지금 준비하시는 작품이랑 별개로.

저는 한때 '우리나라에서는 이런 거 못 할 거야'라고 다른 나라를 우러러봤어요. 미드를 많이 봤으니까요. 실제로 (미국) 학교 가서 배워보니 애들이 배움의 깊이가 있고, 학교가 굉장히 좋아요. 한 학기만 들어도 감동하고. 영어가 잘 안 들려서 그렇지 너무 재미있어요. (수업을 들으면서) 제가 겪었던 일을 그대로 공감하면서도 더 깊이 알게 해줬던 것 같아요. 그걸 내가 할 수 있을까? 과연 우리 토양 안에서 할 수 있을까?


―― 그간 만들었던 드라마보다 더 깊은 얘기를 하고 싶으신 거네요. 지적인 한국 드라마가 많은 것 같진 않아요. 감독님 초기작 〈매직파워 알콜〉을 보면 저변에 깔린 이야기가 지적이에요. 대

화가 풍성한 그런 얘기를 하고 싶어 하시는 것 같기도 하다는 느낌이에요.

이제 할 수 있으니까 해보고 싶어요.

— 〈노멀 피플〉도 지적 감성이 베이스가 되잖아요? 남녀가 나누는 대화들, 대학에 가서 하는 대화들, 그런 장면을 한국에 딱 옮겨온다고 했을 때 이게….

너무 좋죠. 하고 싶어요. 시청률이 안 되니까 못 한다, 이런 핑계가 있었는데 그건 이제 아닌 것 같아요. 할 수 있을 것 같아요. 어려운 이야기를 하겠다는 건 아니고, 할 수 있는 선에서 그 방향성으로 하고 싶어요. 내가 좋아하고 감동받았던 것들을 축으로 해서. 그전에는 그렇게 하면 드라마 망하니까 안 된다고 해서 피했거든요. 그런 생각 없이 만들고 싶어요.

— 확실히 경험이 있으시니까 가능한 꿈인 것 같아요.

지금은 드라마 성공시켜야겠다, 유명해져야겠다, 이런 마음이 많이 없어졌어요.

— 반드시 잘 돼야 한다. 이런 마음일까요?

그런 마음이 없어졌어요.

— 어떻게 그게 가능하세요?

실패도 하고, 이것저것 하면서 살다 보니 그렇게 되더라고요. 너무 유명한 〈커피프린스〉 얘기를 많이 해주시는데 예전에는 쑥스러워서 이 이야기를 꺼내는 것도 좀 싫었어요. 지금은요, 지나간 빛바랜 한 조각이라고 생각해요. 얘기해 주시면 고맙게 받아들이고요. 근데 저한테 〈커피프린스〉의 의미가 크지 않아요. 지나가 보니까 그렇더라고요. 그때 빛나던 것들이 그냥 그때 존재했던 어떤 것이지 지금과 크게 관련이 있는 건 아닌 거죠.

—— 바보 같은 질문이지만, 그런 면에서 피디님한테 제일 소중한 작품이 있으세요?

감정이 남다른 게 딱 하나가 있어요. 〈태릉선수촌〉. 그때를 떠올리면 너무 파릇파릇해. 하나하나 결이 다 느껴지고 그 장소며 햇빛이며 그때 느낌, 같이 일했던 스태프도 다 신인이었어요. 스태프들이 그 드라마를 너무 좋아해서 자기가 트라이 포드를 뭘 썼는지 높이를 얼마나 높였는지, 장비를 뭐 썼는지 다 기억이 난대요. 애정이 깊어요. 저도 그때 너무 어렸고 그 드라마 찍을 때 너무 좋았거든요. 다시없을 순간이에요.

—— 예전 인터뷰 중 '워킹 타이틀 필름스'[18] 제작사 작품 같은 걸 하고 싶다고 하셨어요.

18) 런던 소재의 영국 제작사로 주로 로맨틱 코미디를 만들었다. 〈러브 액츄얼리〉와 〈브리짓 존스의 일기〉로 유명하다.

제가 얘기했던 것과 맥이 닿아 있는 것 같아요. 그쪽 작품들이 문학적으로 뛰어나고 대중성도 갖추었거든요.

— 저는 비슷한 감성을 가진 분들끼리 같이 창작 집단 같은 걸 만들고 싶어 하시는 걸까, 이렇게 생각했어요.

그것도 있어요. 왜냐하면 작가, 감독이 딱 나뉘어서 서로 반목하는 것도 많이 봤으니까요. 좀 유명해진 작가님들이 부리는 횡포도 많이 봤고, 그건 감독들도 마찬가지고. 이런 상황이 보기 안 좋았어요. 혼자 쓰는 것보다 같이 써야 훨씬 더 좋은 결과물이 나오는데. 그 생각이 많아요. 지금도 그 과정을 해보고 싶고, 홍문표 감독님과 같이 하는 것도 그런 과정 중 하나예요.

— 그러게요. 이번에 하셨던 게 소중한 경험이네요. 작가 모임 같은 게 있나요?

네. 누가 메인으로 뜨면 다 협업해서 도와주고, (다른 사람이) 메인으로 뜨면 협업하고 이런 식으로 하거든요. 그래야 좋은 작품이 나올 수 있어요.

— 맞아요. 협업 경험이 있는 분들이 좋은 작품 많이 내시는 것 같아요. 그래서 예능 프로그램 베이스이신 분들도 잘 만드시더라고요. 확실히 아이디어를 많이 주고받은 경험이 있는 분들이 잘 되시는 것 같아요.

자존심 세우기 시작하면 진짜 끝나는 거거든요.

—— 피디라는 직업은 이런 게 좋다, 난 정말 피디를 너무 잘한 거 같다, 이런 게 있으실까요?

프로듀서라는 말이 일본에서 와서 저희도 프로듀서[19]라고 하지만, 프로그램 디렉터가 되기도 하고 프로듀서가 되기도 하고 두 개 다 하잖아요, 피디들은. 감독을 하고 싶은 사람인데.

감독에 대해서 얘기하자면, 이건 축복받은 일은 아니에요. 자기 인생과 일이 구분되지 않는, 먹고사는 것과 자신의 존재를 찾는 게 이분화되지 않아요. 한꺼번에 있죠. 괴롭다고도 할 수 있겠지만, 내가 좋아하는 일을 하는데 돈까지 받아서 좋다, 이런 얘기를 하는 친구들도 많아요. 미술도, 음식도 그렇고 창의력으로 뭔가 만들어낸다는 게 정말 엄청난 희열을 주잖아요. (가슴을 만지며) 이 안에, 이 자체가 인생이 되어버리는 거라 너무 좋아요.

(드라마 피디를) 어떻게 준비하느냐, 이걸 많이 물어보는데 그냥 그 사람 방식대로 살다가 자기가 감독 하고 싶다고 하면 되지 않을까요? 방법이 따로 있나? 그 사람의 인생 자체가 감독인데 그냥.

19) 실제 드라마 피디의 업무는 예산, 기획을 하는 프로듀서보다 연출을 하는 디렉터에 가깝다. 한국 드라마의 경우 이 두 가지가 최근에 분화되는 경향이 있으나 이윤정 피디가 연출을 시작하던 시절에는 피디가 두 가지 역할을 다 수행해야 하는 경우가 더 많았다.

―― 물리적으로 힘든 부분이 있잖아요? 〈커피프린스〉 찍으시면서 백 일 넘게 하루 세 시간밖에 안 잤다고 하셨잖아요.

안 힘들어요. (웃음)

―― 체력이 좋으신 것 같아요. 제 주변에 안 힘들다고 말했던 드라마 피디가 없어요. 이렇게 얘기하시는 분이 진짜 없어요. 정말로. 몸이 곯았다, 제 동기들도 맨날 아프다고 해요.

그렇죠. 저도 힘든 건 마찬가지이긴 해요. 그래도 따져보면 매일 출근하는 건 아니잖아요.

── 사실 드라마 피디님들이 맨날 촬영장에 계신 줄 알지만, 1년 중
   에 촬영 기간은 일부긴 하니까요. 현장에서 극단적인 괴로움 같
   은 건 안 느끼세요?

   극단적인 괴로움을 뒤집으면 극단적인 기쁨이 있어요. 힘들
어요. 힘든데 내가 이렇게 큰 기쁨과, 이 안에서 나오는 이상한
감정들을 느끼는데 이걸 힘들다고 말하는 건 좀 다른, 별개인 것
같아요. 너무 좋기 때문에.

── 드라마를 너무 사랑하시는 거 같아요.

   그래야만 할 수 있는 일이 아닐까요, 그거는? 미쳐야 할 수
있는 일이고, 그게 큰 축복인 것 같아요.

── 이렇게 자신 있게 얘기하시는 분은 감독님이 처음이에요. 저만
   해도 일이 좋긴 한데 죽을 것 같은 순간도 많아요. 현장에 계속
   계신다는 것도 대단하고요.

   전혀 안 그래요. 해보세요. 이렇게 재미있는 걸 너희끼리만
하고 있었어? 이렇게 느껴진다니까요. (웃음)

"그냥 그럴 수 있다.
뭐, 그렇게 생각하는 거예요."

〈아무것도 하고 싶지 않아〉 중에서

*The Drama must go on.*

이 책이 가진 수명은 어느 정도일까. 아마 이 책에 등장하는 다섯 분의 드라마 피디들이 연출하는 드라마의 수명과 정비례하지 않을까. 이들의 작품이 사랑받을수록, 우리 책도 관심을 받을 테니. 그렇다면, 드라마의 수명은 어떻게 결정되는 걸까.

올해(2024년), 한국에서 100편이 넘는 드라마가 제작되고 있다고 한다. 대부분의 작품들은 아마 저조한 시청률로 막을 내릴 것이다. 그중 몇몇은 살아남아 회자될 것이고, 그 안에서도 소수만 시간을 뚫고 살아남아 사람들이 돌려보고, 추억하는 드라마로 남을 것이다. 그만큼 드라마 판에서 오래 살아남는 작품을 만든다는 건 대단한 일이다.

이 책을 자신 있게 누군가에게 선보일 수 있는 이유가 여기에 있다. 이 각박한 드라마 판에서 살아남을 수 있는 작품을 만들었다는 것, 그리고 시간이 지나고 다시 봐도 시간이 아깝지 않은 좋은 드라마를 만들어냈다는 건, 절대로, 아무나 할 수 없는 일이기 때문에. 그 공력을 가진 드라마 피디들의 업력이 이 책에

주먹밥처럼 똘똘 뭉쳐져 있다.

그래서 믿는다. 하루에도 수십, 수백 권 쏟아져 나오는 출판 시장 속에서 이 책은 그럼에도 불구하고 누군가의 손에 가 닿을 것이라는 걸. 출판 홍수 속에서 살아남아 일말의 영감을 원하는 이에게 약간의 창의적 임팩트, 용기와 희망을 줄 수 있다는 걸.

그 희망으로 이 책을 완성하고, 세상에 내보인다. 부디 독자들이 다섯 명의 드라마 피디들이 쏟아낸 말의 향연 속에서 즐겁게 유영했기를 기원한다. 그리고 이 책을 위해 인터뷰를 해주신 드라마 피디님들의 행보를 꼭 지켜봐 주시길. 절대 여기에서 멈출 그녀들이 아니니.

드라마는, 계속될 테니까.
The drama must go on.

# 드라마 만드는 여자들

ⓒ 백시원 이정림 이나정 박보람 정지인 이윤정 2024

초판 1쇄 인쇄   2024년 7월 31일
초판 1쇄 발행   2024년 8월 10일

지은이   백시원 이정림 이나정 박보람 정지인 이윤정
펴낸이   최아영

기획   한국피디연합회
지원 및 섭외   한국피디연합회 – 이선민 이한빛

편집   최아영
교정 및 녹취 정리   김선정
교정교열   서남희
사진   안희상 장미희
디자인   정나영
마케팅   드라마를 사랑하는 당신
인쇄제본   넥스트프린팅

펴낸곳   느린서재  |  출판등록   제2021-000049호
전화   031-431-8390  |  전자우편   calmdown.library@gmail.com
블로그   blog.naver.com/calmdown_library
인스타   calmdown_library  |  뉴스레터   calmdownlibrary.stibee.com

ISBN   979-11-93749-02-9 (03680)